从战士到领导

——10位小战士到大领导的成长历程

潘 望☆著

中共党史出版社

图书在版编目(CIP)数据

从战士到领导：10位小战士到大领导的成长历程/潘望著.—北京：中共党史出版社，2015.3

ISBN 978-7-5098-3015-4

Ⅰ.①从… Ⅱ.①潘… Ⅲ.①领导人员-生平事迹-中国-现代 Ⅳ.①K827=7

中国版本图书馆CIP数据核字(2015)第029920号

出版发行： 中共党史出版社
责任编辑： 王鸽子
复　　审： 姚建萍
终　　审： 吴　江
责任校对： 龚秀华
责任印制： 谷智宇
责任监制： 贺冬英
社　　址： 北京市海淀区芙蓉里南街6号院1号楼
邮　　编： 100080
网　　址： www.dscbs.com
经　　销： 新华书店
印　　刷： 北京晨旭印刷厂
开　　本： 170mm×240mm　1/16
字　　数： 211千字
印　　张： 19.5
印　　数： 1-10000册
版　　次： 2015年3月第1版
印　　次： 2015年3月第1次印刷
ISBN 978-7-5098-3015-4
定　　价： 39.80元

前　言

在20世纪二三十年代，中国工农红军队伍中有很多年纪很小的战士。当时他们有的还没有枪高，有的生活还不能完全自理，有的甚至睡觉还叫爹娘。他们当中年龄最小的只有十一二岁，最大的也只有十六七岁，于是红军首长和大战士们亲切地戏称他们为红小鬼。

他们中间有很多人没有留下名字就牺牲了，从此和祖国的壮丽山河永远融为了一体；也有很多人在中国历史上留下了自己的名字：李先念、胡耀邦、康克清、苏振华、陈锡联、余秋里、张爱萍、邓华、叶飞、廖汉生……

一个个耳熟能详的姓名，一张张音容宛在的脸庞，他们本该和其他孩子一样，偎依在父母膝下，成长于乡下田间。但那个纷乱的年代，把这些出身贫寒却人小志气大的小鬼头，推向了另一条光辉大道，成为了那个年代中华民族最优秀的儿女。

从稚气未脱的小鬼头，到新中国的党和国家领导人，他们经历过的艰辛和凶险，绝非今天的你我所能想象；而他们一路走来的人生之旅，也绝非精彩二字所能形容。

他们经历了血与火的洗礼，他们从战火烽烟中走来，为战胜来自国内外的敌人，为中华民族的独立和人民的解放，为新中国的诞生，小英雄们在历史的长河中建立起了不可磨灭的功勋，最终连同他们自己，成为了那份红色记忆里最为亮丽的一道彩虹。

如今，英雄们早已远去，那个特殊的年代距离我们也已有世纪之遥，但我坚信，他们的信仰、他们的意志、他们的智慧、他们的勇气、他们的风采，永远都将是我们取之不尽的精神财富。

现在，就让我们来再次领略这些小战士、大领导在那段峥嵘岁月中不断成长、蜕变的伟大历程吧！

潘 望

2014 年 11 月

目　录

以勤补拙，终成大器——李先念

一身正气，铸就丰碑——胡耀邦

矢志革命，不让须眉——康克清

允文允武，坐断东南——苏振华

百战沙场，抗日名将 陈锡联

大气纵横，独臂英雄——余秋里

壮怀青萍，仗剑报国——张爱萍

心系天下，名扬域外——邓华

能谋善战，华侨上将——叶飞

少年从戎，儒将风范——廖汉生

★YIQINBUZHUO ZHONGCHENGDAQI LIXIANNIAN★

以勤补拙，终成大器
——李先念

他是大别山的儿子，参加过黄麻起义，当过游击队长。红军时期，他曾万里长征，血战河西。解放战争、中原突围成就了李先念的赫赫威名和他开国军事家的历史地位。他一生坚持党性原则，为党和人民的事业屡建奇功，但他从不居功自傲，始终谦虚谨慎、顾全大局、戒骄戒躁。李先念曾说道："我们一切事业的成功，是全党力量的成功，也是全体干部与群众力量的成功，决不是个人力量的成功。我们不能把成功的事业，当成自己私人的家当。"

李先念档案

姓名字号：李先念

籍　　贯：湖北省黄安县（今红安县）

生卒年月：1909 年 6 月 23 日—1992 年 6 月 21 日，享年 83 岁

最高职务：中共中央政治局常委、中华人民共和国主席、全国政协主席

李先念简历

1909 年——6 月 23 日，出生于湖北省黄安县（今红安县）高桥区九龙冲。

1927 年——11 月，参加黄麻起义。12 月，加入中国共产党。

1928 年——任红军第 11 军第 31 师 5 大队副班长。

1931 年——任红 4 方面军第 11 师 33 团政治委员。

1932 年——任红 11 师政治委员。

1933 年——任红 30 军政治委员。

1936 年——任红军西路军军政委员会委员。

1938 年——任中共豫鄂边区省委军事委员会副主任、军事部部长。

1939 年——任新四军豫鄂独立游击大队、豫鄂挺进纵队司令员。

1941 年——任新四军第 5 师师长兼政治委员。

1945 年——任中共中央中原局常委、中原军区司令员。

1947 年——任中共中央中原局第二副书记、晋冀鲁豫野战军副司令员。

1948 年——任中原军区兼中原野战军第二副司令员。

1949 年——任中共中央华中局、中南局委员。中共湖北省委书记、湖北省人民政府主席。

1952 年——任中南局常委、中南局第三副书记、中南军政委员会副主席。同年兼任武汉市委书记、武汉市市长。

1954 年——任政务院财经委副主任、财政部部长，国务院副总理。

1956年——任中共中央政治局委员。

1958年——任中共中央书记处书记。

1977年——任中央政治局常委、副主席，中央军委委员、常委。

1979年——任国务院财政经济委员会副主任。

1983年——任中华人民共和国主席。

1988年——当选为政协第七届全国委员会主席。

1992年——6月21日，在北京逝世。

一、中原突围

“嘀嘀嘀——嘀——嘀嘀”

1946年的夏季，要比往年来得稍早一些。而敌人的磨刀霍霍，让中原解放区的这个夏天更加炙热。

6月21日，一封请求实施主力突围计划的加急电报，从中原解放区首府宣化店秘密发往延安。

两天后，中原军区司令员李先念、中原局代理书记兼中原军区政治委员郑位三终于收到了中央复电：“同意立即突围，愈快愈好，不要有任何顾虑。生存第一，胜利第一。”

看着这短短的两行字，李先念和郑位三心情沉重地互相看了一眼，他们明白，在敌人五倍于己的兵力优势面前，接下来的突围战斗，将是何等的艰苦和残酷。

当然，此时的李先念不会想到，他所指挥的这场中原突围，将会是中国解放战争的起点，也是他个人军事生涯中最重要的一个闪光点。

他只知道，一场大仗，就要打响了……

中原解放区，位于鄂豫皖边境的大别山区，抗战结束时曾地跨平汉铁路东西，接近武汉，方圆15万平方公里。在国共谈判时，中国共产党为争取和平做出了巨大让步，中原解放区面积因此缩小。1946年5月10日，国共双方代表虽然就中原地区停止武装冲突签订了《汉口协定》，但国民党军的“蚕食”进攻并未停止。蒋介石认为中共据此随时可切断平汉路交通大动脉，是中原地区的最大威胁。

1946 年 6 月中旬，国民党当局已决定大打，蒋介石任命刘峙为进攻中原解放军的总指挥，调集了 11 个正规军 26 个师约 30 万兵力，部署于中原解放区南北两线，郑州绥靖公署主任刘峙随即赶往驻马店设立了指挥所，并限所属部队 7 月 1 日发起总攻击，妄图在“四十八小时内，一举包围歼灭”解放军中原军区主力。

原先蒋介石估计，李先念率领的中原军区部队可能会向东北方向突围，与山东的解放军会合。因为在其他方向特别是在西面的平汉铁路，皆有国民党军重兵防守。而李先念认为，敌人重点布防之地往往是敌人容易懈怠之处，为了达到出敌不意的目的，李先念选择了与敌人估计正好相反的方向，即向西突围。

6 月 23 日当晚 22 时许，天气由小雨转晴，一弯下弦之月，放着清冷的光，淡淡地照着四野。江水在默默流淌，远近的山峦静悄悄的，偶尔不知从何处传来汪汪的狗叫声，使得这个夜晚给人以更加宁静的感觉，谁也觉不出一场大战即将到来。

夜晚、星辰、山野是松弛的；夜晚、星辰、山野之中的人却紧张无比。

李先念在他的临时指挥部里，借着马灯的光亮，向中原军区各部队首长传达了中央命令尽快突围的电文。

“皮定均同志！”

“到。”人称“皮猴子”的皮定均，此时正担任中原野战军第 1 旅旅长。1944 年 9 月，中共中央派皮定均率豫西抗日独立支队跨过黄河天险，深入豫西山区。不到三个月，皮定均硬是以千余人的部队在民风强悍、地方武装林立的豫西站稳了脚跟。抗战胜利后，皮定均的队伍已经壮大到一旅之众，后编为中原野战军第 1 旅。在豫西，第 1 旅以敢打敢拼、不畏强敌而威名远扬，被敌我双方皆称之为“皮旅”。

“军区决定，由你部掩护军区主力突围……”

李先念的语气很沉重，为了掩护主力突围，中原军区只能丢卒保帅。这个卒，就是皮旅。

根据李先念和王树声的要求，皮旅必须想尽一切办法把自己变成敌人眼中的主力，将敌人至少拖住三天，掩护中原军区主力突破平汉铁路。

当谈到3天后皮旅的行动方向和方案时，李先念的声音突然顿住了，他不知道3天后还有没有皮旅，当年掩护中央红军长征突破湘江封锁线的红34师，就是以全军覆没结束了自己的悲壮军史。

目前李先念的突围具体部署是：先由皮定均率1纵队1旅向东行动，造成主力东进态势，以迷惑敌人，转移敌人的视线。然后中原解放军的主力分为南北两路向西突围。其中：李先念、郑位三、王震等率中原局、中原军区直属队和2纵队主力为北路，王树声率1纵队（缺第1旅）为南路。中原军区主力部队由此化为三股，分散突围，其余少数武装力量，或坚持原地斗争，或挺进大别山腹地，继续打游击，以牵制敌人兵力。

在领受任务后，皮定均甚至已做好了牺牲的准备。为掩护主力安全向西突围，从6月24日开始，皮旅7000官兵沿着根据地中心区白雀园向东一字摆开，在20多公里的宽大正面上顽强抗击国民党4个军10万余人的攻击。

对于完成3天阻击任务，皮定均很有信心。但是他把更多的心思放在3天后的行动方向和方案上。在中原军区刚领受任务回到旅部时，他就派作战科长带精干分队向东侦察敌情和行军路线。在旅党委会议上，皮定均否决了向南跨过长江突围、向西尾随主力、向东分散突围等各种提议。熟悉他的领导都说："皮猴子想走一步险棋！"

26日晚，恰逢天降暴雨，皮定均大喜道："真是天助我也。"在暴雨的掩护下，皮旅在20多公里的宽大正面上全线出击，然后突然收兵，7000大军瞬间变得无影无踪。

皮定均率领部队时而向西，时而向南，最终藏入了一个叫刘家冲的小山村休整。刘家冲这地方只住有6户人家，正好位于敌军频繁运动的两条公路之间，别说敌人没想到皮猴子这步险棋，就是1旅部队自己的同志也没有想到旅长玩得如此心跳。

两天后，皮猴子算好敌军主力都向西北方向去了，1旅也得到了充分休整，于是他一声令下，皮旅全体指战员急行军迅速通过潢（川）麻（城）公路，向东直插鄂豫皖边界的大别山。当敌军发现敌情回头时，皮旅已经消失在茫茫大山之中。

时刻关注着皮旅消息的李先念，此刻终于松了一口气，他与王树声握手言别后，指挥部队随即开始了后来彪炳史册的中原突围。李先念与王震率北路军共1.5万人，以秘密、神速的行动，趁着26日晚的连夜暴雨，成功突破敌人重兵把守的平汉铁路“钢铁防线”，抢在敌军发动总攻击之前，跳出了其内层包围圈，接着，他们越过了天河口和苍苔地区，进入伏牛山南麓。

7月11日，李先念部到达内乡县地区，为分散追堵敌军的兵力，他与王震商议决定北路军再次分兵两路向西转进。面对随时会全军覆没的险恶形势，李先念连续组织了突破敌人天然防线的抢渡丹江战斗、打开入陕门户的南化塘战斗，一路力战、苦战、血战，终于从敌人重兵追堵的险境中冲出一条通道，进入陕南创立了游击根据地。

与此同时，王震率359旅顺利突围返回陕甘宁边区，王树声则率部于30日晚从广水、花园之间越过平汉路，抢渡襄河，创立了以武当山为中心的鄂西北游击根据地。而那支拖着敌军主力不分昼夜在皖中平原上飞速狂飙的皮旅，也成功突破津浦线封锁，进入华中根据地与兄弟部队会师。

中原突围战役，是解放战争初期我军战史中极其精彩的一笔，人民解放军中原军区以6万对敌30万的绝对劣势，在自损约五分之二的基础上，先后共歼灭5万余敌军，胜利完成了战略转移任务，使得蒋介石原先打算吃掉中原解放军的计划全盘落空。这样的兵力对比、伤亡交换比和结果，充分显示了李先念统率大兵团同强大敌人作战的战略战术和指挥艺术，一举奠定了他作为开国军事家的历史地位。

同时，它还牵制了国民党的大量兵力，从战略上积极配合了其他地区的解放军作战，对保卫陕甘宁边区、保卫延安，对我华北、华中地区主力部队度过最困难的时期，起到极大的战略作用，也为日后华北的上党战役、邯郸战役和华东的七战七捷创造了极其有利的条件。

二、大别山的儿子

在一片郁郁青青的山林中，十来个脸上挂着两道鼻涕的农家娃子，都在用无比崇拜的目光，看着他们的首领身手敏捷地爬到树梢，自鸟窝中掏出两个鸟蛋含在嘴里，又利落地爬了下来，他们的热情明显高涨起来，都抬着小脑瓜，齐声欢快地叫着："全伢子——全伢子——"

这个全伢子，就是李先念。

1909 年 6 月 23 日，李先念出生在大别山区湖北省黄安（今红安）县高桥区九龙冲李家大屋的一个贫苦农民家庭，乳名全伢，号克念。在异父同母的兄弟姐妹中，他排行第八，是个"老幺"。这个贫困山区、贫困家庭的新生婴儿，注定要在苦水里泡大。

打 8 岁起，李先念便开始跟父兄下田劳动，放牛拾柴，也干些家务杂活。劳动之余，他还同小伙伴们一道玩耍。村里的谷场，宅边的池塘，附近的山林，都是他们自由自在、嬉戏出没的场所：摔跤、打闹、摸鱼、捉迷藏、摘野果、掏鸟蛋、捅马蜂窝……

由于李先念聪明顽皮，力气大，有主意，好打抱不平，很自然地成了"孩子王"。小伙伴们都愿意跟他在一起，听他指挥。

李先念将满 10 岁的时候，父亲和伯父省吃俭用，把他送进了李家大屋的私塾读书。李先念知道自己家境贫寒，能读上书是很不容易的，而且又是李家祖祖辈辈破天荒能进学堂读书识字的人，所以学习上特别勤奋。在同班同学里，他的记忆力极强，认字、背书又多又快，在全班数一数二，常受到塾师韩福琦的夸奖。

伴随着年龄的增长，李先念越来越懂得读书的重要和来之不易。私塾读完后，他一心希望能升学堂深造，但学堂的费用比私塾要高得多，家里拿不出，他不得不辍学了。这时，李先念尚不明白家庭贫困的原因，但却已经深深体味到了它的苦果。

1923 年，李先念到一位表亲袁学福那里学木匠手艺。正式学艺要三年才能满师。由于师傅袁学福教得认真，李先念也学得刻苦，不到两年的时间，他就比较熟练地掌握了选择材料、绘制图案、计量尺度和斧、锯、凿、刨等基本技能，已能独立制作一些简易的木器，如制作犁耙、水车、风米斗、桌椅、板凳和木箱、木柜等。

师傅袁学福见他聪明好学，做活精细，故尚未满师，就放手让他走乡串户，单独干活。不久，师傅袁学福又把 15 岁的李先念送到了汉口球场街的陈福记寿器店当学徒。

在武汉期间，李先念的视野逐渐开阔，对人与人的关系及一些社会问题，成了他经常思考的焦点。军阀混战、民不聊生的混乱局面，贫富悬殊、阶级压迫的残酷现实，国共两党的革命主张和宣传，在武汉这座大工业城市不断引发工人罢工、学生游行的风潮，也深深触动了李先念的心田。

此刻这个稚嫩的少年，和许多被压迫的底层人民一样，渴望翻身，渴望光明，渴望改变这个黑暗的世界。

1926 年 10 月，国民革命军高举红旗攻入了湖北省会武昌城。李先念怀着无比兴奋的心情，独自从汉口坐小木船渡江抵武昌，想亲眼一睹北伐军的革命风采。

当他挤在人群中，看到戎装整齐、臂戴袖章的革命军人，个个英姿勃发，神采飞扬，受到群众热烈拥戴的场景后，不禁热血沸腾，情不自禁地跟随着革命军队，久久不肯离去。

在一个漫漫长夜的苦思冥想中，李先念终于找到了改变命运的答案。于是，他毅然卷起铺盖，返回家乡，联络农友，投身到农民运动的红色铁流中去。

此时，李先念家乡的县、区农民协会业已建立。为了紧紧掌握农民运动的领导权，引导运动健康发展，中共黄安县党团特别支部依照上级党组织的指示，在继续发展革命知识分子和国民党左派分子入党入团的同时，着重在农村发展党团组织，并指定了各区的负责人。

从武汉回乡闹革命的王鉴、江竹青等人，负责高桥区，相继发展了夏国仪、熊邦山、田开寿等一批人入党，成为组织和掌握农会的核心力量。李先念的二哥陈有元、远房侄儿李泽信和同村好友韩爽先等，都是农民运动的积极分子，他们与从武汉归来的李先念一起商量好后，分头串联附近几个村的农友，成立了九龙乡农民协会。

农会规定，凡是贫苦农民自愿参加斗争，遵守会章，经人介绍，缴纳两个铜板的手续费，即可入会。当年冬季，李先念当选为乡农会执行委员，并经王积宽、王积全介绍，秘密加入中国共产主义青年团。

1927 年 2 月，高桥区农民代表大会在王才湾祠堂举行，与会代表共 120 余人，会期 5 天。李先念作为九龙冲的代表，参加了会议。省农运特派员、县农协执行委员王鉴在会上作了报告。

王鉴强调一切权力归农会，要把几千年的封建乡绅统治连根拔掉。他号召农友们团结起来，打倒土豪劣绅，取消苛捐杂税，建立农民武装，推进农村革命。通过听报告和参加讨论，李先念进一步开阔了眼界，对农民协会的性质、任务、民主程序、工作方法，以及农民运动的方向和行动方针，有了明确的认识，颇有“听君一席话，胜读十年书”的感觉。

如火如荼的农民运动，使世代受尽压迫剥削的工农群众扬眉吐气，挺直了腰杆，也引起土豪劣绅的极度仇视。他们或明或暗，或组织反动武装，或制造流言蜚语，或派人打入农会，或拉拢收买农会骨干，或残杀农会成员，千方百计加紧进行反抗和破坏活动。

在高桥区血债累累、残害乡民、破坏农民运动的大土豪吴隆文、吴子俊等被农会公审处决后，四乡农民就像拨云见日一样，群情振奋，奔走相告，纷纷以扁担、铁耙、刀矛为武器，协助农会捕捉土豪劣绅、地痞流氓，清算沉积的冤仇。吓得那些平时大摇大摆、作威作福的财东老爷和狗腿子们，东躲西藏。

高桥大地主吴立久，更是心惊肉跳，惶惶不可终日。因为，现今的乡农会执行委员李先念，当年在他店里学徒，没少挨打挨骂，吃苦受罪；李家又是他的佃户，常年遭受其盘剥和欺凌。单是这笔账算到头上来，他就吃不了兜着走，更何况还有其他佃户和长工的旧恨新仇呢!

奸诈狡猾、老谋深算的吴立久，为了既保命又保财，筹划再三，想出了一条摆脱困境的“妙计”。他伪装积极拥护革命，支持农运，托人给乡农协送信，委婉陈词，邀请李先念和农友们光临他家，摆酒设宴，以示慰问。企图通过一番宴请和拉拢，让李先念、陈有元等人捐弃前仇，放他一马，进而听从他的摆布。

李先念头看完吴立久的信后，把桌子一拍，斩钉截铁地说：“不要相信吴立久的鬼话，账要算，酒要喝，人要捉！”

农友们听了这话，齐声拥护，手持锄头、扁担，“呵伙！呵伙！”一拥而进吴家大院，罚酒三餐，捉人治罪。

李先念还带领农会成员，积极搜寻和捕捉各村藏匿的土豪劣绅，送交革命法庭公审法办；认真清查他们的不义之财，该没收的没收，该退还群众的退还群众，并逐一公布清查和处理的结果，账目清清楚楚，深为群众称道。

从此，李先念的名声不胫而走，传遍四乡，连放牛娃都知道他是地主恶霸的死对头，穷苦农民的好带头人。

三、白色恐怖下的游击队长

随着八一南昌起义的枪声响起，1927 年 11 月 3 日，黄麻特委在七里坪召开了特别会议，决定进行黄麻起义，由潘忠汝任总指挥，吴光浩任副总指挥，特委同时调整了部分区委干部。高桥区由熊邦山任区委书记，李先念任区工人纠察队大队长。他们积极展开串联活动，以原区、乡农民自卫队员为骨干，在各村建立义勇队，参加了这次赫赫有名的武装起义。

黄麻起义胜利后，李先念等人迅即率领队伍返回高桥区，依靠发动群众、组织革命力量向土豪劣绅与青洪帮、哥老会、红枪会等发起反击，狠狠打击了他们的气焰。

11 月 25 日，李先念趁着黄麻起义的威慑力，亲率一部分农民武装，一鼓作气，铲除了桂花楼、大塘湾的土豪劣绅，打开他们的粮仓，把粮食全部分给当地群众。此时由潘忠汝率领的起义主力鄂东军第一路，开始南下开展土改工作，党的“土地革命”的口号深入人心，得到了渴望分得土地的广大农民的积极拥护，因而推动了黄安县新的斗争高潮。

与此同时，光山红枪会慑于黄麻革命力量的强大，亦派人前来讲和，双方的武装冲突暂时缓解。这一切，给武汉等地的国民党反动派以极大的震动。他们当即策划军事进攻，企图迅速扑灭黄麻地区燃起的革命烈火。

从 11 月 27 日至 12 月 5 日，敌第 30 军独立旅和第 12 军教导师，先后分别向黄安进击。工农革命军鄂东军和守城群众，浴血苦战，英勇打退敌军的多次进攻，终因众寡悬殊，于 6 日被敌攻入县城。工农革命军遭受惨重损失，只有部分人员突出重围。8 日，敌军复进据麻城。至此，黄麻起义严重受挫。

敌人占领黄麻地区后，以百倍的疯狂进行了阶级报复，大肆屠杀共产党员，血洗革命群众。国民党军与反动地主武装相配合，反复在黄麻地区进行“清乡剿共”。

面对这场血腥的浩劫，李先念和他的战友们只能把仇恨埋在心底，发誓要为死难的烈士报仇！

黄安失守时，县委书记王志仁和工农鄂东军总指挥潘忠汝、副总指挥刘光烈均壮烈牺牲。突围而出的部分领导人吴光浩、戴克敏等会同在七里坪的曹学楷、戴季英等，于 12 月下旬在紫云区木城寨举行会议，决定“要打出这个圈圈，把敌人牵走”，将现有武装和干部，一部分留在当地坚持斗争，一部分转移到黄陂木兰山一带游击，伺机打回黄安。他们在闵家祠堂集合了 72 人，携带长短枪 50 余支，乘夜向木兰山进发。

路过高桥区时，县委负责人找到了李先念，要他向其他同志转达县委的决定，继续在高桥区坚持斗争，并问他有没有信心。

李先念怀着对敌人的强烈仇恨，坚定地回答：“请首长放心，有我们在，高桥区的斗争决不会停顿，我们要以牙还牙，讨还血债！”嗣后，他与詹献庭、熊邦山、王宝珊、韩爽先、陈有元、李泽信等人，在本区本乡分散隐蔽开来，并聚积力量与敌周旋。

1927 年 12 月 17 日，年满 18 岁的李先念经韩爽先、李泽信介绍，正式加入中国共产党。

这天，在一所破旧的茅草屋里，李先念面对党旗庄严宣誓：“我自愿加入中国共产党，实行革命，努力工作，服从组织，遵守纪律，严守秘密，牺牲个人，死不叛党。”

木兰山位于黄陂县北部，距该县塔耳乡叶家田村二十多里路，与高桥区毗连。为了巩固这一带的群众基础，支援木兰山的游击武装，区委决定派李先念回叶家田村袁学福家，以木匠身份作掩护，从事革命活动。

1928 年 2 月，高桥区九龙冲乡游击队成立和木兰山革命武装打回家乡的消息，像春风般温暖了白色恐怖下广大群众的心田。

此时担任乡游击队长的李先念，为了打击反动势力的嚣张气焰，壮大游击队的声势，突然发起奇袭，把陡山彭家村的联庄会首陈芝斌杀了。

一时间李先念、詹献庭名声大震，成为敌人在这带搜捕的主要目标。为了保存自己消灭敌人，李先念采取白天隐蔽，夜间出击，敌来我藏，敌退我出的办法，依靠当地群众，不断捕杀极端反动分子，为人民除害。有时，他们还深入到二程区桐柏集一带活动。3 月，九龙冲乡党支部重建，李先念兼任支部书记。

为加强对革命游击武装的打击，控制黄麻起义区的局面，国民党军加派 1 个团分驻两县。4 月间，黄安驻军会同“清乡团”、“自卫团”等，进占七里坪、檀树岗、箭厂河、六里湾、高桥河诸镇，分兵反复“搜剿”革命武装。

李先念和游击队处境艰难，不时遇险。有一天，他率队员转移途中，突然与敌遭遇。他掩护李泽信等队员脱险后，只身逃进孟尝山南王家村，该村农会会员将他藏在房里夹墙内，才幸免于难。

李先念的家里，更是敌人搜索的重点。为了不牵连家人，江竹青和李先念商量出一个“绑架”的办法，掩人耳目。

有一天，李先念回家去住。夜半，江竹青率几名游击队员进了他家，强行将李先念绑走，声言家人必须交出五百块银圆，才能赎回。

这事很快便在全村传开了，说全伢子是被逼干游击队的，家里因为没有钱，所以没法赎他回来。有全村的人作证，敌人信以为真，此后才极少找李家的麻烦。

四、自古英雄出少年

九一八事变后，应鄂豫皖中央分局发出的号召，整个根据地，掀起了一股参军拥军的热潮。

李先念在斗争实践中认识到枪杆子的极端重要性：没有枪杆子，没有主力红军，便没有根据地的创建和巩固，更不会有革命的最后胜利。

斟酌再三后，李先念征得县委书记郭述申的同意，决定带头率本县的一批青年参加红军，保卫革命果实。

李先念率众参军后，被编入红 4 军第 11 师 33 团，任政治委员，团长吴云山。因当时后勤条件差，参军初期未发军装，李先念平时仍穿着一身长袍大褂，于是战士们都叫他“大褂子政委”。

初入红军部队，李先念所面临最重要的一个难关，就是军事关。红 4 方面军的政工干部，特别是政治委员，如果不懂军事，不会打仗，就会被群众讥讽为“专卖狗皮膏药的”，这样的领导干部，也建立不起真正的威信来。

李先念过去只当过副班长，打过麻雀战、游击战，缺乏指挥一个团的经验，更没有硬碰硬地打过大仗、恶仗。“大褂子政委”到底会不会打仗？全团的指战员正拭目以待。

1932 年 1 月初，李先念部奉命离开白雀园，向七里坪进发。

一大早，红 33 团在街西的一片稻田地里集合，共 2000 多人，一律身穿浅灰色军装，头戴红五星八角帽，煞是整齐威武。

李先念心想：这么多人，怎么个走法？挤在一块行军，岂不要把老百姓的庄稼踩坏了！他就问站在身旁的2营营长孙玉清。

孙玉清是老战士了，他笑了笑说：“别担心，有办法。”接着，就高声宣布：所有指战员按1、2、3营和团直属队的顺序，一路纵队行军。

李先念这才明白，大队人马是这样武装行进的。

团长吴云山命令部队“立即出发”，就骑上马随先头部队走了。

当李先念的马夫把一匹枣红马牵到他跟前时，李先念却犯了愁，他长到这么大还从来没骑过马，现在当着这么多自己的部下，又不好意思说不会骑。他只得硬着头皮上马。一踩脚蹬子，马一动，骑不上去；再踩脚蹬子，马再一动，还是骑不上去。

连续几次上马，都失败了。战士们在旁边暗暗发笑，悄悄说风凉话。

李先念深深感受到，当一个团级指挥员，必须一切从头学起。骑马、射击、行军、宿营、布阵、战术动作、指挥要领，每一道难题，都要靠自己勤学苦练，加倍努力，才能做出合格的答卷。从那时起，李先念每天凌晨的学习时间里，加进了军事内容。

黄安战役是李先念首次参与指挥一个团作战，在事先战斗准备和战役进行过程中，他不是和吴云山就是和2营营长孙玉清在一起，不耻下问，虚心求教，注重观察和搜集情报，学习判断敌情、行军布阵、通信联络、选择地形、构筑阵地、配置火力、攻击防御、战斗动员、战地鼓动、后勤供应等组织指挥的本领。

一连两仗打下来，李先念对布阵防御、诱敌深入、伺机反击、两翼包抄、分割歼敌、猛打猛追等战术，已经称得上是初步入门。

战争是最大的学校，战场是最好的课堂。李先念凭着他的智慧和努力，经过短时间的战场实践，终于取得了军事难关上的进展与跨越。李先念22岁当团政委，23岁当师政委，24岁当军政委，几乎是3年连升3级。他所率领的红33团被鄂豫皖中央分局和军委会命名为“共产国际团”，红11师、红30军后来也成为红4方面军声名赫赫的劲旅。

1932年10月，在蒋介石重兵的不断“围剿”之下，由于张国焘战略指导上的错误，红 4 方面军主力被迫撤出鄂豫皖根据地，开始西征转战。担任红 11 师政委的李先念，率该师担负后卫任务，所部被敌截断包围，李先念率部左冲右突，身中两弹，仍坐在担架上坚持指挥。部队将士英雄顽强，奋勇杀出重围，翻越秦岭，顺利抵达陕南的汉中地区，将敌军远远地甩在了后边。

1933 年 5 月，红 4 方面军决定歼灭通江北面空山坝以南 9 个团的敌人，徐向前总指挥把这次担当先锋的任务亲自交给了李先念指挥的红 11 师。李先念亲率一个团冒雨疾速穿过荆棘丛生的密林，秘密插入敌人左侧，向敌发起猛烈攻击，敌人竟然毫无防备，顿时乱成一团。红 11 师的突然袭击，为兄弟部队赢得了战机，经过 3 个昼夜的激战，基本将敌人全歼。战后，李先念旋被任命为新成立的红 30 军政委。

1935 年 6 月 15 日，党中央、红 1 方面军与红 4 方面军在川西懋功胜利会师，李先念在一座法式建筑风格的天主教堂的东厢房里，第一次见到了毛泽东。当时李先念很年轻，是红 4 方面军最年轻的军政委。

在那个时候，红 4 方面军师以下干部都很年轻，指战员装备齐全、朝气蓬勃，这给毛泽东留下了深刻印象。而毛泽东对李先念更是格外青睐，他一见到李先念，不由得上下打量他，然后便脱口问道：“你今年多大啦？”

李先念说：“还差几天满 26 岁。”

毛泽东赞叹地说：“你真年轻，真是前途无量啊！”

李先念接着说：“我手下还有更年轻的。88 师师长熊厚发刚刚 20 岁，那才是我们的小老虎呢！”

这次相见，毛泽东对李先念大加赞赏，临别时，毛泽东高兴地说：“自古英雄出少年，我们只恨相见太晚喽！”

红 1、红 4 方面军长征会师后，由于张国焘的分裂行为，红 4 方面军被迫南下川康边地区，红军的团结与统一面临严峻考验。在这个关键时刻，李先念坚决抵制张国焘的瞎指挥，他义正词严地说：“红军的分裂，也就是革命的分裂。”

当他从陈昌浩那里得知张国焘要另立中央时，李先念明确表示：“这怎么行？一国不能有二主，我们现在有党中央，为什么还要另立中央？这样不是把部队搞乱了吗？”

在川陕革命根据地反围攻的紧要关头，李先念着眼战役反攻的大局，坚决支持徐向前的正确判断和指挥，坚决抵制肃反扩大化，保护了一大批干部，对巩固和保持部队战斗力起了重要作用。

当反对张国焘的斗争取得了更大进展后，李先念一方面强调特别要搞好团结，另一方面率 88 师和骑兵师为先遣军，第三次踏进草地，担负为全军开道、筹粮的重任，他坚决支持朱德、刘伯承、徐向前等同张国焘分裂活动进行斗争，团结部队，战胜困难，最终实现了红 1、2、4 方面军在会宁胜利会师。

五、血战河西

1936 年 10 月，红军三大主力部队第 1、2、4 方面军，胜利结束长征，在甘肃会宁地区大会师。此时，红 30 军政委李先念正率部在进军途中，突然接到让他急速去会宁执行新任务的命令。赶到会宁后，他从中央及军委的电报中得知，中央决定提前发起宁夏战役，要求红 4 方面军抽调一个军的兵力，迅速造船，于 11 月 10 日前完成渡河准备。

李先念接受任务后，立即赶回部队做出战斗部署，确定 88 师为渡河前卫师，第 263 团为渡河先遣团。他强调指出：“这是三大主力红军会师后，我们执行的第一个具有战略意义的任务，党中央和毛主席把这样重要而光荣的任务交给 30 军，是对全军指战员的信任和鞭策，我们一定要全力以赴，决不辜负党中央的期望。”

10月24日，毛泽东、周恩来电令："三十军迅速渡河控制西岸。"当夜11时，李先念一声令下："渡河！"勇士们驾驶船只奋勇划向河心，犹如神兵天降，向着对岸疾驶。25日晚，李先念和代军长程世才指挥红30军全部渡河完毕。

红军渡河后，蒋介石即任命青海军阀马步芳为西北"剿匪"第2防区司令，统一指挥马家军的骑兵第5师，向河西红军堵截进击。统治甘肃、青海两省的马家军正规军共有3万多人，民团武装10万余人，武器精良，运动快速，战斗力较强，给西路军造成重创。

1937年1月，马家军发现李先念率领的西路军集中在甘州（今张掖）西南的倪家营子，即集中所有主力部队，进行层层包围，对西路军发起一次次连续进攻。在这场历时40个日夜的倪家营子血战中，李先念指挥红30军与红9军、红5军相配合，在极端险恶的形势下，英勇杀敌，威武不屈，共歼敌1万余人，用鲜血和生命谱写了气壮山河的英雄赞歌。

但是，倪家营子血战使西路军伤亡惨重，由于缺粮缺水，有耗无补，西路军被迫转移到祁连山深处的石窝山上，这时所剩人员已不足3000人，基本上败局已定了。

党中央、中央军委时刻关注着战局的变化。为解除西路军之围，中共中央决定组成以刘伯承为司令员的援西军，前去援助和接应西路军。刘伯承率领援西军刚刚出发抵达甘肃东部的镇原，便收到中央发来的电报，说西路军经过多次浴血奋战，屡遭挫折，伤亡很大，最后到了祁连山，已经处于弹尽粮绝的境地。西路军到了这种地步，而援西军还在甘肃东部，即使渡河过去，也实在是远水解不了近渴，无法援救西路军兵败祁连了。

3月14日黄昏，在石窝山的一处密林中，陈昌浩主持召开西路军军政委员会，会议决定，将剩下的兵力和人员分三路开展游击活动，并将此决定上报中央。3月17日，中央军委复电李先念等，同意以主动的游击战争，独立争取自己的生存和发展。无奈之下，李先念率红30军主力5个营和总部直属队人员共1500余人，前往西面大山打游击。分手之际，李先念怀着依依惜别的心情，送别徐向前、陈昌浩等，然后立即集合部队开始转移，从此踏上了40多个日日夜夜的险恶征程……

西路军是一支非常优秀的部队。鄂豫皖的黄麻起义、商南起义、六霍起义的老底子在里面，还有川东游击军、宁都暴动的老底子，这是一支意志旺盛、作风顽强、英勇善战、战功卓著的战斗队伍，它的失利实在太可惜了，是中国工农红军的重大损失，是中国革命的重大损失。

李先念率部走出祁连山，穿过茫茫戈壁，于12月中旬回到延安。1938年，组织上派人找李先念谈话，让他到八路军129师当营里的教导员。李先念没有想到，回到延安后他被连降6级，由军政委一直降到营教导员。不少西路军干部战士都觉得委屈。面对不公平待遇，李先念没有抱怨，反而说："管他呢，就是把我撸成兵，我也要在红军中干下去。"

后来，毛泽东知道了这件事，在延安凤凰山麓的窑洞里接见了他。毛泽东开头的第一句话就说："这样处理你李先念是不公平的。"这句话不仅是对李先念个人的评价，也是对2万多名西路军将士的告慰。

1981年11月22口，陈云同李先念到谈西路军问题，指出这个问题不能回避，西路军过河是中共中央为执行宁夏战役计划而决定的，不能说是张国焘分裂路线的产物。次年2月，陈云建议李先念写一份有关西路军的材料。根据陈云的意见，李先念写了有关西路军问题的说明材料并附上29份历史电报。

1983年3月8日，陈云致信李先念，说："你写的关于西路军历史上几个问题的说明和所有附件，我都看了两遍。这些附件都是党内历史电报，我赞成把此件存中央党史研究室和党的中央档案馆。可先请小平同志阅后再交中央常委一阅。"

3月22日，邓小平在李先念写的说明和附件上批示："赞成这个说明，同意全件存档。"此后，国家有关部门专门下发文件，对解决西路军有关问题做出明确指示，规定"凡经当地政府确认为西路军流落人员的，在没有发现重大政治历史问题的情况下，一般应当给予承认，并统一称为西路军红军老战士"。同时，还就西路军老战士的生活待遇等作出了明确规定。

六、到中原去

李先念回到延安后，刘少奇把李先念叫去谈话。刘少奇说：“中央已做了研究，决定派你回老家去。”

“回红安吗？”李先念问道。

“确切地说是鄂豫皖，”刘少奇又补充说，“是中原。”

李先念爽快地回答：“坚决服从中央决定。中央还有什么指示？”

刘少奇双目炯炯地看着李先念说：“我只给你讲三点：回去后，一是抓武装，二是抓武装，三还是抓武装。”

李先念大声说：“明白！”他双肩一抖，又踏上了新的征程。

1938 年 11 月，李先念与刘少奇等一起告别革命圣地延安，踏上了南上征程。途经西安八路军办事处时，李先念与刘少奇分手，来到中原局和省委驻地河南省确山县竹沟镇。12 月，中原局决定撤销河南省委，组建中共豫鄂边区党委，李先念任豫鄂边区党委军事部长。

1939 年 1 月，李先念在竹沟镇北窑主持召开军事会议，根据刘少奇提出的“抓武装”的指示精神，认真分析豫鄂边区对敌斗争形势，提出了发展敌后武装，开展抗日武装斗争的军事工作方针，决定成立新四军豫鄂独立游击大队，迅速南下敌后，扩大抗日力量，开辟豫鄂边抗日根据地，李先念亲自担任独立游击大队司令员。1 月 17 日，游击大队从竹沟镇出发，深入敌后到豫鄂边区开展武装斗争。

李先念率领的这支独立游击大队，下辖 3 个中队，由新四军第 4 支队部分人员和来自延安的60多名红军干部组成,共有160多人。部队踏上征途后,边行进，边训练，接连打了几个胜仗，在信南鸡公山歼灭伪军一部，在柳林铁路伏击日军装甲车，在信应公路诱歼日军通信兵，可谓出师大捷，既打出了新四军的威风，又相继与等地的党组织和抗日武装取得了联系。

1939年底，豫鄂边区党委将独立游击大队与豫南、鄂中、鄂东地区的武装力量统一整编为豫鄂挺进纵队，李先念任纵队司令员，他率领挺进纵队驰骋豫鄂大地，屡建奇功。党中央高度评价道："挺进纵队的创造，是一个伟大的成绩,并证明在一切敌后地区党均可建立武装,而且可以存在和发展。"

1941年皖南事变后，李先念担任新四军第5师师长兼政委。9月，侵华日军为准备发动太平洋战争，集中10万兵力进攻长沙，后又攻郑州，并不断抽兵南调，致使武汉外围各据点守备减弱。李先念果断抓住战机，立即部署南下开辟汉川、汉阳、沔阳地区，同时派兵再进鄂皖边地区，扩大新的敌后根据地，彻底粉碎日伪"扫荡"，在地域上从东西两面构成对武汉之敌的战略包围。

在这一年的12月7日，李先念指挥发起了新四军第5师历史上著名的侏儒山战役，对盘踞汉阳侏儒山及其附近的伪军主力实施连续攻击，至次年2月，将侏儒山地区的伪军大部歼灭，并歼灭日军200余人，开辟了川汉沔根据地。

新四军第5师在李先念的领导下，先后挫败了日伪军的"铁壁合围"，开创了地处要冲、孤悬敌后的豫鄂边抗日根据地，建立了拥有5万余人的正规军和30余万人的民兵武装力量，从战略上配合了华北、华东解放区战场，同时也支持了国民党抗日军队在中原的正面战场。其间，李先念坚决执行中共中央进击中原的战略部署，出兵在大别山区建立了战略支点，新四军的政治影响也日益扩大。

1945年8月15日，日本宣告无条件投降，我豫鄂边抗日根据地也改编为中原军区，国民党当然不会任由我中原部队继续发展壮大，由此产生了一系列摩擦。1946年5月10日，国共双方代表虽然就中原地区停止武装冲突签订了《汉口协定》，但国民党军的“蚕食”进攻并未停止。

至6月，国民党军已将中原军区部队6万余人包围在以宣化店为中心、方圆不足百里的罗山、光山、商城、经扶、礼山之间的狭长地带，中原解放区的面积只及原来的十分之一。当时的形势对中原军区司令员李先念来说非常不利，他已经清晰地感觉到，一场关乎我中原部队的生死之战即将来临。

根据党中央指示，李先念率部冲破了国民党重兵封锁的平汉线，开始实行战略转移。就这样，以中原突围为起点的全国三年解放战争开始了。

解放战争取得胜利后，李先念面临着一个选择：是继续留在军队，还是到地方去？当时任中原局书记的邓小平曾征求过他的意见，问他是愿意到第3兵团工作，还是等湖北解放后，回湖北做地方工作。李先念选择了回到自己的家乡湖北。

1949年5月，中共湖北省委成立，这是我军南下后最早建立的省、市级党组织，同时成立的还有中共浙江省委、南京市委、武汉市委（南京、武汉为直辖市）。李先念被正式任命为湖北省委书记、湖北省政府主席、湖北军区司令员兼政治委员，这一年他刚刚40岁，是少数几位集省内党政军领导职务于一身的负责人。

他一上任就遇到“黑白之战”，“黑”是指煤炭，“白”指大米和布匹等，一些资本家趁新政权立足未稳，抬高物价，黄金白银价格也随之暴涨。李先念迅速与上海等经济实力强的城市取得联系，紧急往湖北调集物资，善于用人的李先念也充分发挥一些资本家的作用，筹集了大量粮食、布匹投放市场，很快稳住了市场，控制了局面。

当时任中财委主任、主管全国财政经济工作的陈云，对李先念主管湖北省财政经济工作取得的突出成绩十分欣赏。

1954年5月，中央急调一批年纪轻、能力强、有管理经济和财政工作才干的领导干部到中央担任领导职务。在陈云的大力推荐下，时任湖北省党政军一把手和中南局副书记、中南行政委员会副主席的李先念被中央选中。中央决定由他出任财政部长和主管财委第二办公室（即财贸办公室）工作，主要负责领导财政、银行、商业、外贸、物价等部门的工作。

在新岗位上，李先念很快就赢得了毛泽东、周恩来的信任。毛泽东曾称赞李富春、谭震林、薄一波、李先念4人是中国经济工作中的“四大名旦”。从此，李先念在国务院主管财贸工作长达22年，成了周总理这位“大总管”的得力助手。

七、力挽狂澜

1976年，是中国历史上充满大凶大吉、大悲大喜的一年。随着周恩来、朱德、毛泽东三位伟人的相继离世，王洪文、张春桥、江青、姚文元等“四人帮”，加紧了他们的反革命篡权活动；新中国面临着建政以来最深重的一次危难。

时任中共中央政治局委员、国务院副总理、中央军委办公会议成员的李先念，与很多老一辈无产阶级革命家一样，深深地为国家的命运和前途而担忧。多少次，他凝视着灰蒙蒙的苍穹思绪万千……

早在“文化大革命”期间，李先念就以惊人的胆略和气魄，与陈毅、李富春、谭震林等老同志一起，于1967年2月在中南海怀仁堂碰头会上，大义凛然地同林彪、江青一伙进行了面对面的斗争。他当面向“四人帮”质问道：“现在是全国范围的大逼供信……那样大规模在群众中进行两条路线斗争，还有什么大串联，老干部统统打掉了，革命靠什么？毛主席说90%以上的干部都是好的和比较好的还算不算数？”

遗憾的是他们的这次正面抗争被污蔑为“二月逆流”，受到了严厉的批判。可数十年的革命生涯，练就了李先念的高超斗争艺术。既然正面抗争没有效果，他就利用“文化大革命”后期“四人帮”强迫他“休息”的机会，“住院”、

“疗养”，广泛接触老同志，沟通思想，研究对策。

英雄总是所见略同的。老一辈革命家此时虽然天各一方，不同程度地受到“四人帮”的迫害，但对国家、人民的责任感和对“四人帮”一伙的痛恨，使老同志们团结一心，坚如磐石，他们决心力挽狂澜，剪除“四害”。

毛泽东主席逝世后，“四人帮”一伙的夺权气焰愈加日盛。在他们看来，邓小平已被打倒，叶剑英靠边站了，李先念也休息了，而党和国家最高领导人华国锋刚刚上台，根基不稳。因此，他们把夺权的目标，首先瞄准了华国锋和中央政治局。

“四人帮”有预谋地给华国锋出难题，处处对着干，在毛泽东逝世后的第一次政治局会议上，他们“一唱三和”，对讨论毛泽东的治丧问题横加干扰，随后又抓住毛泽东遗体保留问题，围攻、打击、贬低华国锋。

每次政治局开会之前，“四人帮”都事先密谋，定下调子，待到开会时，他们众口一词，一人提议，三个拥护，以造成既定事实逼迫华国锋和政治局其他委员表态。

面对“四人帮”的倒行逆施，李先念从维护党的事业和国家的前途出发，总是和叶剑英等同志一起，维护华国锋的威信，而在同“四人帮”一伙的斗争中，华国锋对他们咄咄逼人的做法已是忍无可忍，但他又颇为顾虑。为此，华国锋特地找到李先念征询良策。

李先念认为，处置“四人帮”是一件关系到党和国家前途、命运的大事，绝不是一个人能够解决的，需要取得政治局绝大多数同志的支持。同时，这也需要一个从酝酿到决策的过程。

李先念恳切地说：“请你放心，我支持你，叶帅等老同志也一定支持你，军队也支持你，只要大家齐心协力，这四条害虫一定能够消灭！”

听了李先念的这些话，华国锋很高兴，他同时请李先念多与叶剑英联系，请他们一起商定大计，考虑以什么方式、在什么时间解决“四人帮”的问题。

9月中下旬的一天，天高气爽，风清日丽，正是“郊游”的好日子。李先念以看西山植物园为名，驱车前往西郊。

当汽车走过颐和园、卧佛寺，在离植物园不远的地方，李先念悄悄告诉秘书和司机：“马上掉头，到西山15号楼，我有事要见叶帅。”

听说李先念来访，叶剑英赶紧出迎。

“哎呀！是哪股风把你吹来了啊？”

“当然是东风了。”

老友相见，分外亲热，两个人手牵手，幽默地对答着。

叶剑英是李先念十分敬重的兄长和领导。早在长征时期，红一、四方面军会台，李先念作为30军政治委员，率红四方面军先头部队迎接中央红军。在懋功，李先念第一次见到了时任红军前敌总指挥部参谋长的叶剑英。

一、四方面军会师后，叶剑英和李先念率部队并肩作战直攻班佑。在战斗中，李先念钦佩叶剑英的文韬武略，叶剑英欣赏李先念的机智果敢。从那时起，他们的友谊在长期斗争的风雨中不断得到巩固和加深。

今天，李先念不同往常，一进内厅便说：“叶帅，我是有事来登三宝殿的啊！”

叶剑英先起身打开一旁的收音机，放大音量，再走到李先念身边轻声说道：“我这里也不很安全，王洪文那条狗，最近把鼻子伸到我眼前了。”他用手指着不远处的25号楼说，“他就在那里，监视我来了。”

李先念气愤地说：“这几个家伙实在是太猖狂了。”

叶剑英说：“我们同他们的斗争是你死我活的斗争，没有任何调和的余地。”

李先念谈了华国锋对处置“四人帮”的看法和顾虑，并转达了华国锋请叶剑英拿主意的意见。

叶剑英想听听李先念对形势的看法。

李先念分析说，从各方面了解到的情况看，人民早已对“四人帮”深恶痛绝，铲除“四人帮”，人民是支持的，老同志是支持的，军队是支持的，政治局的绝大多数同志也是支持的。

但是，对“四人帮”的能量也不能低估，他们长期结党营私，拥有着不小的势力。毛主席刚刚去世，江青依仗她与主席的特殊关系迷惑世人，最难对付；张春桥此时身兼国务院副总理、总政治部主任数职，亦是阴险毒辣，老奸巨猾；王洪文是党中央副主席、中央军委副主席，是目前仅次于华国锋的“第二号人物”；姚文元则把持舆论，天天造谣惑众。此外还有一虑，就是“四人帮”在上海有“第二武装”作后盾。因此，对付“四人帮”，既不能公开动武，又不能采取党内斗争的正常手段，必须采取特殊手段进行智取。

叶剑英很赞成李先念的分析，他告诉李先念，陈云、聂荣臻、邓颖超、王震等老同志，也都有类似的看法。在进一步交换了意见，研究了剪除“四人帮”的办法之后，两位老战友便匆匆分手了。

从西山返回，李先念及时将情况向华国锋等作了汇报，并对此交换了意见。

从9月底开始，“四人帮”一伙迫不及待地加紧了篡权活动。

9月27日，张春桥亲自出马，给上海的死党和“第二武装”发出“三点指示”；

9月29日，江青一伙大闹政治局，公然提出“党中央的领导问题”，逼华国锋让权。

10月2日，王洪文私拍“标准像”，并公然指令按周恩来总理标准像进行修改，为上台作准备；

10月4日，“四人帮”以“梁效”名义在《光明日报》头版头条位置，发表了《永远按毛主席的既定方针办》一文，发出了篡夺党和国家最高领导权的信号……

面对“四人帮”的猖狂进攻，华国锋震怒了，叶剑英、李先念和其他一些老同志也震怒了。10月5日下午，华国锋、叶剑英、李先念、汪东兴等断然做出决定：以在中南海怀仁堂正厅召开政治局常委会的名义，彻底解决“四人帮”的问题。

10月6日晚上8时许，在金碧辉煌的中南海怀仁堂，由华国锋和叶剑英亲自坐镇，兵不血刃就活捉了“四人帮”，彻底打垮了“王、张、江、姚”反党集团。

喜讯传来，李先念抬头遥望着星空，心底的兴奋久久不能平息。这一夜，星光格外灿烂，仿佛预示着共和国的新生！

从士兵到领导

CONG SHIBING DAO LINGDAO

★YISHENZHENGQI ZHUJIUFENGBEI HUYAOBANG★

一身正气，铸就丰碑
——胡耀邦

胡耀邦出身贫寒，14岁参加革命，没有接受过高等教育，但他勤奋好学，手不释卷，最终成长为党和国家的重要领导人之一，也是改革开放早期平反冤假错案和真理标准大讨论的具体执行者。他抵制了当时“左”的做法，批判了“两个凡是”，他一身正气，严于律己，为官清廉，在中国人民心中留下了不朽的丰碑。

胡耀邦档案

姓名字号：胡耀邦，字国光

籍　　贯：湖南省浏阳市

生卒年月：1915 年 11 月 20 日—1989 年 4 月 15 日，享年 74 岁

最高职务：中共中央总书记

胡耀邦简历

1915 年——11 月 20，日出生于湖南省浏阳市。

1929 年——加入中国共产主义青年团。

1930 年——（至 1934 年）先后任少共湘东南特委技术书记、少共中央儿童局刊物编辑、中央苏区反帝拥苏总同盟宣传部部长兼青年部部长、少共中央局秘书长。

1933 年——9 月，转为中国共产党党员。

1934 年——（至 1935 年）任中央工作团团员，中国工农红军第 3 军团政治部地方工作部秘书，红军 13 团党总支部书记，参加了长征。

1935 年——（至 1937 年）先后任少共中央局秘书长，少共中央局组织部副部长、部长，宣传部部长。

1937 年——（至 1939 年）在延安抗日军政大学学习，先后任抗大政治部副主任，一大队政委。

1939 年——（至 1946 年）任军委总政治部组织部副部长、部长。

1946 年——（至 1950 年）任冀热辽军区代理政治部主任。晋察冀军区野战军第四纵队政委、第三纵队政委。华北野战军第一兵团（后改为中国人民解放军第十八兵团）政治部主任。

1950 年——任中共川北区委员会书记兼川北军区政委、川北行署主任。

1952 年——任中国新民主主义青年团中央委员会书记处书记。

1956 年——在中共八大上当选为八届中央委员。

1957 年——（至 1966 年）任中国共产主义青年团中央第一书记。陕西省委第一书记。中共中央西北局第二书记。

1966 年——（至 1975 年）在“文化大革命”中受迫害，下放干校劳动。

1975 年——（至 1987 年）先后任中国科学院党组织负责人，中共中央党校副校长，中共中央组织部部长。中共中央政治局委员，中央纪律检查委员会第三书记，中共中央秘书长兼中央宣传部部长。中共中央政治局常委，中共中央总书记（1980 年 2 月至 1987 年 1 月），中共中央主席（1981 年 6 月至 1982 年 9 月）。

1987 年 11 月至 1989 年 4 月任中共中央政治局委员。

1989 年——4 月 15 日，在北京病逝。

一、永远的丰碑

1989 年 4 月 22 日，在长安街上，近乎无尽的人流，在无声地等待……

中午 12 时零 5 分，一声轻雷由东向西地在人流中滚过：

“来了……”

“来了！”

一辆缀着黑纱的灵车，从人民大会堂缓缓开出。

“呼啦”一声，人们潮水般涌动起来，宽阔的长安街再次记录下了一个悲痛的时刻：

“耀邦走了……”

耀邦走了，他带着娄山关的弹片，带着“文革”的鞭痕，带着六十年革命生涯的硝烟风尘，带着未完成的宏愿——走了。

耀邦走了！他的离去，牵动着千万颗心。从天安门广场到八宝山，15 公里长的街道两旁，到处都挤满了人。

工人、学生、市民、老人和孩子，默默地目送灵车经过。他们之中一些人胸前佩戴白花，一些人臂上戴着黑纱。

灵车走过了南长街口，距这里 200 多米远的一座小四合院，就是胡耀邦的家。那不足 18 平方米的客厅，自 4 月 15 日起，就被无可阻挡的人流所站满，川流不息的人群怀着难以言说的悲痛，默默地来到这里表示祭奠，甚至哪怕只是在灵堂外肃立短短的几分钟！

十几条雪白的哈达是中国藏法语系高级佛学院的学生献上的；几个大学

生将自己扎的小小的花圈奉献在灵前；街坊邻居老少几代人联袂前来吊唁；从山西赶来的种棉能手，80岁的吴吉昌，一进门就跪在灵前，磕了三个头，老人唏嘘着对记者说："我给耀邦同志磕了头，心里也就踏实了。"

1983年曾被胡耀邦接见过的大连个体户姜维也来了，当年，胡耀邦曾拉着手鼓励他们"干光彩的事业"。如今他们已经办起了中国第一家私营中外企业，名字就叫光彩实业公司。今天，他们从大连赶来吊唁，献上自己沉痛的哀思。姜维提笔在留言簿上写道："是您指导我们干了光彩的事业。中国两千万个体户永远铭记您的恩德，我们永远听您的话，干光彩的事业，做光彩的人。"

共和国的公民们排着长队，络绎不绝，他们的愿望就是在灵堂的留言簿上签上自己的名字和悼词，然后向胡耀邦遗像鞠躬。

"一身正气深得人民敬爱，两袖清风堪称为人楷模。"

"说真话人民知音，办实事一代伟人。"

"六十年革命生涯功勋卓著，为人民鞠躬尽瘁名垂千古。"

一贯以"隐忍"著称的中国人，此时此刻再也抑制不住心头的泪水，他们为失去自己的领袖、良师、益友而放声痛哭。胡耀邦，这个名字将同中国的改革开放大业并存，他在为中华民族振兴的事业中所表现出的热忱以及他本人坦诚宽厚廉洁的品格早已深深感动了千千万万中国普通老百姓的心。

人们忘不了1978年胡耀邦在中央组织部主持工作时，每天收到约500封要求平反"文革"中冤假错案的申诉信，对这些关系到每一位同志、每一位公民生前清誉和死后哀荣的申诉要求，胡耀邦都是郑重以待、亲自处理，通过其他渠道转来的申诉信也一一过目；在胡耀邦的关注和努力下，沉冤22年、50多万被打成"右派分子"的人获得平反，"61个叛徒"等大案要案也迅速得到解决。

知名的、不知名的老干部都来了，他们有的跪在灵堂遗像前号啕大哭，有的站在长街旁默默含泪、哽咽不止。每一个被解放、被昭雪的人，都铭记着胡耀邦在平反冤假错案中卓著的功勋和刚正不阿的品格。而他的廉洁，更在人民当中传为美谈。

胡耀邦生前多次告诫部下与亲属，要清白如水、廉洁自律。在胡耀邦任职期间，他的家人都自觉做到了“四不”：一不干政，二不要官，三不经商，四不出国。胡耀邦的四个子女没有一人因为他的关系而获得特别对待和特殊照顾，他在浏阳老家的亲属，也没有一个人转为城市户口或安排工作，全都是普通农民，过着普通人的生活。

胡耀邦去世后，他在老家农村种地的亲哥哥胡耀福赶往北京奔丧，因为没能买到坐票，只能蹲在车厢接口处，想起胡耀邦的胡耀福不禁低声抽泣，列车员经过问何故，他大哭道：“我弟弟胡耀邦死了。”列车长闻知后才帮忙安排了卧铺……

灵车走过了天安门，天安门广场上的首都高校学生和各界群众，在高音喇叭播送着的哀乐声中，向这位青年的导师、群众的领袖、知识分子的知音表示深切的哀悼。长城内外，大江南北，亿万人民在收音机、电视机前收听收看现场直播，痛声悲泣。

灵车走过了六部口，几位挤在人群中的小姑娘齐声呼唤：“胡伯伯，我们怀念您！”八个个体户特地蹬着三轮车来到长安街边，让后排群众站到车上为胡耀邦送行。维持秩序的民警对拥挤的人群说：“同志们……请同志们往后退一退，我们的心情是一样的……”

在复兴门立交桥上，一对来自梧州的青年夫妇手中各自手捧一朵小白花紧紧地依偎在人群中。女的正在焦急地叫：“快别挤了，让我们好好看一眼耀邦吧。”

一位从天津来京出差的中年知识分子说：“耀邦同志为我们办了很多实事，再忙我也要来送送他，不然回家大家问起，我怎么回答？”

承建中国工艺美术馆的北京市六建二分公司的建筑工人们不约而同地放下了手中工具，在楼顶上、在脚手架和升降机上，默默地脱帽致哀。

在灵车上护送遗体的胡耀邦家属以及乔石、胡启立、宋平、温家宝等人，和车外的群众互相招手，泪眼相望。胡耀邦的长子胡德平双手一直放在胸前，向为他父亲送行的人们表示深深的谢意。

人群不停地顺着长安街向西……向西……灵车仿佛也明白大家的心情，时开时停。宽阔的十里长街，似乎也盛不下这么多的悲伤。人们都希望灵车开得慢些，再慢些。一位老人说："耀邦一身正气，两袖清风，凭这，就该送送他。"

灵车从军事博物馆走过，一位青年骑着自行车跟随在了车队后面。他的背上披着一张拖地长纸，上书"耀邦"二字，一路向八宝山送去。

"心在人民，原无论大事小事；利归天下，何必争多得少得。"胡耀邦生前所改的这副古对联，正是他自己光辉一生的写照。

胡耀邦生前从不收群众送的任何礼物，今天，他却不得不收下人民对他的敬仰和哀思。

八宝山上，8名身着黑色服装的青年工人抬起胡耀邦的灵柩，缓缓走向了告别室。这个有着火一般激情的人，终于将在烈火中得到永生……

二、革命家庭孕育出的"红小鬼"

胡耀邦出生在湖南省浏阳县中和乡，是胡家第九个孩子，所以父母从小都叫他"九伢子"。身为私塾先生的三伯父胡祖仪按照胡氏字辈谱，给这初生的孩子取名耀邦，字国光。

胡耀邦进入文家市里仁学堂读高小的1926年，是中国风云激荡的一年，浏阳县也不例外。

当时正逢国共合作、携手北伐，北伐军于1926年7月克长沙，10月克武汉，取得了辉煌战绩。里仁学堂教师同时也是共产党员的陈世乔、甘恩藻等经常给学生们宣讲打倒列强、争取国家独立，农民要组织起来闹翻身，要进行国民运动等道理。

里仁学堂的诸多课程，从此为胡耀邦打开了新的天地，强烈的求知欲望使他对各个科目都学得很认真。他勤奋、专心、肯思考，入学不久，在班级里就赢得了好学生的名声，也很快引起了教师们的注意。

甘恩藻对这个聪慧的孩子也加意培养，介绍他读《中国青年》上的一些文章，对他讲什么是帝国主义、封建主义，农民如何受剥削等这些，在胡耀邦的心灵里，播撒下了阶级意识的种子，唤醒了对革命的朦胧追求。

与此同时，在毛泽东主持的广州第 6 次农民运动讲习所学习过的湖南籍共产党员纷纷返回家乡，点燃了全省的农民运动火炬，他们斗地主、分田地，在湖南掀起了一场如火如荼的红色风暴。

这场农民运动的风暴，也使中和乡沸腾了起来，乡民们兴高采烈地推举立场坚定、公道能干的人担任乡农会和各种革命组织的骨干。胡耀邦的父亲胡祖伦担任了乡农会的土地委员，母亲刘明伦担任了乡妇联主任和第 8 区的妇联主席，哥哥胡耀福担任了共青团支部书记和第 8 区工会执行委员。

无处不在的热火朝天的革命情景，父母、哥哥们投身革命运动的昂扬激情，都使胡耀邦受到深深感染。在不上课的时候，他热情而又主动地参加教唱革命歌曲、宣传破除迷信等工作，有时也到校外墙上涂写革命标语："打倒军阀"、"打倒列强"……

此外，胡耀邦还常到五神岭将军庙舅舅刘元阶那里去，这个刘元阶粗通文墨，自学医术，经常给乡亲们看点小病。刘元阶虽然不是共产党员，但他一向同情革命，乐于为革命活动做些有益的事情。因此，那时候浏阳县第 8 区 13 乡的农军和农民协会，就都把将军庙作为办公地点，很多会议都在这里召开。胡耀邦每次来到这里，也都主动帮助做些事。那些农会干部们见他机警勤快，往往也给他派一些工作，如抄写材料、发通知、送信等，这个聪明稳重的孩子也都干得很好。

1929 年夏，胡耀邦考取了浏阳县立初级中学，表兄杨世俊（后来改名为杨勇）此时也在浏阳中学读书。他们两人都关心时事，喜欢发议论，胡耀邦还时不时在同学中作些鼓动性演说。

1929 年 12 月，胡耀邦回家度寒假。这时候的浏阳农村，革命的力量正重新凝聚。中共湘鄂赣边区特委书记王首道潜来浏阳，恢复和发展党团组织，很快就发展了 2400 多名党员。接着，浏阳县委也恢复了活动，还组织了“浏东游击队”，开展武装斗争。

这种日益蓬勃的形势，渐渐把胡耀邦吸收到了革命组织当中。苍坊村邻近的山村女青年杨贵英当时任中和乡少年共产党（即共青团）书记，对胡耀邦在里仁学堂当少先队队长时的积极表现早有了解。她找到胡耀邦，发展他秘密加入了青年团。

1930 年 4 月，时任红 5 军军长、驰骋在湘赣边界的彭德怀，在率部攻占了江西万载、铜鼓之后，又进攻浏阳的东门市、文家市。按照中共湘鄂赣边区特委的统一部署，浏阳县委、县苏维埃、赤卫队武装在东乡发起了武装暴动，以策应彭德怀所部。

不久，红 6 军军长黄公略率领红 6 军直逼浏阳，一度占领了浏阳县城。国民党军四处拉夫，烧杀抢掠，人们已难以安居。浏阳中学一些学生四处避难，一些教师也请假不来，学校已无法继续开课。于是，一部分学生转移到长沙妙高峰中学上学，胡耀邦也一起去了长沙。

可去长沙读书不久，长沙形势又骤然紧张。原来当时李立三“左”倾冒险错误在中共中央取得了统治地位，要求红军不断攻打大城市。1930 年 7 月，彭德怀奉命率红 3 军团攻打长沙，学校又停课。上了不到一年中学的胡耀邦不得不中止学业，辗转回乡，但他已身无分文。走出城去，胡耀邦正巧碰到了从浏阳前来配合攻打长沙的当赤卫队团长的堂叔。堂叔给了胡耀邦两块银圆，让他随着逃难的人群，赶快回了家。

胡耀邦回乡以后，由于能“识文断字”，所以很受器重，不久就当上了乡少年先锋队队长兼儿童团团长，很快又做了团支部书记、团区委委员。乡苏维埃召开大会的时候，乡干部文化水平低，肚子里有话也讲不清楚，他们很多时候干脆就让胡耀邦出来说说。

由于见识多一些，胡耀邦演说时事，总是详细具体，鼓动性强，农民群众都很喜欢听。在红 1 军团攻打文家市时，胡耀邦率领少先队员们成为支援红军的一支活跃力量。他们为红军送饭送水、查路条、送信、写标语，表现得英勇机智，很受红军喜爱。

后来，胡耀邦按照青年团的布置，着力做宣传工作。他组织了一个文艺宣传队，找一些会演会唱的孩子，到 8 区苏维埃所辖乡村去演出宣传。胡耀邦还自己动手，为宣传队编了一个剧本，名叫《打倒山虎》。

在局势稳定之后，胡耀邦又生出一个想法，就是要让农村贫苦孩子们都能够上学。当时浏阳县苏维埃政府规定，在全县办各种红色学校，免费入学。苏区范围内的学校也都改为红色学校或列宁小学。

胡耀邦根据这个精神，想创办一所“少共列宁学校”。当时少先队组织里有两名工作人员，都是胡耀邦的小学同学。胡耀邦同他们商量这个想法，三个人一拍即合。乡苏维埃十分支持他们这个创举，为他们腾房子，找板凳，学校很快开办起来。课程有政治、经济、文化、军训等，教材是县苏维埃政府统一编写的，胡耀邦担任了政治和文化课教员，他讲得生动有趣，孩子们很爱听。学校由于办得有特色，因此受到浏阳少共儿童局的表扬。

思想上的日渐成熟，要求革命的积极表现，日益显露的宣传、组织才干，使上级党组织看到这个少年是个优秀之才。1930 年 10 月，胡耀邦被调到第 18 区区委做宣传工作。不久，中共湘东特委派人前来物色年轻干部，对有文化、朝气十足的胡耀邦，稍加考察，便选中了他。

奔向更广阔的天地，这正是胡耀邦的愿望。他对同学说：男儿怎能恋守几亩地几间房，要离家出去闯天下。他虽然对亲人十分留恋，但对革命工作的美好向往，使他决心走上革命征途。

1930 年 11 月，刚刚年满 15 岁的胡耀邦便告别了父母迎着初冬的寒风，出发前往当时的革命苏区江西永新。

三、在苏区的日子

1931 年 10 月，湘赣省委正式成立。胡耀邦奉命来到省委所在地永新，担任湘赣省儿童局书记。胡耀邦工作的儿童局，是在县城北门内一座二层小楼的二楼。

来到苏区半年多了，胡耀邦仍然沉浸在无所不有的新鲜感里。从换上统一的灰色制服起，他就为自己已成为一个革命者而欣喜万分。从领导的谈话里，从各种会议上，从接触到的书报上，他已经明确认识到自己的终身任务就是为共产主义事业而奋斗，而当前的任务，就是要打倒新旧军阀，打倒剥削压迫，解放工农大众。

这里随处都可以看到马克思的画像，胡耀邦也好奇地翻过用土纸印刷的马克思著作的小册子，从此知道了这个长着大胡子的德国人，知道了马克思主义揭示阶级斗争的规律和指明了社会发展的方向。胡耀邦对共产党也有了更深一层的认识，知道了这个党是要解放全人类的，是有严格的组织纪律的。

省儿童局和少先总队部在同一层楼上。这是一座木质结构小楼，楼下是一个杂货铺，门前挂着儿童局和少先总队部的牌子。少先总队队长叫谭启龙。

当时少先队是 16 岁以上青少年的组织，半军事化，队员打黄绑腿，戴红领巾，手持梭镖、大刀，经常操练，必要时配合红军作战。儿童局的工作，是组织 16 岁以下儿童们的活动，如动员和组织扫盲识字、唱歌跳舞、站岗放哨等。儿童团员也佩戴红领巾，但是比少先队的红领巾小一些。

胡耀邦由于在家乡做过儿童工作，同时这里比根据地的条件更好些，任务更加明确，因此他得以充分施展才能。他经常到苏区周边各县去，建立儿童组织，开展儿童活动。他的富有鼓动性的演说，一个又一个新鲜的主意，把儿童活动带动得热热闹闹。儿童工作在短期内便有明显起色，使省委领导对他刮目相看。

1931 年秋季，在赣南兴国、宁都一带，毛泽东领导中央红军粉碎了蒋介石调动 30 万兵力所进行的第三次“围剿”。又一次反“围剿”的重大胜利，大大鼓舞了根据地广大军民的斗志，湘赣边区的建设也随之进入鼎盛时期：根据地扩充了，红军壮大了，少先队、儿童团也更加活跃了。在一派喜气洋洋气氛中，1932 年 5 月，湘赣省举行了一次规模盛大的少先队、儿童团的总检阅活动。

经过胡耀邦和谭启龙的紧张筹备，总检阅在永新县沙罗洲举行。那一天，会场上搭起了三个检阅台，王首道等省委领导登台检阅，从瑞金来到这里巡视工作的共青团苏区中央局巡视员、童工出身的冯文彬也参加了检阅。

从湘赣苏区 20 个县选派来的近一万名少先队员和儿童团员们身背大刀、肩扛梭镖，在嘹亮的军乐、口号声中，列队通过检阅台。他们个个生龙活虎、神气十足。检阅过后，又依次进行了集体操表演、政治业务测验和文艺歌舞表演。这次令人们情绪振奋的活动组织得活泼热烈、井井有条。

1933 年 8 月，胡耀邦担任中央苏区反帝拥苏总同盟青年部部长，以后又兼任宣传部部长。反帝拥苏总同盟是一个群众团体，于 1933 年 6 月召开了第一次代表大会，周恩来和项英都曾到会讲话。总同盟在瑞金、湘赣、福建、江西等地都有省盟。同盟的主要工作对象是红军和广大青少年、儿童，宣传和动员他们反对日本帝国主义对中国的侵略，反对蒋介石对苏区的进攻，拥护苏联。胡耀邦一面做扩大红军、拥护红军的宣传工作，一面继续做扩展儿童团组织、对少年儿童进行政治思想和文化教育方面的工作。

就在这一年的 9 月，未满 18 岁的胡耀邦由青年团员转为共产党员。次年春，他又接替张爱萍的工作，任少共中央局秘书长。

在担任少共中央秘书长后，胡耀邦除了要协助领导抓全面工作，还要管少共中央的机关事务。尽管工作繁忙，他还是坚持参加各项实际工作，并争取多到下面去作调查研究。当时的许多突击性活动，如“义务星期六”、“突击周”等，胡耀邦都是积极组织者和参与者。

扩大红军是当时各地的中心任务，胡耀邦更是经常去作鼓动演说，甚至个别动员。他还常常跨过武夷山，到闽西根据地一些县份去巡视，广泛了解实际问题。一次，他在调查中发现不少家庭甚至学校用打骂的方法“教育”孩子，童养媳现象也十分严重。他向少共中央作了反映，同时协同教育部门指示进行纠正，并且在《红色中华》、《青年实话》、《时刻准备着》等报刊发表了报道、评论，推动问题的解决。他还常常同机关团员一起，到驻地附近的群众中去访贫问苦，帮助解决一些实际困难，同周围群众关系十分融洽。

胡耀邦来少共中央工作不久，就兼任儿童局刊物《时刻准备着》的主编。在《时刻准备着》创刊号上，他写了一首诗歌：“你们是贫苦工农的弟妹，我们是从小做工的苦姐哥，我们都是皮安尼尔（儿童团员），我们要时刻准备着！……先努力把这些怪物打掉，再携手向鲜红的苏维埃乐园走！……”像在湘赣省编儿童刊物时的情形一样，他既要组稿、审稿、定稿，又要编排版面，还要校对、发行。版面有空白的时候，他就编一些有趣味的补白。这个刊物由于言之有物，能提出问题，编得丰富多样，所以深得好评。

来到少共中央机关这一年，胡耀邦进步很快，成绩突出。当时在王明“左”倾教条主义影响下，一些人讲话、写文章空话连篇，“八股气”十足，但胡耀邦在工作中起草的文件、发表的意见多是言之有物，持之有据，且多新见解，显得很不一般。因此，当时中共中央宣传部部长、主管青年团工作的张闻天和主管组织工作的李维汉以及少共中央领导人都很喜欢这个年轻人，把他作为优秀干部培养和使用。

四、红军不怕远征难

1934年10月16日黄昏时分，于都东门外的于都河边，正拥挤着大批红军战士和党政干部等待过河。中共中央和中央红军主力部队开始撤离经营了六七年的红都瑞金，撤离中央根据地，向西作战略转移。

中央各系统组成“红星”和“红章”两个纵队。胡耀邦被编在“红章”纵队的“中央工作团”里，在总政治部做民运工作，并担任共青团组织的思想政治工作。

夜里行军，白天休息。行军，行军……

但不久，胡耀邦染上了疟疾。

持续的一阵高烧又一阵冷得发抖，折磨得他浑身绵软，已无法走路。领导派了担架来。虽然好强的他不愿为大家增加麻烦，但大家还是不容分说地把他抬了上去。

在通过第二道封锁线时，胡耀邦的疟疾已经止住，他坚决不再坐担架。而且部队已进入战斗状态，思想政治工作和宣传鼓动的任务也日益繁重起来。

前面第三道封锁线设在粤汉铁路南段郴州良田到宜章期间，这里有铁路和公路，敌人调兵十分方便。沿线有大量用修铁路的水泥、器材修筑的碉堡。此时蒋介石已经判明红军主力是在突围，已调动嫡系部队从福建、江西追赶上来。这里的形势，比前两道封锁线要严峻得多。因此，必须赶在敌人集结之前占领阵地，以争取主动。

1军团在左翼抢占了险峻的九峰山，3军团在右翼先后攻占了良田、宜章等城镇，两个军团密切配合，经过苦战将敌人打退，从南、北两个方面，掩护着中央纵队从九峰山和五指峰之间通过了封锁线。

这里是湘粤边界的一条荒谷，胡耀邦跟随中央纵队在夜间从这里通过。这里没有村庄，看不到一户人家，遍地是茅草、碎石。两侧高山苍黑如墨，天空乌云翻滚。忽然又下起瓢泼大雨，谷底狂暴的秋风挟着雨水，打得人睁不开眼。雨很快停了，深山老林里格外阴冷，冻得人们打冷战。越过长长的荒谷，翻过一座大王山，山上在不停地下雨。身体刚刚有些起色的胡耀邦，经过寒雨的反复淋浇，又发起烧来。

但胡耀邦支撑着。红军打下宜章县城之后，没收地主豪绅的财物，召开群众大会，动员贫苦农民和修路工人参加红军，宣传共产党的政策，政工人员们有大量工作要做。一旦忙碌起来，胡耀邦就忘了病痛。

湘江战役后，部队取道黔东南，进军遵义。

红军一路西进，每逢占领城镇，就没收地主土豪的财产，其中的粮食一部分留作军用，一部分分给贫苦群众。贵州有道是“天无三日晴，地无三里平，人无三分银”，人民普遍贫困，家徒四壁，叫作“干人”。部队分粮、分衣的消息一经传开，老百姓纷纷走出来欢迎红军。只要停留时间稍长，红军就举行群众大会，宣传共产党，宣传红军，文工团给老百姓演戏、唱歌，政工人员则刷标语、发传单。只要在一个地方过夜，他们就教群众写 6 个字:“打土豪、分田地。”

胡耀邦是这些活动的组织者和参加者之一。每到一地，他就根据当地情况拟写宣传词，在群众大会上发表鼓动性演说，到“干人”家里去做调查，或者自己提起石灰桶在墙上刷写标语，教儿童们唱《少年先锋队队歌》。

遵义会议后，胡耀邦从“中央工作团”被编进了红 3 军团 13 团，担任了党总支书记。从此，他参加了作战部队的行动。

翻越夹金山时，胡耀邦继续着他的行军鼓动工作。他同政工人员们一道，挥动着手臂为大家“加油”，临时触景生情地编一些快板等，鼓舞士气。

可夹金山一带气候多变，顷刻之间，浓雾扑面而来，瞬间笼罩一切，气温突然下降，寒风刺骨，接着就下起雨来，转眼又成了霏霏白雪，猛然又化作冰雹，强劲地砸下来。每一步都艰难异常，筋疲力尽的胡耀邦同其他政工人员还不忘执行自己的任务，不能讲话，就用拍手鼓舞大家坚持前进！

直到暮色苍茫，红军才算翻过了夹金山，在人迹罕至的深谷中宿营。毛泽东主席在《长征》诗中写"红军不怕远征难，万水千山只等闲……更喜岷山千里雪，三军过后尽开颜"，那是英雄浪漫主义的说法，事实上，胡耀邦在多年后重走长征路的时候曾叹息说，爬雪山，过草地，都是红军的生死关头，也牺牲了很多同志，所幸的是，坚持就是胜利，我们硬是坚持过来了。

五、他在共青团留下了足迹

1952年秋，党中央根据邓小平的提议，让时任川北区党委书记兼行署主任的胡耀邦来京担任共青团中央书记。

不久，胡耀邦就来到了设在团中央院内的中国青年报社。那时团中央没有礼堂，青年报社的领导想请他在饭厅和大家见面并作报告。

胡耀邦笑着说："不要作报告，还是请同志们提问题吧！"

于是，一张又一张字条递到胡耀邦的手里。他看得很仔细，回答得也很直率、诚恳，他说："一个人做工作，难免犯错误。我来团中央工作，也可能犯这样那样的错误。但是有一条我不会犯，就是道德品质和生活作风的错误。"

胡耀邦又说："我认为，生气勃勃地在前进中犯了错误的人，比那些实际上躺着不动的人要高出一百倍。因为前一种人虽然犯了错误，但还是说明他正在成长，正在成熟，正在那里发掘和发现某种程度上的真理，而后一种人，实际上却是阻碍着社会的前进，拖住大家不动。”

从这天以后，团中央的工作人员每天都可以在食堂看到胡耀邦，他从不吃小灶，到了饭点便和其他同志一起过来排队买饭，在队列里边等边和大家聊天，看到给他开车的司机也会笑着招呼一声：“大老刘！”

虽然是平易近人，但胡耀邦还是立下了一条规矩，那就是在团中央不准称官衔，见面一律称同志，从此，大家都开始叫他“耀邦同志”，即使是多年后他担任了党的总书记也不例外。而且，这条规矩在团中央一直保持至今。

胡耀邦的工作习惯很特别，他不爱管日常行政事务，对团的思想政治却抓得很紧。他的时间大致是这样分配的：一部分用于阅读书报文件，一部分是找人来汇报、商量工作；一部分则深入基层或参加社会活动。报社、杂志社、出版社、团校等宣传教育单位，是他去得最勤的地方。中国青年报社的每个干部和编辑，由此也都认识了胡耀邦。

在团中央开展反右派运动期间，胡耀邦正率团出国访问，团中央的反右斗争，具体是由团中央书记兼机关党委书记罗毅一手抓的。1957 年的秋末，胡耀邦从国外回到乌鲁木齐时，打电话询问团中央机关反右派的情况，当得知报社有 17 位同志被打成右派时，他沉痛地说：“损失惨重啊！”回机关后，胡耀邦尽可能地保护着干部和知识分子，但在那种大环境下，他也往往是力不从心。

1978 年的夏天，陈模给胡耀邦写了一封信，请求对 1957 年将他打为右派的问题彻底平反，不久，团中央机关党委给他回信，说耀邦同志对你的信作了批示，他同意给你平反。

第二年初春，团中央在西苑饭店召开团的各省、市委书记会议，陈模被邀请列席参加。 这天上午，胡耀邦一进会场，就发现了他，笑着走来和陈模握手，简单地问候和交谈之后，胡耀邦便走到主席台上去讲话，他指着陈模对大家说：“在我们团的高级干部中，谁吃的苦头最多呢？就是陈模。团中央在 1957 年打右派，整了一批好同志，其中有陈模同志，他是受委屈了。

这件事情我是负有责任的，我是第一书记，当时也签了字。我在这里向陈模同志道歉，向其他同志道歉。”

“文革”一开始，中央直属机关第一个受冲击的就是共青团中央，每天有成千上万的红卫兵冲进团中央机关，把胡耀邦一次又一次地揪出来，由红卫兵押着他，硬拽到批斗台上去，让他坐“喷气式”，接受所谓”大批判”，有时一天连续十几次。

炽热的太阳当头烤晒着，胡耀邦弯着腰，低着头，两手反叉到背后举着。他的脸色发灰，汗水浸湿了衣衫，忍受着极大的痛苦。面对小将们的责问，他却总是耐心地回答：“我在‘文革’中有错误，欢迎同志们批判。”再问他，他还是说，“我有错误，请大家批判。”再就不多说了。

1969 年 5 月，按照林彪的“一号命令”，团中央机关和各直属单位两千多人一锅端地迁移到河南省潢川县黄湖农场，办起了“五七”干校。同志们照顾胡耀邦，开始只分配他在场院劳动，推谷晒场或用风车扬谷。每逢天气乍变，即将下雨的时候，他便和大家一起抢收，用他瘦弱的肩膀扛起 100 多斤重的麻袋，一袋一袋地往仓库送。

可是，胡耀邦不愿接受这种“照顾”，他主动要求干些重活，连里只能派他去搞基建，他先是和泥、上房顶、当小工，后来他又去插秧、锄草、掏粪，什么苦活脏活都干过。

1971 年夏天，黄湖农场开始修建“跃进闸”。首先是准备建筑材料，需要到 70 里外的坛山拉石头，“干校”有汽车不让用，却提出“一颗红心两只手，自力更生样样有，汽车不用地下走”，并规定人人都必须参加。出发的那一天，天刚亮，胡耀邦就起了床，拉起架子车上路了。

淮南的 5 月，天气已经热起来了。胡耀邦头戴草帽，拉着装满石头的车子艰难地走着。自始至终，胡耀邦的褂子就没有干过，车子也没有落在别人的后头。走这么远的路，拉这么重的石头，同行的年轻人脚都有些肿了，肩膀也勒红了，有人就问胡耀邦这个国家五级干部：“你不觉得苦吗？”

胡耀邦笑笑说：“长征时，我们每天要比这走得还多，路要比这难走，并且头上有敌机轰炸，前面有敌人堵截。有一次我病了，不断大口大口地吐血，还是照样赶路，现在同那时比，强多了。”

1972年末，干校里查“5·16”分子，曾参加大联委的武如春，也被怀疑审查，他觉得很委屈，就去找胡耀邦诉苦。胡耀邦安慰他说，不要因此泄气，年轻人应该学会坐“冷板凳”，也不要怕坐牢、杀头。接着他念了《后汉书》上一位政治家说过的几句话来勉励他，武如春听不大懂，于是胡耀邦拿起圆珠笔，在一张纸上写道：

以天下为量者，不计细耻；

以四海为任者，不顾小节。

孔稚珪

经过胡耀邦的讲解和劝慰，武如春心情渐渐开朗起来，从那以后，他把这两行字视为座右铭，珍藏在家中。

1972年4月，驻团中央的军代表，对胡耀邦在“文革”中的问题，做了审查结论，给他定性为反党、反社会主义、反毛泽东思想的“三反分子”。胡耀邦看后很生气，逐条加以反驳。军代表就问他：“那你在干校的检讨还算不算数？”

胡耀邦说：“在干校的检查，一是受林彪路线的影响，二是好多书记的检查都上纲了，我这个第一书记应承担责任。你军代表说摘要送中央，我说不能送。”到了10月28日，胡耀邦在《对审查报告的几点意见》中说：“对某些问题的看法，如果难以取得一致意见，我建议军代表的审查报告直送中央而不必经我签字。”这个铮铮铁骨的战士，在“文革”的最后五年中，终于没有在任何审查报告上签字！

就在拒不签字的第三天，胡耀邦在干校给黑龙江兵团某战士写的一封很长复信的最后几段说：

我很幸运能够活下来，并且同你们一道，看到了那些赫赫一时的专门为个人权势作恶的家伙一个接一个地倒下去了，变成了一堆臭狗屎；而那些为祖国为人民利益一往直前地奋斗的同志，却在人民群众心灵深处生根开花。这是最值得记取的一件根本大事，它决定着我们一生应该忘却什么，追求什么。

六、“实践是检验真理的唯一标准”

在粉碎“四人帮”和党的十一大后，邓小平已复出工作并担任党的领导职务。可当时的拨乱反正，并不像现在有人所说的那样轻而易举。在邓小平的领导下，清扫“文化大革命”积污的斗争首先表现在坚持“两个凡是”和反对“两个凡是”上。从性质上来说，这也是以马克思主义思想路线反对个人迷信、偶像崇拜、僵化教条的斗争。

但是，当时的斗争局势并不明朗，坚持“两个凡是”的势力即坚持过去十年错误方针的势力还相当强大，有些人依旧重搬过去个人崇拜那一套，并表现出相当的声势。另一些人头脑中并且还有一种莫名其妙的“正统”观念。在很多人看来，这场斗争的结局实在难以预料。因此，观望待机或脚踩两只船者，大有人在，让这场斗争变得愈加曲折艰难。

例如，当时重要的拨乱反正言论多以“特约评论员”的名义发表，借以避开稿件送审这一关。胡耀邦时任中央党校副校长并主持党校工作，他以党校一隅之力，创办了一个名叫《理论动态》的内部小刊物，10日一期，大胆冲击各个禁区。

这个刊物迅速在全党产生很大的影响。《实践是检验真理的唯一标准》

一文首先就是在这个刊物上刊登，然后以特约评论员名义在报纸上公开发表的。这是一场有历史意义的大讨论——即一场伟大的新启蒙运动或新的思想解放运动的开端。

实践标准一文发表以前，党校课程中已有两次提出实践标准问题，一次是 1977 年 11 月的哲学课程上，批判了过去十年狂热的个人崇拜淹没实践标准，以权力标准取代实践标准的荒谬做法。另一次是 1978 年 3 月的党史课程上，胡耀邦亲自确定大难之后党史研究要遵循两条原则：一是以实践为检验真理（包括路线是非、处理人的是非等）的唯一标准；一是准确地完整地运用毛泽东思想。中央党校第一期全体学员（多数是刚刚复出工作和尚未正式工作的老同志）饶有兴趣地讨论了这个问题。

《实践是检验真理的唯一标准》和《马克思主义的一个最基本原则》两文发表后，立即激起了轩然大波，并随之在全党内展开讨论。第一篇文章由光明日报社提供，《光明日报》编辑部花了大量精力反复修改这篇重要稿件，然后再由中央党校协助修改，最后经胡耀邦审阅定稿。而第二篇文章，则是专为反驳对第一篇文章的种种责难而作。这种责难来自当时的最高领导人，而且把问题提得异常严重，因此写《马克思主义的一个最基本原则》自然要冒更大的风险。

迫于当时形势，第二篇文章已不可能在《光明日报》、《人民日报》发表，甚至也不可能在《理论动态》上刊登，不得以只好求助于军队报纸《解放军报》，首先由《解放军报》刊登，然后各报纸转载。

1981 年 9 月 25 日，胡耀邦在同文艺界领导人座谈时讲到这件事时说："第一篇文章改了好多次。第二篇文章是党校同志写的，我没有直接参与，由军委秘书长罗瑞卿同志定稿，罗就此稿至少和我通了六次电话。" 第二篇文章的发表终于使这场讨论得以在全党全国公开深入地进行。

必须指出，这场讨论之所以未被压垮而能最终获得好结局——党的十一届三中全会予以高度评价，主要得力于邓小平的直接过问。可以肯定地说，如果没有邓小平的肯定评价和坚决支持，这场讨论难免夭折。

然而，三中全会的评价也并未使这场讨论最后了结。因此，又有了后来理论工作务虚会的召开和真理标准讨论的“补课”。中央决定由胡耀邦具体主持的理论工作务虚会，于 1979 年 1 月 18 日开始，前后历时两个多月。这是集合党内众多理论工作者在一个新旧观念激烈冲突的特殊历史转折时期召开的一次引人注目的会议。

会议主要为了彻底澄清关于“两个凡是”的是非，鉴于过去错误处理党内分歧的历史教训，这次胡耀邦特意强调“弄清思想、团结同志”的原则。他在会议引言中提出两点：“一是对待干部，绝不能轻易打倒；二是每个干部都难免有这种缺点、那种错误，所以要经常开展批评与自我批评，但是，要正确开展批评与自我批评，切忌武断，切忌匆匆忙忙地下结论。”事实证明，胡耀邦这种对待党内分歧的坦荡胸怀、开明公正、宽厚性格、民主作风，特别适于这一特定历史时期党和国家政治生活的需要。

邓小平也在会议结束时作了重要讲话，除了肯定会议的成绩，重申“解放思想，开动脑筋，实事求是，团统一致向前看”的方针以外，特别着重提出必须坚持四项基本原则。这次讲话也正是会后《光明日报》以“特约评论员”名义发表《分清两条思想路线，坚持四项基本原则》一文的由来。

务虚会结束不久，社会上、党内外出现了一股“回潮”，其特点是把坚持四项基本原则同真理标准讨论、同解放思想等对立起来，以前者压后者。有些地方又重提“千万不可忘记阶级斗争”，有人认为批判“两个凡是”就是“同中央分道扬镳”；还有个别部门甚至发生对“批判”的某种反攻倒算行为。有些人公然提出了今后在政治上必须继续反右，如此等等。这就是为什么务虚会后“两个凡是”的思潮又一度猖獗而真理标准讨论反而突然停顿下来的原因。

邓小平同志及时察觉到了这个问题，他在 1979 年 7 月 29 日一次重要讲话中这样说：“就全国范围来说，就大的方面来说，通过实践是检验真理的唯一标准和‘两个凡是’的争论，已经比较明确地解决了我们的思想路线问题。”接着邓小平郑重地提出警告：“这个争论还没有完”，“我们要注意，现在反对党的政治路线、思想路线的还大有人在。他们基本上是林彪、‘四人帮’那样一种思想体系。认为中央现在搞的是倒退，是右倾机会主义。”因此，提出要“补课”。（见《邓小平文选》第175—177页）

胡耀邦当时是中共中央秘书长兼宣传部长，责无旁贷地担负起推动这场“补课”的责任。这次“补课”主要解决各级、各部门的领导思想问题。因为领导思想通了，就可一通百通；领导思想不通，或脚踏两只船，一切都还会是原样。

为此，胡耀邦准备了大量的第一手材料，尔后又亲自写讲稿，作报告，用活生生的事实大胆地进行宣讲，这对于澄清当时的模糊认识，帮助党的干部端正思想路线，增强与党中央在思想上，政治上保持一致的自觉性，起了很好的作用。

大家反映胡耀邦的讲话，善于联系实际，对错误思想分析得深透，讲得实在，听了使人开窍、信服。同志们都喜欢听他的报告，感到他说理透彻，思想犀利，旁征博引，针对性、逻辑性都很强，有自己的风格。当时中央各部门召开的重要会议（如八、九月间召开的全国统战工作会议、全国组织工作会议等），胡耀邦都派人去介绍“真理标准讨论”的情况，请他们认真补上这一课。

从1978年5月发表《实践是检验真理的唯一标准》开始，到1980年2月十一届五中全会局势已开始明朗化，真理标准讨论才告一段落（说告一段落，是因为这种斗争实际上仍以各种形式持续了一段时期），前后共历时一年零九个月。从那之后，一个崭新的时代来临了！

七、“人民会给你作评价”

1979 年春，一个叫肖山的小伙子，为了帮红四方面军的一位老同志落实政策，在北京东奔西跑。国务院、中纪委、总政、总参……不知跑了多少高门大院，接待的人都很热情，但问题却迟迟没有着落，眼瞅着两个多月过去了，肖山心急如焚，认识他的伯伯、叔叔看他焦虑不堪，十分同情，于是给他出点子，让他去找胡耀邦。

当时，胡耀邦正顶着“凡是派”的压力，大刀阔斧地纠正冤假错案，在当时的中央首长中，他是最忙最累的，但他精力充沛，敢作敢为，凡事一抓到底，在那个扯皮成风的年代里，他几乎成了含冤受害者的最大希望。

在知情人的指点下，肖山走进了这个小小的四合院，小院不大，好像还住着另外的人家，这在当时的中央首长里也是少见的。大概是秘书和工作人员的疏忽，他竟然毫无阻拦地走进了一个朝南的堂屋。屋内，一个朴素的会客厅占了一大半，几张老式沙发围成一圈，靠东面是一扇半拉着的紫红窗帘，帘下有一张宽大的写字台，胡耀邦正站在写字台前，用惊讶的目光，打量着这个陌生的小青年。

肖山仔细打量了下，觉得他比电视上见到的样子要老一些，在较暗的光线中显得格外的瘦小，头发有些纷乱，这个疲惫不堪的老人眼睛里布满了血丝，似乎已经无力睁开。

片刻，胡耀邦声音沙哑地问：“你找谁？”

肖山有些不知所措，吞吞吐吐地说：“我、我是替一位老人上访的……”

胡耀邦无力地说："我工作了一夜，太累了，我要休息了。"

肖山急切地说："我就说 10 分钟。"

胡耀邦挥了挥手道："你先去找我的秘书，他解决不了的话，会向我报告的。"说完就准备往里屋走。

肖山顿时急了，两个月的辛劳、碰壁、委屈，使他失控地脱口而出："都说你最公平，不过如此。"他气呼呼地提起装材料的黄书包，头也不回地走了出来。

虽然走得很快，可肖山脑子里空荡荡的，双腿也像灌了铅一般沉重。现在他的信心，已经完全破灭了。

他走了没多远，一位年轻的同志追了上来，客气地说："同志，等一等，我是耀邦同志处的工作人员，耀邦同志要我来问你，你准备了材料没有？要是准备了就留下来。"

肖山不假思索地将书包递了过去，来北京后，他已经不知送了多少材料，全然毫无下文，虽然这次他留下了材料，但并没有抱希望。

一个星期又过去了，正当失望的肖山打点行装准备返回老家时，两位中央组织部的工作人员出现在了他的面前，他们非常热情地说："耀邦同志让我们代表他来看望你，并一再叮嘱我们向你道歉，那天他工作了一夜，太疲劳了，所以没能亲自听你的反映，请你原谅。"

这短短的几句话，犹如一股暖流涌遍了肖山的全身，多少天来积压在心中的委屈泪水，瞬间流了出来……

时间很快又过去了四年，1984 年春，肖山又在人民大会堂福建厅见到了胡耀邦，接见完外宾后，胡耀邦来到了这群参加全国中青年作家座谈会代表中间，大家兴奋地将胡耀邦团团围住，虽然他是中共中央总书记，可大家没有一个人称呼他的官衔，都亲切地叫他"耀邦同志"。

胡耀邦像个左邻右舍间的和气长者，挨个地问着每个人的名字、作品，问到肖山时，肖山抢着空子讲起了那次会面情形，胡耀邦想了下，笑笑说："不记得了。"转而又问，"那位老同志的问题解决了吗？"

肖山感激地点点头，边上不知是谁说了句："耀邦同志，要是没有你的过问，也许至今他还在上访呢，现在老百姓都说你是个清官。"

胡耀邦却摇摇头说："共产党人应该是立法守法执法的模范，我们国家更需要法治，而不是清官治国。靠某人过问才能解决本该早已解决的问题是不正常的，不值得称赞。"

在第四届全国文代会召开之前的一天，苏叔阳忽然接到全国文联的一个通知，让他某日去北京东城富强胡同六号参加座谈会，谈一谈对当前文艺工作的意见，对四届文代会召开的方式、方法，文联未来领导班子的设想等等。

多年来政治运动的积习，已经让苏叔阳有些不习惯正常的民主生活！因此，对于参加这次座谈会，他有些"受宠若惊"的感觉，心里不知该当如何对待这种"高级的"政治生活。

那天，恰逢天降豪雨，苏叔阳打着伞来到了富强胡同六号。几次经过那门口，他却不敢相信这就是胡耀邦的家。那平平常常的北京四合院大门，没有门卫，也没有传达员，这能是一个现任党和国家领导人的家吗？但门牌上明明白白写着"富强胡同六号"，与通知上的地址字字相合。

苏叔阳壮着胆子走进敞开的大门，竟无一人过来询问他。苏叔阳沿着走廊来到院子的一间小屋旁，才从窗子里见到一位年轻人正坐在桌前看书，他见了苏叔阳，笑一笑问道："是来开会的吗？"

苏叔阳满是诧异，回答说："是。可是，这儿是胡……"

"是！"那年轻人笑着说，他走出小门，告诉苏叔阳，"拐个弯儿，那儿有一间大屋子，那是会客室，也在那儿开会。今天下雨，许多人还没来呢，你把伞放在这儿也成，放在会议室也成。"

就这样，一个极普通的人，用比会朋友还简单的办法，走进了一个现任党和国家领导人的家。后来，苏叔阳听曹禺先生在一次会议上说："耀邦同志实在该有几个传达员呢，我每次晚上到他那儿去谈话，都溜溜达达地进去，一个人问也没有。"

也许，这才是正常，只是大家已经很久不正常了，所以才把这正常当作了反常。

参加座谈会的一共有12位，到齐了之后，大家围坐在沙发上，刚交谈了几句，就见胡耀邦穿一身纺绸的裤褂，一双布鞋，摇一把蒲扇，从后院缓缓地走过来，边走边对他的孙女大声说："自己去玩，爷爷开会。"便笑着走进了客厅。

胡耀邦同大家挨个握手，说出了他们每个人的作品，可见，他至少是为了这个会而浏览过大家作品的，胡耀邦同每个人都说了几句话，长短不同，内容不一，因为有人他相熟，有人他刚认识。不过，他都能说上来每个人的名字。

这时秘书端来了西瓜，虽然与会的人都比胡耀邦年轻，但胡耀邦还是亲手给大家递过瓜去。听着每一个人的发言，胡耀邦都用小本子、钢笔做记录，并不时提问、发问，他也不坐沙发，就坐在椅子上，背靠着桌子，在膝盖上记录。这让人想起了早些年坐小马扎听大报告的情形。

也许是受到胡耀邦态度的鼓励，与会者的发言充满了年轻人的冲劲，其中一位甚至说道："耀邦同志，我们都是老共青团员，都当过你的部下，我们今天拥护你，不是因为你是我们的老书记，而是你复出以后的言行，假如你以后不这样，也许我们便不拥护了。"

这话可谓直率之至，胡耀邦听了连连点头，用笔指点着："这话讲得好！"然后他又引申道："每个人都要写自己的历史，这历史人民会给你作评价。包括你们。"

那天的所谈、所笑、所论，很多都渐渐埋没在岁月的沙尘里，但这句话，却始终如无尽的清风在苏叔阳耳边吹拂。

从那天以后，苏叔阳再也没和胡耀邦谈过话，只能在大会上、在电视屏幕里远远地瞧见他，每当看见这个弱不胜衣的老人，他就感到亲切，内心里有股自豪：他见过我……

★SHIZHIGEMING BURANGXUMEI KANGKEQING★

矢志革命，不让须眉
——康克清

她是朱德的夫人，然而作为一位无产阶级革命家，她是夫人更是战士，在战争年代，她带过兵，打过仗，枪法超过了普通士兵。新中国成立之后，康克清专注于中国妇女解放运动工作，为祖国的教育和妇幼保健事业倾注了全部心血。多年来她始终保持着质朴大方、和蔼可亲的形象，因此被大家崇敬而亲昵地称之为“康大姐”、“康妈妈”。

康克清档案

姓名字号：康克清，原名康桂秀

籍　　贯：江西省万安县

生卒年月：1911 年 9 月 7 日—1992 年 4 月 22 日，享年 81 岁

最高职务：全国妇联主席、中国人民保卫儿童全国委员会主席、全国政协副主席

康克清简历

1911 年——9 月，出生于江西省万安县。

1925 年——开始投身革命，在本乡从事妇女工作。

1926 年——加入中国共青团。

1928 年——参加了江西万安农民暴动。同年冬她随朱德、陈毅率领的部队上了井冈山。

1929 年——与朱德结婚。

1931 年——加入中国共产党。

1932 年——任中央苏区女子义勇队队长。

1933 年——任红军总司令部交通大队政委。

1934 年——当选为中华苏维埃共和国临时中央政府执行委员会候补委员。参加了长征。

1935 年——任红军总司令部直属队政治指导员。

1936 年——担任红四方面军党校总支书记。

1937 年——历任八路军总司令部直属队政治处主任、晋东南妇女救国会主任，中共中央妇女委员会委员。

1945 年——任中国解放区妇女联合会筹备委员会常委，中共中央妇委委员，解放区战时儿童保育会代主席。

1949 年——4 月，当选为全国妇联常委、任中央妇女儿童福利部部长，新中国成立后任中国人民保卫儿童全国委员会秘书长、副主席、主席。

1955年——4月，任全国妇联书记处书记。

1957年——9月，任第三届全国妇联副主席。

1965年——1月，当选为政协第四届全国委员会常委。

1978年——3月，当选为第五届人大常委会委员、政协第五届全国委员会副主席。9月，任第四届全国妇联主席、党组书记。

1982年——任宋庆龄基金会主席。

1983年——6月，当选为政协第六届全国委员会副主席。9月，任第五届全国妇联主席。

1988年——4月，当选为政协第七届全国委员会副主席，任中共政协全国委员会党组成员。9月，任第六届全国妇联名誉主席。

1992年——4月22日，在北京逝世。

一、苦难的出生

罗塘湾是江西赣江沿岸的一座普通小镇。这天中午，一位叫康定辉的中年渔夫从镇子里急匆匆地走出来，他肩扛一张大渔网，手里拎着一个小瓶子，直奔江边，很快就下了网。可一网、两网拉上来都是空的，失望的康定辉想到正在坐月子、需要增加营养的妻子，出生不久正嗷嗷待哺的女儿，偏偏自己囊中空空，一筹莫展，他不知如何才能摆脱目前的困境。

康定辉祖祖辈辈都是穷苦渔民，他上无片瓦，下无寸土，靠租来的一条破渔船，在赣江“惶恐滩”下游打鱼为生，夫妻二人一年四季过着颠沛流离的水上生活。1911 年 9 月 7 日（农历七月十五），他们的女儿康桂秀出生了。这个叫康桂秀的小女孩，就是后来成为我国妇女运动领袖人物之一的康克清。

如今家里又添了一张嘴，孩子要吃奶，大人要补身子，可是从哪儿去弄钱呢？康定辉想来想去，只好把身上的一件衣服当掉，换了点油，再去捕几条鱼给妻子炖鱼汤补身子。

个把钟头过去了，康定辉总算捕了几条鱼，突然身后传来一声吼叫：“康定辉，你叫我们好找啊！”

康定辉回头一看，心里不由一沉，这是当地保长肖长任的两个狗腿子，镇上出了名的两个地痞无赖。

“你捕了鱼，为什么不缴税？”狗腿子一把揪住了康定辉，蛮横地叫道。

“我老婆刚生孩子，正等着吃几条鱼呢，哪有钱缴税。”

“哟呵，这里天是肖大人的天，地是肖大人的地，鱼当然也是肖大人的。

你捕了鱼就得缴税，少废话！”

“可我实在是没钱啊！”

“那就跟我们走一趟吧”

“两位大哥，你们再给我一天工夫吧！”康定辉发觉事情不妙，极力想摆脱眼前的人，他连连说着好话。

“那好，大家乡里乡亲的，兄弟们给你这个面子！明天这个时候，我们去你家船上收税，再不缴，就别怪我们不客气了！”

康定辉没心思再捕鱼了，急忙收拾东西赶回船上，夫妻俩一商量，决定还是先躲一躲。谁料祸不单行，就在他们的船刚离开“惶恐滩”时，一阵丈把高的恶浪打来，吞没了他们的渔船。幸亏有附近的渔夫搭救，一家三口才保住了性命。

“谢谢各位船老大。”康定辉抱着脸色发青的桂秀和妻子黄年姑双双跪在大家面前。

“快别这样，大人孩子没事就好。”

“看这孩子怕是冻坏了，还是先找个地方安顿下来吧。”

在大家的帮助下，他们暂时在一座古老的凉亭内安了家。可第二天下午，肖长任就带着狗腿子逼税来了。

“肖大人，你看看我们一家刚刚捡回三条命，什么都没有了，求求你行个好吧！”黄年姑流着泪哀求肖长任。

“哼，没钱有人。来人！把他给我绑起来带走。”肖长任蛮横地命令道。

“你们放开我！没有我这娘儿俩怎么办？”康定辉拼命挣扎，却被两个狗腿子一把拖到了门外。“年姑，你一定要带好娃，等我回来……”康定辉无奈地回头望了一眼，高声喊道。

“孩子他爹，你一走我们可怎么活啊？”黄年姑抱起“哇哇”大哭的孩子追出门外，朝走远的人影哭喊道，那哭声一直传得很远很远……

康定辉坐牢后，黄年姑拖着病体背着小桂秀，沿村乞讨，艰难度日。她一心想把桂秀带好，等待康定辉出狱，可是过了些天，她实在支持不住了。

这一天，她来到一棵桂花树下，喃喃自语道：“桂秀，你为什么出生在这个时候？”说着她把桂秀放在树下，轻轻地对熟睡中的婴儿说：“孩子，妈要走了，妈对不住你啊！”

襁褓中的桂秀好像感觉到了什么，“哇”的一声大哭起来。黄年姑一把抱起桂秀，紧紧搂在怀里，眼泪默默地流淌下来。

过路的乡亲们看到这种情景，十分同情，纷纷劝解宽慰。有的说：“年姑婶，想开些，千万别寻短见。”有的说：“讨饭不是办法，还是凑些钱先把定辉救出来。”

“我也这么穷，可哪来的钱啊？”黄年姑泣不成声地说。

“大家给凑点吧！”有人提议道。

“对，这是我的一点心意。”

“这是我的。”

就这样，黄年姑在乡亲们的帮助下凑了些钱，把丈夫从肖长任那里赎了回来。

人是回来了，可如今一要赔船，二要交税，三要给妻子治病，再加上一家三口人的吃饭问题。康定辉还是日日坐困愁城。最后，他想到了一个无奈的办法。

“年姑，有件事……”

康定辉刚刚说出要把桂秀送人，犹如晴天霹雳，惊得黄年姑眼前发黑，浑身打战，她只是喃喃地说：“我的心肝宝贝，妈妈怎舍得……亏你想得出来啊！”她埋怨着丈夫，又哀怜着女儿。

康定辉也流下了眼泪，说道：“我是真没办法了，那家人叫罗奇圭，是大屋场人，刚生了个男孩，前不久病死了，现在还有奶水。想带个童养媳。家境虽穷，但为人厚道，一天三餐，半粥半饭还是有的，桂秀也还可以拾个奶尾吃。你就答应了吧！”

黄年姑渐渐冷静下来，虽然嘴上仍说不同意，但她心里明白，如果留下桂秀，恐怕只有死路一条。她低头看看嗷嗷待哺的婴儿，自己却挤不出多少奶来。最后，黄年姑长叹了口气，说："可怜的孩子，谁让你生在穷人家呢，你长大了别怪爹妈狠心呀！"

"那就让人家把孩子带走吧。"康定辉说，"罗奇圭在外面等着呢。"

黄年姑一听马上就要带走孩子，顿时泪如雨下，边哭边说："孩子，让娘再喂你一次奶吧。"

这时，一场秋雨从赣江上空扫过，秋风连着雨水吹进了凉亭，桂秀便"哇哇"地哭了起来。黄年姑再也不忍心听见孩子撕人心肺的哭声，她把孩子递了过去……

出生才40天的康桂秀，就这样离开了她的亲生父母，给人家当了"童养媳"。

二、大脚"媳妇王"

康桂秀被送到罗奇圭家当童养媳时，罗家的男孩刚夭折不久。按当地的风俗，桂秀叫作"望郎媳"，就是要讨个吉利，等待第二个男孩出生。遗憾的是养母一直没有盼来男孩，不久生下一个女儿不到满月又夭折了。打那以后，她再没有生育。于是，康桂秀名义上是"媳妇"，实际上成了罗家的养女。桂秀一直喊养父罗奇圭叫叔叔，喊养母叫婶子。

养母是个典型的农村妇女，善良、勤劳俭朴，不仅要操持家务，还要下田种地，终年里外操劳。在她的影响下，桂秀小小年纪就学会了不少农活。

康桂秀13岁那年，夏天久旱不雨，稻田裂开一道道口子，禾苗晒蔫了，眼看一片片就要枯萎了，人们想方设法洒水浇田，保住禾苗。可在这个节骨眼上，养父偏巧外出不在家。眼看稻子没收成，明年全家人就要挨饿，养母急得哭了。

这时的桂秀已经长成大姑娘了，她胳膊和腿特别有劲，家里、地里都是个好手，她看见养母哭了，就像个小大人似的宽慰养母说："不用急，总会有办法的。"说完她跑到邻村借来一架水车，母女俩一起上阵，不顾天热劳累，昼夜车水，终于把稻田都灌满了，禾苗又都抬起了头。

慢慢地，村里人都知道罗奇圭家有个聪明能干的媳妇，附近一带没有哪家的童养媳能比得上，都把桂秀称作"媳妇王"，她在家里，不挨打、不挨骂，生活比别的童养媳强，不知从什么时候开始，桂秀无形中成了童养媳中的头头。她和村里的童养媳们经常在一起结伴放牛、割草、打柴、捡蘑菇、挖野菜。高兴了在一起打闹一阵，累了就坐在水牛背上，说说不愿告诉别人的心里话，各人受的痛苦。偶尔她们发生了争吵，或是打起架来，桂秀就帮她们劝解。只要桂秀一说话，她们都能听，桂秀好像成了真的"媳妇王"了。

一天，康桂秀从外面干活回来，刚进家门，就见奶奶手拿着准备好的一套包脚用的东西，正在等她。

关于要给她包脚的风，奶奶早就吹开了，桂秀心里一百个不愿意。今天要动真格的了，她把锄柄往墙角里一扔，大声说："我不包。"

"桂秀啊，奶奶我打几岁就包脚了。多少年来女人都是包了脚才出嫁的，只有三寸金莲才叫美，不包脚怎么行？"奶奶满嘴封建说教，唠唠叨叨地数落桂秀。

"现在革命了，不兴包脚。再说了，好好的一双脚，包了怎么能劳动，怎么好走路？"桂秀毫不示弱，口气坚决。

"养个大脚妹子，将来怎好出嫁？丢死人啦！"奶奶气得浑身打战。桂秀还没见过奶奶气成这个样子，她担心事儿闹大了会把奶奶气病了，但又不能顺从她的安排。桂秀灵机一动，想了个好主意："那好，要包脚，从今以后，家里的水我不挑柴不砍，家里没人挑水砍柴了，你看怎么办？"

一天两天没人挑水打柴还过得去。到第三天，缸里没水了，奶奶一个劲儿催她去挑水。桂秀对奶奶说："你要我包脚就不挑水，要挑水就不包脚。

你看怎么办吧？”

站在一旁的养母也帮桂秀说话，因为养母自己也是一双大脚，她深感女孩裹了小脚，上山砍柴、下地干活都困难，便劝说奶奶不要给桂秀裹小脚。奶奶虽然一脸不高兴，但又没办法，只好同意了桂秀不包脚的要求。

桂秀高兴极了，她把自己反抗包脚的办法告诉了小姐妹们，鼓励她们和父母作斗争，坚决不包脚。姐妹们都照桂秀的办法，用不挑水、不砍柴向父母抗议。家长们无可奈何，只好同意孩子们的要求。

1925 年 9 月，从广州出发的北伐军沿赣江北上，一路势如破竹，把旧军阀的部队打得溃不成军。随着北伐军的不断胜利，万安县罗塘湾在共产党的推动下也活跃起来。

当北伐军攻克万安县罗塘湾、高坡等地区后，胜利的喜讯像是一阵春风，推动着当地的革命斗争。罗塘湾大禾场村背村有个曾天宇，他在北京大学读书，参加了中国共产党。曾天宇为发展革命力量，这个时期不停地在万安和省城南昌奔波。这一次，他从省城回来，带来了很多好消息，说湖南的农民起来了，把反动派打得落花流水。还说他这次回来要和大家一起闹革命，组织农民协会，农民有了自己的组织，才能跟地主老财主斗，才能翻身得解放。于是，许多农民被他动员起来，知道了这个农民协会是给穷苦农民办事的。

罗塘湾的农民协会、妇女协会等群众组织，渐渐由秘密转向公开大发展，一场轰轰烈烈的反帝、反封建、打倒土豪劣绅的斗争，迅速在罗塘湾全面展开了。15 岁的桂秀也在革命的洪流中很快成长起来。

1926 年初夏，聪明能干的桂秀参加了村里共青团组织办的训练班，不久，由团支部书记罗诗通介绍参加了中国共产主义青年团。从此，她除了干好家里的农活，空闲时间都用来开会、唱歌、演戏，她成了村里的“小忙人”。经过妇女训练班的学习，桂秀被选为罗塘湾乡妇女协会的常任秘书（相当于现在的妇联主任）。她一面开展本乡的妇女工作，一面参加县里组织的巡视团，到各处去演讲宣传。

不久后，桂秀当选为区妇协宣传委员，她和男同志一样，不管酷暑寒冬，不管晴天雨天，戴着斗笠，率领妇女宣传队在罗塘湾一带发动积极分子，动员妇女参加打土豪分田地，同时宣传禁止虐待妇女，禁止虐待童养媳，反对包办婚姻，提倡男女平等，宣传禁烟（鸦片烟）、禁赌，动员妇女放脚、剪发。

村背村刘春香把她家童养媳罗冬英打得满身是伤，奄奄一息，还不给饭吃。桂秀领着妇女到村背村开会，严厉批评了刘春香这个恶婆婆。起先刘春香不服气，但是看见青年妇女发动起来的力量，不得不低头认错，保证不再打人。罗冬英后来参加了革命。

为了动员剪发，妇女协会编了个歌子："剪了发，样样好，打柴割草不缠绕，随地都可跑……"

这天下午，在罗塘湾上街德声堂开妇女会，坐满了一屋子人。有抱着孩子的年轻母亲，有穿花衣服的小姑娘，有梳辫子的女青年，有盘发髻的媳妇。县妇女主任欧阳秀站在堂屋中间，高兴地对大家说：我们一定要破除千年旧习，剪掉我们头上的累赘——发髻，这样干活方便，也省了好多梳洗绾结的时间，讲完了又教大家唱《剪发歌》。几位前来帮助剪发的妇女拿着梳子、剪刀，在堂屋里走来走去，一边问："哪个带头剪？"

堂屋里鸦雀无声，你看看我，我望着她，想剪又怕剪。封建势力谣言，还像乌云一样压在大家的心头。几分钟过去了，没有人敢当出头鸟。

欧阳秀一连问了几个人，都回答说："等回家商量商量再说。"

桂秀看着这情景实在着急，心想现在到处都在革命，还怕什么？这时机不能错过，错过了，不知还要费多少唇舌，就鼓起勇气站起来说："请先剪我的头发吧！"

顿时全场吃惊，大家的眼睛都盯到桂秀一个人的身上。欧阳秀笑着走过来对她说："桂秀，你带了个好头，今后罗塘湾妇女工作就要靠年轻人带头。"

"咔嚓咔嚓"，几剪子就把桂秀的辫子剪下来了，然后用梳子一理，再用剪刀把短发整理一番，干净利索。由于桂秀的带头，在场的妇女们一个个都挨着站起来，争着剪发。这天下午剪发工作进行得十分顺利。

桂秀戴着欧阳秀给她的八角帽，兴高采烈地回到家里。养母一见桂秀变了样，把发辫剪了，勃然大怒，抓起烧火棍就来打。桂秀躲在墙角边，不反抗，也不哭。

养母问她 :“谁叫你剪头发？为什么剪头发？”

桂秀说 :“凉快，做事干活都方便，已经剪了，再也安不上了。这全是我自己的主意。”桂秀毫不反抗，引起了养母的心疼，她举起的手臂无力再打下去，只好默认了面前的既成事实。

三、改名康克清

1928 年万安暴动失败后，罗塘湾到处是白匪军和挨户团，他们杀共产党和革命群众简直杀红了眼。养父罗奇圭怕桂秀被敌人捉去杀头，便不许她参加革命，并盘算着要把她嫁出去。

农历七月底，养父听到消息说井冈山的红军要到罗塘湾来。这是万安县委和井冈山红军约定好，计划在农历八月初一，攻打万安县城的准备步骤。不料万安县委书记在暴动前一天被捕，原定计划被破坏，红军临时在罗塘湾待命。

养父怕桂秀知道红军来到，就叫养母把她关在房子里，这反而引起了桂秀的猜疑。桂秀断定他们一定有什么重大的事情瞒着自己，便搬了一条板凳，扒着窗户往外看。

当桂秀看见灰军帽上绣着红五角星的士兵时，心里不由得剧烈跳动起来。这不是日盼夜想的红军吗？于是，桂秀便故意把鸡轰出门外，自己趁机上了街。

桂秀一出去就遇见了本地共产党员柴苟，柴苟就对她说 :“赶快找妇女协会会员帮红军筹粮食做饭。”

第二天，当地工农运动委员会领导刘光万通知桂秀和欧阳秀到小学校去参加红军召集的本地党、团员积极分子大会。何长工主持，陈毅讲话，当场发出号召：

“老表乡亲们！欢迎大家参加红军，扩大我们工农红军！打倒蒋介石和地主老财，为穷人翻身求解放！”然后指指身旁的刘光万和游必安说，谁要当红军都可以找他们两人报名。

桂秀高兴得一颗心好像要从嘴里跳出来，马上找到刘光万：

“我要报名当红军，你快帮我去说说。”

刘光万却笑着说：“行，行。不过我还得问一声人家要不要女兵。女孩子报名你是头一个，我看他们这个部队里一个女兵也没有。”

这下可把桂秀急坏了：“不管他们要不要，我一定要当红军，他们不要我也跟着走。打仗、放枪、烧火、做饭、缝补、拆洗我都干。若不让我当红军，我就偷偷跟在队伍后边，除非他们拿绳子把我拴住。”

桂秀坚决认真的态度把刘光万逗笑了：“好吧！好吧！我尽力给你帮忙就是。”

第三天下午，刘光万找到桂秀说：“红军今天晚上就要开拔了。”

桂秀马上着急起来，问他：“我参加红军的事，你给说了没有？行不行，今晚我都要跟着红军走。”

他笑着点着桂秀的鼻子说：“看你急成什么样子，也不等我把话说完。”他告诉桂秀：陈毅、何长工已经决定，罗塘一带愿意参加红军的，统由他和游必安两人带领，成立万安游击队，今晚跟着红军上井冈山，女的愿意去也要。

听他这么一说，桂秀可高兴坏了，忙问：“还有几个姐妹也想去，怎么办？”

“那你就赶快通知，迟了红军可不能等。”

就这样，康桂秀和6个小姐妹们一起加入了红军万安游击队。1928年10月，康桂秀跟随队伍上了井冈山。敌人进攻的风声越来越紧。山上山下备战的工作都在加紧进行。过了阳历年，红4军、红5军在柏路开会，为打破敌人对井冈山的第三次“围剿”，决定分兵作战，红 5 军坚守井冈山，红 4 军下山到敌人后方牵制敌人。山上山下共同配合，打破敌人第三次“围剿”。而康桂秀所在的万安游击队配属红 4 军，一同下山作战。

1929 年 1 月 10 日，游击队奉命到茨坪集结待命。这时接到通知，调游击队的 7 个女同志到军部，成立妇女组。归军部的工农运动委员会领导。在这个妇女组成员里，桂秀认识了贺子珍、伍若兰和吴仲廉。妇女组的任务是做群众工作和宣传工作，筹粮、筹款，有时还帮助毛泽东去做些调查研究工作。

1 月 14 日，妇女组随红军下山，路过遂川县的大汾、左安和上犹县的营前。妇女组一住下来，就找一些群众和妇女谈话，了解当地的情况，然后由曾志把大家了解的情况综合起来向工农运动委员会负责人谭震林汇报。妇女组还经常张贴朱军长、毛委员发布的布告，写大标语。

桂秀一边做这些工作，一边从布告上和大标语中学认生字，同时领会一些革命道理。每天行军、工作都十分紧张，生活虽苦，却使她感到精神充实。不过，桂秀对家里给起的康桂秀这个名字，总感到太女孩子气，一直想改，总找不到合适的人商量。不久她又在吉安遇到刘光万，他听了桂秀的想法，表示赞成。想了一下说：“你看叫康克勤怎么样？”一边说一边掏出一张纸写在上面，递给她看。

桂秀觉得他起的这个名字不错，也好听，只是勤字笔画多，写起来比较费事，又觉得一个人光是勤快还不够，还应当对自己要求高一点，就说：“把勤字改作清字吧，这样我写起来比较省事，而且还表示我要沿着一条清清楚楚的正确道路前进，你觉得怎样？”

刘光万连连点头说：“太好了。以后你就改名叫康克清吧！”

四、朱德的伴侣

康克清走上井冈山时，朱德的名字早已和毛泽东连在一起了。当然，康克清从来没有想到过她的一生会和这位伟人写到一起，但几乎就在她成为红军一员的时候，朱德就在一步一步向她走近，并最终结合为伴侣。

1928 年 9 月，满怀革命豪情的康克清，参加了红军即离开家乡向井冈山进发。到达遂川时，陈毅命令部队就地休息待命。万安几十名刚参军的年轻人坐在一起，有说有笑充满喜悦。过了不久前面的人突然一排接着一排地站了起来，同时有人大声喊道："朱德军长来了！"

"朱德军长！"康克清起先有点不太相信自己的耳朵，心想，那不就是传说中朱毛红军的革命领袖吗？她挤到前面，真的看见了和战士们走在一起的朱德，魁梧的体格，浓密的胡须，一双敞开的衣领，脚上穿着草鞋，身上满是风尘，显出长途跋涉的辛劳，全然没有想象中的神奇色彩，完全是个普通战士的形象。

这时，朱德走到万安农军前停了下来，他环视了一下四周，把举起的双手向下按了按，示意人们安静。然后，朱德操着浓厚的四川口音讲话了："你们万安的同志吃了苦，受了国民党的压迫，死了好多人。我们这次来，救出了一部分同志，今后还要救出更多的同志来……"康克清和所有参加了万安暴动的同志以热烈的掌声感谢朱军长对万安人民的关怀。

朱德，1886 年 12 月出生在四川仪陇县一个贫苦的农民家庭。先投身于孙中山领导的辛亥革命，后接受"十月革命"的影响，加入了中国共产党。

在蒋介石 1927 年 4 月背叛革命后，朱德和周恩来等人领导了八一南昌起义，打响了土地革命战争的第一枪。以后，朱德又率领起义部队历尽艰辛，奔赴井冈山与毛泽东领导的秋收起义部队会师，创建了中国工农红军。

康克清随红军上井冈山后不久，国民党就集中了湘、粤、赣三省兵力，对井冈山革命根据地进行“围剿”。4 个月的战火纷飞，敌人始终没能得手。1929 年 1 月，红军前委决定：留下彭德怀一部，其余红四军主力下山到敌人后方开辟革命根据地。

就在红军下山的途中，发生了一件意外的事情。朱德的夫人——伍若兰同志在一次突围战斗中不幸牺牲了。朱德忍受着巨大的悲痛，日夜操劳，指挥红军同敌人展开英勇战。

该为朱德军长找个伴侣，朱德身边的战友们都在惦记着这件事。当时，曾志、康克清等十几名女战士同在前委工农运动委员会做民运工作，任务是随主力部队开进，每到一个新地方，就在当地做群众工作，宣传革命道理，发动群众参军筹粮。她们是军部直属队，行军作战常和军部一同行动。有时在行军途中，朱德还会到她们这里来鼓励女战士克服困难，努力完成任务。渐渐地，朱德军长也就认识了这些女兵。

曾志是前委工农运动委员会民运股长，同朱德等首长们比较熟悉。她一直在暗中观察周围的姑娘，想为朱德同志选个好伴侣。

一天，朱德来队了解情况事完之后，曾志瞅准机会对朱德说：“朱军长，我给您介绍对象好吗？”

“哦——你想给我介绍什么人啊？”朱德以为是开玩笑，随口应了一句。

曾志一连说了三个女战士的名字，朱德都摇了摇头。最后，曾志故意赌气似的说：“我再给您说一个，不成就算了。”

“说说看。”朱军长点点头。

“康克清。”

“就是那个很壮实的万安姑娘吧？”朱德想了想问道。

“对呀，您还帮她紧过子弹袋呢。”

“晓得了,可你问过人家没有？这种事可不能勉强哟！”朱德提醒曾志道，不过看起来他对康克清印象不错。

“这么说,您同意啦？”曾志高兴极了,转身就回宿舍,把康克清拉到一边，悄悄告诉她刚才的事。

“这怎么成呀！”康克清一听都蒙了，连连摇头。

“有什么不成？”曾志不解地问。

“我……”康克清支吾了半天，才冒出一句话：“我家里有人了。”

“真的？”曾志有些吃惊，但她又仔细回想了一会儿，才醒过味来，“你瞎说，过去怎么从来没听你对组织说过家里有人了？”

康克清低下了头，脸涨得通红。事情来得太突然，她有些措手不及，可定下心来想一想这事也太不沾边了，自己是农民的女儿，没有文化，又是刚刚参加红军，怎么配得上朱德军长呢？

曾志看透了康克清的心思，便说：“先接触看看吧，不成也没关系嘛！”

以后一有机会，曾志就带着姐妹们到军部去，她有意叫康克清多接触朱德军长。那时候环境恶劣，行军作战十分频繁，朱德经常通宵达旦地研究部署作战任务，能单独见到他的机会很少，为此曾志有些着急。

经过几个月的行军作战，到了 3 月初，红军在大柏地消灭了敌人一个团，随后进入东固休整。这天下午，村边的稻场上传来战士的嘹亮歌声。曾志带着康克清和其他几名女战士来到朱德的住处。她们先和朱德军长聊了一会儿，在曾志的暗示下先后都退了出去，只留下康克清和朱德两个人。于是，他们俩坐到了一起，热情地谈起话来……

此刻,一片暖融融的阳光照进房间,在他们背后的墙上留下一对身影……

“当我初次和他接触时，并没有立刻浪漫地对他钟情。不过因为他跟战士一样，又做着士兵的工作，所以非常喜欢他。当时所有的人全都敬爱这位革命领袖。我们两人是最要好的同志。但过了这个过渡时期后，我已不能不承认我大概对他产生了爱情。”

这是 1937 年康克清接受一名美国记者采访时说的一段话。虽然没有任何浪漫色彩、引人入胜的插曲，但它真实地记录了当年康克清和朱德的爱情经过。

3月下旬，红军进入闽南，在长汀县消灭了敌人一个旅，击毙旅长郭凤鸣，建立了闽西第一个县级苏维埃政权。长汀县是闽、粤、赣三省的边陲要冲，也是闽西最繁华的县城，在这里红军进入了一个新的发展时期。

在胜利的喜庆中，康克清和朱德在长汀县城“辛垦别墅”一间8平方米的房子里举行了简朴的婚礼。毛泽东和其他领导同志都参加了婚礼，大家纷纷举杯祝贺他们两人喜结良缘。

从这以后，不论是战争年代枪林弹雨的艰苦岁月，也不论是和平时期错综复杂的政治斗争，康克清始终伴随着朱德，他们相敬相爱，共同度过了近半个世纪的岁月。

对于自己的选择，康克清曾坦率地说：“我的婚恋观就是无产阶级的婚恋观，只要革命坚决，品德高尚，对党的贡献大，真的志同道合，我就不计年龄，不媚权势。”

五、“官兵平等的模范”

康克清同朱德结婚后，战友们都为她而高兴。可也有一些人觉得她地位变了，相处时客客气气不像过去那样亲热了。这种情景，使康克清感到特别苦恼。她忘不了朱德对她说过的一句话：“我们都是农民的后代，是红军的普通一员。”她决心以此自勉，用行动证明自己不但是朱德的夫人，更是一名红军战士。

结婚后，康克清本来可以和朱德生活在一起，受到应有的照顾。但她没有这样做，而是像过去那样回到了自己的部队，同大家生活在一起，自己打洗脸水，自己洗衣服，自己打背包，生活上没有半点特殊。

她身上的一套军装穿得补丁缝补丁，大伙儿都劝她去总供给部领一套新的穿。她严肃地说："不，大家现在不都只有一套军装吗？这衣服补好了，还能穿个一年半载的。"

按照当时的制度，她和别人一样，只有到了周末和节假日，才回到朱德那边去。她从不叫朱德为丈夫，总是以同志相称。有些好奇的姑娘问她为什么？她说："我们虽然是夫妻，但又都是红军战士，叫同志好。"

有一次，部队到达吉安，晚上朱德同志突然发起高烧。康克清得知后立即赶到朱德身边熬药，用湿毛巾冷敷，一直忙了大半夜，朱德的高温才降了下来。第二天，她按时返回部队照常工作。到了晚上，战友们都非常关心朱总司令的身体，一个劲儿劝她在朱德身边多待几天，几个手脚麻利的姐妹还捆好了康克清的行李。大家都认为她这几天不会再来了，可天一亮，康克清的身影又出现在操场上。同志们真打心眼里敬佩她。

1930年6月19日，红1军团在福建长汀成立。不久，党中央又做出决定：将1、3军团联合起来，成立红一方面军。朱德任总司令，毛泽东任政治委员。此时，康克清被调到方面军总部特务3连任指导员。

在特务3连当指导员不同于在司令部机关，对康克清来说是个全新的工作。这里的战士都经过一番挑选，不少是粗通文化的高小学生。当时红军里上过学的人很少，一般把高小学生也看作知识分子。

比起他们，康克清是个没有上过一天学校的农民干部。战士的年龄又都同她差不多，工作中的困难自然更多。康克清分析自己的有利条件：自己参加革命的时间比他们长，革命道理比他们懂得多，政治觉悟比他们高，具备了一定的军事知识和技能。更重要的是，自己已有了做指导员工作的初步经验，懂得了管理教育的基本方法，也已经能看懂一般的书报了；而且特务连的战士都很热情，人人要求上进。

所以，康克清有足够的信心做好工作。她给自己规定了四条原则：严格要求自己，给战士们做出好榜样；严格要求战士，不论政治思想、军事训练，都要严格要求；关心每一个战士，针对每个人的思想实际，帮助他们；搞好全连的生活，一定要把伙食搞好。

到特务连的头一天，战士们见指导员是个女的，都在一边窃窃私语，连长也对康克清投来疑问目光。

康克清不多说话，只是按自己订的四条原则行事。经过她认真地工作，严格要求，大家同她很快地亲密起来，她成了连队大家庭里的一员。没有人对她另眼相看了，她的工作也一天比一天忙起来。

红军从吉安出发至新余一带，转战赣南宁都、黄防等地，每天跋山涉水，长途行军七八十里，不少小伙子都吃不消了，直皱眉头。康克清和战士们一样，自己背着军毯和雨伞，斜挎着干粮袋，腰间还挎着手枪和子弹，紧跟司令部后卫队，从不掉队。看见旁边有的战士脚步慢下来，康克清主动上前关心地询问："是不是饿了？""身体有没有不舒服？"往往不等人家回答，她就抢过枪支、弹药帮他们背。

有时，战士们见她背的东西太多了，就劝她把东西给骡子驮或民夫挑，她说什么也不肯，还温和地笑笑说："骡马不会说话，如果累死了，公家还要花钱去买。民夫规定挑公物 40 斤，再加重就是一种剥削行为了。"

战士们看劝不动她，就悄悄报告给了朱总司令。朱德知道后，既为她骄傲又为她担心。考虑到她每个月有几天行动不方便，朱德要把自己的牲口让给康克清骑一程。她却说："你是指挥官，指挥官不骑马能行吗？快骑走吧！我不累，保证不掉队。"事后，康克清找到那几个"打小报告"的战士，还"剋"了他们一顿呢！

1930 年 12 月的头几天，呼啸的西北风夹着雪片往脖子里钻，缺衣少食的战士们冻得直打冷战，一些战士还冻伤了手脚。白天行军还好过些，到了夜晚宿营就更困难了，能找到一处避风的地方睡觉成了部队的头等大事。

有一天晚上 9 点多钟，司令部的两名副官有事来找康克清。他们先到宿营的村里几排比较像样的房子找，没有找到她。问了几个战士，说她到村东头去了。他们找到村东头，才在一间只有几平方米用来放农具的小茅屋里找到康克清。

只见她睡在临时搭的一块门板上，身盖一床单毯子，上面压着一件棉衣。四面透风的屋子像个冰窖。两位副官看到总司令的夫人竟睡在这样差的屋子里，心里实在过意不去，要给康克清重新换个好一点的房子休息。康克清放着棉袄摆了摆手说："战士们都是这样睡的，我是战士，应该在这儿睡。"

时间长了，战士们看见康克清不仅不摆架子，还真诚地关心和帮助战士，都称赞她是"官兵平等的模范"。

六、不爱红装爱武装

1934 年 10 月，中央红军开始长征。抢渡湘江时，红军遭受了重大损失，由出发时的 8 万 6 千人减去一多半，只剩下 3 万余人。为了避开敌人的飞机，红军大多在夜间行军，白天休息。每到月亮升起、群星闪烁时，红军便踏上了弯曲不平的山路。

这个时候，康克清主动承担了一项艰巨的任务，在司令部的后面做收容工作。为了不让一名战士掉队，她跑前跑后，指挥战士把因伤或因病走不动的战友集中起来，由担架队负责抬着走。"大家跟上，不要掉队。"黑暗中，不时传来康克清急促的声音。

每逢到达宿营地，大家都歇息安顿下来，康克清仍有干不完的工作，查点人员是否到齐、看望伤病员、对驻地周围的情况进行调查，还要考虑明天的行军计划。

行军途中休息时，她还常帮助朱总司令抄写命令起草通知。战士们经常看见他们的指导员坐在行李上，把背包放在膝盖上当桌子，抄写着总部下达的命令。不少人都知道，七年前康克清参加红军时还是一个文盲，经过这几年勤奋学习，在同志们和朱老总的帮助下，她的文化水平提高很快，但唯其如此，她肩上的担子也更加重了。

当时，中央机关首脑跟在红军总部后边，康克清常常能遇见一些中央首长。

毛泽东这时在中央还不负什么责任，常常带着几个警卫员徒步行军，很少骑马或是坐担架，显得十分轻松。每当他那高大的身影出现在收容队战士面前，总会出现一些热闹的场面。有几次，身体健壮的康克清身背两三支枪，背包上又摞着个背包走在队伍里。毛泽东见了便打招呼："你这个指导员真是个大忙人哟，有那么多的东西要你背，行吗？"

"没问题。"康克清爽快地回答。

毛泽东常向她问起部队的情况和战士们的情绪，康克清一一回答，他们边走边谈，不时发出一阵开心的笑声。四周的战士看见他们那么高兴，那么轻松，也受到感染，脚下的步子似乎轻快了许多。

有时敌人尾随得很紧，说不定什么时候就会发生战斗，所以康克清在行军中还要及时了解敌情，事先准备好几套方案，应付突发事件。一天，部队走在半山腰的一段羊肠小路上，一面是很高的山崖，一面是密密麻麻的荆棘，走起来很困难。突然，后面传来一阵枪炮声，顿时部队有些乱。康克清立即命令一名干部把收容队收拢一下，加快行军步伐，同时做好战斗准备。她紧跑几步，来到中央首长的队伍里："首长们快些走，后面的敌人追上来了。"

"怕啥子哟！"毛泽东停下脚步，又侧耳听了听，觉得枪声还很远，便微微一笑说，"敌人不会那么快追上来，放枪是吓唬人呢，再说后面还有红军。你着急，你们就先走嘛！"说完，他朝康克清摆摆手，就朝前走去。

看见毛泽东和其他中央首长都那么镇定自若，康克清也放下心来。虽然这次只是虚惊一场，但她的责任心还是受到了中央领导同志的表扬。

红军进入贵州以后，康克清被临时派到担架队负责，这可不是一般的担架队，抬的伤病员都是红军团以上干部，其中好几位还是党中央的领导人，王稼祥就是其中的一位。

虽说担架队前面有红军开路，后边有部队殿后，但在绵延起伏的群山中长途行军，首尾相差几十里，要保护好几十名受伤的团以上干部和中央领导，任务之艰巨、责任之重大是可想而知的，康克清不敢有丝毫的大意。

一天晌午，担架队与中央机关的队伍相遇。康克清看到毛泽东、周恩来等几位领导同志，立即叫担架队停下来，让开道路叫中央机关先行。周恩来笑着摆手说："你们不必让了，我们就跟在你们后边，也省得再去另找向导带路了。"康克清一听有道理，使带着担架队先走了。

这几天，敌人突然变"乖"了，很少来骚扰，高山峡谷显得格外安静。这种反常的情况使康克清越走心里越不踏实。虽说当初为了对付可能发生的意外情况，上级给了康克清一个步兵班和一个特务排，但这点儿兵力小打小闹还可以，真要有了大麻烦，可就够吃劲儿的。何况现在后面就是中央机关，弄不好还会影响他们的安全。

为了以防万一，康克清从随行的步兵班里抽出两名精干的战士，到前面和总司令部机关联系，同时也起到尖兵作用。

两名战士才出发不一会儿，前面突然传来一阵枪声，从枪声判断，这还不是小股敌人，康克清心头一紧。不一会儿，那两名战士气喘吁吁地跑回来报告，前面右侧的一座山上发现了敌人。

队伍一阵骚动，战士们没等命令就把枪端了起来。有几个性急的战士"哗啦"一声把子弹推上了膛。情况万分危急。

"出了什么事？康指导员呢？快去查明情况。"躺在担架上的王稼祥听见了动静，焦急地叫起来。

"报告各位首长，前边发现有敌人在活动。有我在这里指挥，请首长放心！"康克清来不及多说，"担架队立即后撤到树林里去。"她果断地下令，随后又命令一名战士火速到后边叫中央机关停止前进，退到安全地方，等情况摸清后再行动。

把一切都安排好以后，康克清这才冷静地掏出手枪向前方一挥，让步兵班跟着她到前面查看敌情。

拨开茂密的树枝，就见右前方那个山头上影影绰绰地有敌人在活动，大约有几百人的样子。敌人的火力并不集中，打打停停，像是在试探着什么，看来他们并不清楚红军底细，故而有些犹豫不决。

康克清稍加思考即拿定了主意："同志们，决不能让敌人从山上下来，拼了命也要保卫党中央。现在敌人还不知道我们的底细。我们从几个方向同时向敌人射击，他们一定以为是红军主力，就不敢下山了。"说完，她命令一些人占据山边的几个坟包阻击敌人，又派人去请前边总部警卫部队从左侧进攻敌人。同时通知后边的特务排抽两个班上来。待人员到位后，康克清下令射击，于是步兵班和特务排从左右两个方向朝敌人开火。

阻击开始了，摸不清情况的敌人被这突如其来的枪声吓慌了神，又不知对方到底有多少人，便拼命向四周乱打。打了一会儿，敌人停止了射击，似乎觉察到了什么。

康克清一看情况不妙，一旦等敌人明白过来就坏了，她便命令特务排先发制人，从左侧迂回进攻，给敌人造成威胁，还嘱咐他们不要同总部的警卫部队发生误会。

没等特务排行动，敌人已经调整了部署，约有一百来人开始向山下移动，留在山上的敌人作掩护。枪声密集地响起来，机枪子弹打在坟头上，溅起阵阵尘土。

康克清沉住了气，指挥战士们英勇还击，她一边用手枪向敌人射击，一边鼓励战士们："只要我们能坚持住，特务排和总部的人马上就可以抄敌人的后路了。"

果然不一会儿，敌人的右侧响起了枪声，隐约可见特务排的同志边打枪边向敌人接近。进攻的敌人不明白红军到底有几路人马，害怕被包抄，都停在半山腰张望。这时，总部增援的部队到了，一阵密集的子弹射向敌人，立刻倒下十几个人，其余的敌人像野兔子似的惊慌失措地跑回山上。

步兵班的战士高兴地跳起来要上山去追击敌人，康克清立即制止说："我们的任务是保卫中央机关和担架队的安全，不是消灭敌人。"很快，特务排的同志们也撤了回来，他们还捡回敌人丢掉的两条枪，只有两人受了点轻伤。

从后面上来的中央机关的同志听了情况介绍后，都称赞康克清指挥有方，很好地保护了中央领导的安全。王稼祥从担架上伸出手竖起大拇指说："打得好啊！真想不到你这个女同志，也能这么沉着老练地指挥战士打退敌人。"

七、永远的"康妈妈"

新中国成立之后，康克清专注于全国妇女解放运动工作，她处事待人和蔼可亲、质朴大方，被大家崇敬而亲昵地称之为"康大姐"、"康妈妈"，即使是在噩梦般的"文革"岁月里，她也始终坚信：人民是公正的，历史是公正的。1978年后，康克清担任了全国政协副主席的工作，她关心的人和事就更多了。

1985年4月的一天，康克清收到了一位陌生人的来信。

由于字迹难辨，她便请秘书代读。原来写信的是位盲人，请求康克清帮助他创办中国第一份盲童刊物。康克清立刻意识到了这件事的重要意义，她嘱咐秘书再详细了解一下这件事情的来龙去脉。

原来，这位盲人叫徐白伦，年届五十，50年代中期他被错划成右派，从一家建筑设计院下放农村劳动。"文革"中他又受到冲击，在政治和生活的双重压力下，他拼命工作，不久就积劳成疾造成双目失明。

"没有双眼，离开自己热爱的建筑专业，虽生犹死！"当他发出悲怆的哀鸣时，是他的妻子安慰他、鼓励他，使他重新扬起生活的风帆。后来，他拿起手中的笔，在妻子的帮助下，开始了漫长的文学创作生涯。谁料，就在他克服了重重困难，终于发表了第一部中篇小说时，他的妻子又心力交瘁先他而去。

如果说，妻子在世时，是妻子的柔情滋养了徐白伦伤残的心，那么，现在他则靠着对盲童的赤诚之爱坚强地站立着。“我要把余生献给中国的盲童！”他立下誓言，并着手创办中国策一份盲童刊物。

一个盲人，一个靠工资养活自己和家庭的人，要白手起家办刊物，困难之大可想而知。就在他处处碰壁的时候，他想到了康克清，便向她伸出了求援之手。

“一定要帮助他办起刊物，为千万盲童造福。”康克清激动地对秘书说。

她先写了一封信给民政部部长崔乃夫，希望有关部门能帮助徐白伦创办刊物；并亲笔为刊物题写了刊名——《中国盲童文学》，又委派秘书直接与徐白伦取得了联系。

很快，崔乃夫部长派人到徐白伦家了解情况，提供了帮助，中国残疾人福利基金会、宋庆龄基金会和全国少年儿童基金会先后捐款二万余元；刘伯承、费孝通、夏衍、巴金、叶圣陶、冰心等领导同志和知名人士，纷纷来信鼓励或题词祝贺。

经过半年的辛劳，徐白伦的愿望终于实现了。

1985年10月，金秋的北京传播着一个喜讯，我国第一份盲童刊物——《中国盲童文学》诞生了。正如康克清当初意识到的那样，这份刊物一诞生，就在社会上引起了起了巨大反响，卷起一个又一个爱的旋涡。

上海市八家儿童报刊，联合向全国少年儿童发出“给失明的小朋友赠送一份心意”的呼吁。一时间，全国29个省、自治区、直辖市的成千上万名各民族儿童纷纷写信、寄钱给《中国盲童文学》编辑队表达他们对全国盲童、盲友的一片深情厚谊：

六千封信—— 一笔一画汇集成友情的海洋；

两万多元捐款—— 一分一角构成友爱的金字塔。

更多的人没有留下姓名，却纷纷解囊相助。

《中国盲童文学》创刊发行后，全国许多盲童给徐白伦写信，诉说了他们渴望像正常孩子一样，想获得生活乐趣的心情。面对这片鲜为人知的另一个世界，徐白伦进一步认识到，只有全面发展中国的盲童福利事业，才能使大多数盲童从贫乏的生活中解脱出来。他立志为这个巨大的工程尽自己的微薄之力。作为第一步，他计划举办全国第一届盲童夏令营。

人？钱？物？要什么没什么，摆在面前的，真是困难重重。徐白伦拄着拐杖走街串巷，游说呼吁。他在颠簸的公共汽车上碰掉了一颗门牙；在电闪雷鸣的风雨中迷失方向大病一场；在拥挤的地铁站（苹果园至北京站线路于1969年10月1日通车）失脚摔下站台险些丧命；两次脑血栓导致左半身麻木。

有一次，他被一个单位拒之门外，甚至遇到人格污辱，回家后他气得彻夜不眠，有人劝他不要再自找苦吃。

“不！周总理生前曾抱着一个盲童说，他们人数虽少，但社会意义大，要尽最大努力使他们生活得愉快。”徐白伦含着泪对周围的好心人说，“我相信社会上大多数人是会同情我、帮助我的。”

是的，面对全国五十万盲童，许许多多的人都在为他们操心。自从徐白伦创办《中国盲童文学》成功之后，康克清就一直在关注着他的工作。她利用各种机会宣传盲童福利事业的重要性。在一次中央书记处召集的儿童工作者代表座谈会上，康克清同志专门抽出时间，单独把徐白伦叫到休息室，详细询问了工作进展情况并鼓励他说：“没有克服不了的困难，只要坚持下去，就会成功。”

在盲童夏令营的筹备工作中，徐白伦找到北京卫戍区，希望得到解放军的支持。卫戍区的有关部门说，只要得到大军区领导的批准，他们可以将最好的招待所免费作为营地，并提供一切后勤保障。

在这紧要关头，徐白伦又想到了康克清同志，于是便再次写信给她，希望她出面给予支持。康克清见信后，立刻拨通了北京军区司令员办公室的电话……

不几天，康克清、秦基伟等领导同志的批示就到了北京卫戍区。结果，由中央、地方和军队八个单位联合组成了盲童夏令营的筹办机构，人、钱、物问题都得到了很好的解决。

1986年7月14日，来自全国29个省、市、自治区，包括9个民族的58名优秀盲童代表齐聚北京——全国第一届盲童夏令营开幕了。他们抚摸着人民英雄纪念碑的浮雕，亲吻着人民大会堂主席台上的红旗，聆听着天坛回音壁的奇妙回声，攀登上了世界闻名的长城。他们，用心灵感受到了祖国大家庭的温暖。

此时此刻，身在外地的康克清仍然在惦记着这些盲童。她写来了一封祝贺信，并委托秘书在开幕式上宣读：

“亲爱的孩子们，得知第一届盲童夏令营开幕了，我非常高兴，并向你们表示祝贺。我现在虽然身在外地，但与你们的心紧紧相连……”

1992年2月28日，81岁的康克清住进了医院，病因是感冒、发烧。4月10日，康克清病情加重，她呼吸困难，血压下降，医生努力进行了抢救。

康克清知道，自己的生命即将走到终点。她把孩子们都叫到了床前，断断续续地对他们说：“你们要好好地过日子，不要贪污，不要犯错误……我什么都不要，一切后事听从组织上安排……”

这时，泪水盈满了康克清的眼眶，她似乎还想说什么，但已经没有力气说下去了。

孙子们问她：“让我们把您与爷爷放在一起，是吗？”

康克清无力地点了点头。

1992年4月22日12时零4分，这位昔日的贫苦“望郎媳”、如今的无产阶级革命家、在革命烈火中炼出的金凤凰康克清，终于平静地闭上了双眼，走完了她不平凡的人生之旅。

★YUNWENYUNWU ZUODUANDONGNAN SUZHENHUA★

允文允武，坐断东南
——苏振华

苏振华是开国上将中最为好学的人之一，曾被毛泽东称为“工农分子知识化的典型”。在几十年戎马生涯中，他长期从事党务和政治领导工作，先后和著名战将杨得志、杨勇成为好搭档。新中国成立后，苏振华主政贵州四年多，人到中年时受命接掌中国海军建设，毛泽东颇为信任地对他说：“管海军靠你！”1976年10月江青反革命集团被粉碎后，苏振华及时坐断东南，出任中共上海市委第一书记、上海市革命委员会主任，领导广大军民迅速稳定了上海的局势。

苏振华档案

姓名字号：苏振华，原名苏七生

籍　　贯：湖南省平江县

生卒年月：1912 年 6 月 2 日—1979 年 2 月 7 日，享年 67 岁

最高职务：中央军委副秘书长、海军第一政委、上海市第一书记、上海市革委会主任、中共中央政治局委员。

苏振华简历

1912 年——6 月，出生于湖南省平江县。

1928 年——参加平江农民暴动。

1929 年——8 月，加入中国共产主义青年团。

1930 年——6 月，参加中国工农红军，历任红 3 军团排长、连指导员、团政委。8 月，转为中国共产党党员。参加了长征。

1934 年——任红 5 师 13 团政委。

1935 年——2 月，任红 4 师 12 团政委。

1936 年——5 月，入中国人民抗日红军大学高级班学习。

1937 年——8 月，任抗日军政大学第二大队大队长。

1938 年——4 月，任抗日军政大学第一大队大队长。

1940 年——6 月，任八路军 115 师 343 旅政委。7 月，任 115 师教导第 3 旅兼鲁西军区政委。

1941 年——7 月，任八路军第 2 纵队兼冀鲁豫军区政委。

1944 年——冀南军区与冀鲁豫军区合并后任冀鲁豫军区副政委。

1945 年——8 月，任中共晋冀鲁豫中央局委员。10 月，任晋冀鲁豫野战军第 1 纵队政委。

1948 年——5 月，任中原野战军第 1 纵队政委。

1949 年——2 月，任人民解放军第 5 兵团政委。11 月，任中共贵州省委书记、中共中央西南局委员。

1953 年——11 月，任海军副政委兼政治部主任。

1957 年——2 月，任海军政委，海军党委副书记、第二书记。

1959 年——9 月，任中共中央军委委员、军委副秘书长。“文化大革命”中被迫害。

1972 年——5 月，任海军副司令员、海军党委第三书记。

1973 年——3 月，任海军第一政委、海军党委第一书记。8 月，任中共中央政治局候补委员。

1975 年——2 月，任中共中央军委委员、常委。

1976 年——10 月，任中共上海市委第一书记、上海市革命委员会主任。

1977 年——8 月，任中共中央政治局委员。

1979 年——2 月 7 日，因突发心包膜破裂在北京逝世。

一、初生牛犊不怕虎

苏振华是家中第七个孩子，他的父亲苏松茂是贫苦农民出身，租种着财主的几亩水田，兼做豆腐，勉强养家糊口。因家里贫穷，孩子太多，苏振华刚生下来时，爹娘就想与其让孩子将来挨冻受饿，不如让他归天算了。

苏松茂在木然的老脸上抹了一把泪，嘴里念叨着说："儿啊，不要怪爹娘狠心，实在难以活命，谁叫你生不逢时呢！"

在屋外听到孩子啼哭的祖母，连忙哭喊道："留下他吧，我少吃一口，养活这个孩子吧！"

就这样，孩子总算是留下了，连名字都没有人费神取一个，因为是第七个孩子，父亲顺口就叫他"七生"。由于家庭贫困经常吃不饱，年迈的祖母只能用省下的米汤、红薯喂养着这个孩子。因此苏七生个子长得很小，8 岁时苏七生跟大人一起下田插秧，不认识的人都以为他只有 6 岁。

山里水冷，赤脚泡在水田的烂泥里，弯腰插秧，手冻得痉挛了，手指头像猫咬一样疼。"面朝黄土背朝天"的苦累，过早地压在这个苦命孩子的身上。10 岁那年，祖母和父亲相继去世，小七生在承受苦累的同时又承担起不应承受的忧愁。

苏七生便时常在界方洞尖顶子山头，抬眼望天，天好像总是笼罩着乌云，不知何时能睁开眼睛看看受苦的穷人？不晓得泥腿子何日才能出头？泥腿子还有没有指望？

世界终于起了变化。1926 年，中国共产党发动了平江农民运动，支援国民革命军北伐，“打倒列强除军阀”的歌声传进了最边远、最闭塞的戴家铺、界方洞。平江的中共组织派人深入高山大峒宣传反对军阀，陆续建立农民协会。

1927 年 9 月，秋收起义在平江一带爆发，毛泽东在井冈山竖起了红旗，“‘苏维埃’坐天下”的话在四乡传播。在湖南、江西、湖北三省搭界的“三不管”的平江等地，农民运动轰轰烈烈。

在距离三墩不远的虹桥，共产党员李宗白和游击队长毛贲虎组织发动了农民暴动，包围了当地两个大土豪童柳林、童阜林兄弟的大屋，分了他们的粮食、家畜，放火烧了他们的屋场。消息传到三墩，传到戴家铺，贫苦农民暗地里拍手称快。这时苏七生已经 15 岁了，听到消息后，热血沸腾，兴奋不已。

1928 年春节后，平江北乡的献钟、虹桥、三墩、梅仙、南江桥，都成了农会的天下。平江的东乡、南乡也早已由农会建立了革命秩序。全县武装集中成立了“湖南工农革命军平（江）湘（阴）岳（阳）游击总队”，分驻东、南、西、北、上东乡，农民革命斗争掀起新的高潮。

苏七生参加了儿童团，第二年参加了少年先锋队。参加禁牌赌、打菩萨、禁杀耕牛、抗粮、“闹粜”、宣传妇女放脚，以及打土豪劣绅，事事跑在前头。

1928 年，国民党反动派武装“清乡”，从长沙派来了 3 个师，开进平江对农会积极分子进行“清剿”。7 月 22 日，一件惊天动地的事情发生了。本是派来“清共”的独立 5 师 1 团等，在彭德怀、滕代远等人领导下举行了武装起义。平江城头，飘扬起了红旗，并成立了红 5 军。

苏七生顺着三墩河，走出山冲，第一次走进了县城。他看见镰刀斧头旗子插在城门楼上，起义军穿着一色的灰军装，领口上系着红带子，威风凛凛。

苏七生找到红 5 军彭德怀军长要求当红军。彭德怀看他太小，笑着对他说：“你还小，过几年再来吧！”

苏七生没当上红军，回到戴家铺后，坚决要求参加赤卫队。赤卫队长说：“要得，敢一个人跑到县城去，是个角色！”

“角色”这个词，在平江方言中有好汉的意思。苏七生觉得没有白去县城一趟。

1929年春天，苏七生找到游击队的领头人要求参加游击队，领头人对他说："要参加游击队吗？那好，先杀一个土豪再来！"

游击队领导人继续严厉地问道："你有胆量没有？游击队要杀土豪恶霸，是要准备掉脑壳的，你敢不敢？"

自己掉脑壳，苏七生想过，但要先杀一个别人的脑壳，哪怕也是个土豪，苏七生没有准备。但是，少年气盛的苏七生还是说："我这一把梭镖要换恶霸的一杆洋枪！"

领头人称赞他有勇气。

几天后的夜里，苏七生在一个山洞里成为了一名游击队员，也在领口上系上红带子。当夜就跟着队伍到外乡去打土豪，把一个恶霸的粮食分了，把恶霸的房屋放火烧了。

这年秋天，苏七生参加了共青团，在一个山洞里宣誓要"服从组织，保守秘密"。

从此，他作为一名觉悟了的革命战士开始了数十年的戎马生涯。

二、彭总取名苏振华

1930年6月28日，红军再度占领平江，恢复平江县工农兵苏维埃政府。共青团组织决定，要苏七生带领戴家铺的37名少先队员到县城参加红军。

苏七生和伙伴们赶到平江，从北门进城，顺着一条下坡的麻石小街，边走边打听，从浮桥上渡河来到天岳书院，向彭德怀领导的红3军团报到。

彭德怀见了他问道："你叫什么名字？"

苏七生回答说：“我叫苏七生。我以前来过，你们不收，这回，我们来了一帮人，还有介绍信。”

彭德怀高兴地欢迎他们当红军，看着苏七生说：“已经是红军战士了，取个新名字吧！”说着，他略一思索道：“叫苏振华，你看好吗？”为振兴中华而奋斗，这是彭老总对这位新战士的勉励。就这样，苏七生改名苏振华，从此有了一个新的名字，一个出生以来从没有过的大名。

参军后，苏振华被编入红3军团第5军1师3团3连当了红军战士。

攻打长沙是苏振华当上红军后参加的第一场战斗。苏振华随红军迎战敌人，到了晋坑。7月23日拂晓，红军夹击前进中的敌军。

一时间，枪声大作，身边的许多同志纷纷倒下了。苏振华第一次参加战斗，难免心慌，不等瞄准就放枪射击。班长对他说：“你跟着我，看我做什么，你就做什么。”

苏振华紧跟着班长趴在工事后面，两眼盯着前面的开阔地，只见敌人吼叫着冲上来了，班长却纹丝不动，专心瞄准。苏振华克服了初战的恐惧，很快镇定下来。

突然，随着连长一声喊“打！”手榴弹甩到敌阵里爆炸了，枪子儿像雨点一样追着敌人的屁股打过去，许多白军倒下了。班长向苏振华吼了一声“冲锋！”

苏振华赶紧站起来，学着班长的样子，跳出战壕，跟着班长直向逃跑的敌人追去。

此次战斗于7月27日晚上结束。9时左右，红军从长沙东面韭菜园、小吴门、浏阳门一带攻进城内，缴枪3000多支。

在激烈战斗中，在胜利追击时，苏振华跟着班长冲在前面，学会了打仗，也打出了一股勇往直前的气势。

红军占领长沙10天后，于8月6日拂晓撤出长沙城。天明时，南北对阵的敌军进展很快。彭德怀在前线直接指挥第5军第1师，于长沙城东的浏阳门外，同敌军展开激战，消灭敌军1个团，掩护全军安全地向浏阳撤走，掩护十多万群众撤退。

战斗中，苏振华作战勇敢，得到了锻炼，很快被提升为班长。

1930 年 10 月，苏振华由共青团员转为共产党员，并被选为连队士兵委员会委员长。他认真执行上级命令，在反“围剿”战斗中奋勇争先，模范的完成各项任务。

红军提倡平等，提倡民主，士兵委员会负责监厨，监督公开伙食账目，公平分配伙食节余。这样做，一个人有时能分到几十个铜板的“伙食尾子”，这是旧军队所没有的。农民出身的战士，对于平等特别敏感，他们世世代代的理想就是像水泊梁山那样的人人是弟兄，大碗吃肉，大块分金。当时大多数人称道的就是这种平等。

而从旧军队来的连长、排长却信奉“鸟是养出来的，兵是打出来的”观念，动不动就打人，而且打人成了习惯，几天不打人手就发痒。红军中打骂士兵的事时有发生。

第一次反“围剿”作战打了胜仗，正当大家兴高采烈时，谁知却发生了一桩严重的事情：连长毫无道理地打了一个战士，同这个战士要好的几个人愤而逃跑了。这件事引起苏振华思考。

苏振华打听到有的连队士兵委员会出面阻止干部打人，而且有效。他便组织士兵起来反对干部打骂战士。

起初，一些干部不听不理，苏振华并不灰心。有一天，连队集合，有一个战士迟到了，连长不由分说，就动手推打那个战士，苏振华大声喊道：“官长不打士兵！官兵平等！”

一些平素拥护民主，支持苏振华的士兵积极分子也一起大声喊了起来：“官长不打士兵！军队需要民主！”

于是，那个干部不得不缩手了。

反对打骂士兵得到了群众响应，但是，不是所有干部都能做到。

有一天，部队在野外操演，苏振华和每一个班长手持一根顶端系着一面小红旗的小木棍，战士们随着红旗的挥动，或前进，或后退，或隐蔽，或冲锋。操演间隙，排长命令休息。

苏振华和班里的同志刚坐在田边休息，副连长不知什么时候来到苏振华背后，猛抽了苏振华一鞭子，恶声骂道："谁叫你们休息的？我看你们懒！"他说着，又举起鞭子向另一个战士打去。

苏振华忍无可忍，用手中的小棍隔挡副连长的鞭子，却碰到了副连长的胳膊。苏振华立即被捆绑起来，送到团部。团政委不了解情况，狠打了苏振华一棍子，而且决定要枪毙他。可后来，团政委又忽然改变了决定，给苏振华松了绑，让他回连队参加战斗。

在数次反"围剿"战斗中，苏振华逐步成长起来，1932 年 12 月底，以何应钦为总司令的国民党赣闽粤边区"剿匪"总司令部，下达对中央苏区第四次"围剿"的命令。

1933 年 3 月 20 日，敌军第 11 师孤军进至草台岗，困在高山林密的峡谷之中。

这时春分刚过，乍暖还寒。3 月 21 日拂晓，浓雾扯起了幔帐，隐去了山岗，隐去了道路，对面看不清人。红 3 军团、红 1 军团从两面发起猛攻。

草台岗，战场狭小，很难展开兵力，有效杀伤敌人。敌第 11 师是国民党军主力，装备精良，十分骄横，连续向我军反击。天亮以后，敌军飞机也来轰炸我军。战斗呈胶着状态。

打到下午，红军付出了很大牺牲，眼看即将全歼第 11 师。时任红 3 军团第 1 师 1 团 3 连指导员的苏振华，带领队伍浴血奋战，反复向敌军最后阵地冲击。

穷途末路的敌军垂死挣扎，用密集的火力拦截。一颗子弹把苏振华的大腿打穿了，又一颗子弹打在了颈部，他立时倒在了地上。敌人的子弹打在离右颈动脉很近的位置，再差分毫，后果不堪设想。

这是苏振华第三次负伤了，而且是重伤。他再次面临死亡的威胁，奇迹也再次出现，他伤愈了，而且没有落下残疾，6 月间，他出院回到部队。嵌在颈部的子弹头，一直没有取出来，陪伴了他一生，直到他去世火化后才脱落出来。

1933 年 8 月 1 日，因在第四次反“围剿”作战中表现英勇和战绩特殊，苏振华荣获中革军委主席朱德颁发的三级红星勋章。

按照规定，当时红军颁发红星奖章，主要是表彰有特殊功勋的红军指战员，红星勋章分为几个等级，三等红星奖章是颁发给“经常表现英勇坚决”的人员。苏振华由红军总司令朱德亲手颁发三等红星奖章，说明他确实在战斗中“经常表现英勇坚决”。

三、高虎垴战斗

蒋介石镇压了国民党第 19 路军和福建人民政府后，调整部署，以 31 个师的兵力，从六个方向重新开始对中央苏区的进攻。而中共临时中央在 1934 年 1 月召开的六届五中全会，使“左”倾错误发展到顶点，用“六路分兵”、“全线抵御”、“阵地防御”、“短促突击”，对付敌人的“堡垒主义”的进攻。

打到 4 月 28 日，红军不得不撤出广昌。中央苏区的北大门被敌人打开了。

7 月，时任红 3 军团第 5 师第 13 团政治委员的苏振华接到命令，坚守半桥镇东面的高虎垴和王土寨，扼守敌人由广昌进攻石城的必经之路。

军团首长彭德怀、杨尚昆和师首长带领苏振华和团长黄珍一同察看阵地。

高虎垴和王土寨两座山头，地势险要，居高临下，控制着道路，利于防守。部队构筑工事，埋设地雷，还用竹钉铺设在外壕前面，用乱草和泥土掩盖起来。

敌人进攻开始了，飞机一早就飞到红军阵地上，一顿狂轰滥炸，接着，敌人的大炮射出蝗虫一样密集的炮弹，把山头几乎都要抬起来了。

不一会儿，电话线被敌人炮弹炸断，同前沿失去了联系。指挥中断，是战斗中的大忌，苏振华对黄珍说："我去 2 营看看。"说罢就冲出指挥所，向 2 营阵地跑去。

阵地上空硝烟弥漫，太阳也黯然失色。苏振华从山脚下奋力爬上第 2 营坚守的王土寨。敌人的炮弹雨点一样落在我军工事上。这样挺着挨打，是我军过去从未有过的，战士们默默无语，心被灼伤了。

敌人狂轰滥炸了两个多钟头，炮火逐渐落在第一线工事后面，敌人要进攻了。第 2 营营长梁纪生命令："进入射击位置！"

战士们拍打掉身上的浮土，把一直保护在怀里的枪拿出来，伏在工事里准备射击。

敌军大约 1 个师的兵力向第 2 营的阵地冲来，比向高虎垴第 3 营阵地冲击的敌军还要多，大约有 2 个师的兵力。冲在前面的是国民党蓝衣社的队员，这些敌人身着蓝衫，戴草帽，腰束皮带，挥舞着手里的"二十响"，疯狂地叫喊着，气势汹汹。红军战士沉着地等待敌人进入射击距离才开火。

突然，冲在最前面的敌人尖叫着踮起脚蹦跳起来，他们踩在我们铺设的竹钉上了，随即倒下地去。跟在后面冲上来的压倒在他们身上，地雷也轰轰爆炸了，敌军乱作一团。红军战士趁势甩出土造的手榴弹，打退了敌人的第一次进攻。

敌人开始了第二次冲锋，坚守高虎垴的第 3 营承受着巨大的压力，红军战士冒着敌人猛烈的炮火，前仆后继地一次次打退敌人的进攻。全营有一半战士牺牲了，韦在纪营长也牺牲了。黄珍团长派通信主任去代理营长，也牺牲了。再派团总支书记管中会上去，也牺牲了。

下午，敌人第三次冲锋前，苏振华便趁着敌人炮火间隙，来到据守高虎垴顶峰的第 11 连阵地。情况很糟，工事有一多半被敌人炮火打垮了，人员伤亡过半。但战士们的心却越打越坚强了。

敌人开始了第三次冲锋，蓝衣社的督战队不再冲在前面，而是挥舞着"二十响"在队伍后面狂叫。外壕前的竹钉地带铺满了敌人尸体，敌人踏着尸体接近我军阵地前沿，红军战士甩出手榴弹，接着就跳出工事，同敌人肉搏，用刺刀拼杀。新代理第3营营长的团供给主任亲自端起机枪，带领战士们把敌人打了下去。他一看苏振华在阵地上，便不由分说推他离开，他向通信班长吼道：“你马上送政委下去！”

一天的激烈战斗，敌人被打退了，高虎垴、王土寨阵地依然屹立如山。第3营从阵地上撤了下来，苏振华看着原来四五百人的大队伍，只剩下了很少的人了。他想，同前几次反“围剿”连连打胜仗大不相同，仅仅一天就遭到这样大的损失，这样“阵地防御”下去，结果会如何呢？

8月1日，中革军委主席朱德和副主席周恩来、王稼祥颁布司字第39号命令：我中央红军苏区兵团及军区部队，在与敌五次战争中，特别表现英勇坚决而特殊的战绩。军委为鼓励与发扬指战员的英勇事迹，特在八一中国工农红军纪念日颁发红星奖章。苏振华再次获得了红星奖章，但这并没有减轻他的忧虑。

后来，苏振华在《星火燎原》上发表了《高虎垴战斗》，全篇没有一字讲它是一场胜仗，他只如实记述了战斗的惨烈，结尾处十分沉痛地写道：

烈士们是永远值得纪念的，他们把生命献给了人类最光辉壮丽的事业。可是，英勇的红军在完全错误的单纯防御的军事路线指导下，虽然经过顽强战斗，还是没有能够粉碎敌人的第五次“围剿”。

四、“杨苏纵队”

第五次反“围剿”在中央错误路线领导下终以失败告终，红一方面军主力开始战略转移，苏振华率部离开了中央革命根据地，踏上了长征的漫漫征程。

行军到云南扎西后，苏振华调任整编后的红4师12团政治处主任，12团政委是苏振华的平江老乡钟赤兵。在娄山关一役中，是他救了钟赤兵的命。

1935年2月25日拂晓，苏振华随12团直逼娄山关，趁敌人不备，他和钟赤兵带领第一营和侦察排向娄山关发起了猛攻。占领娄山关后，敌军反扑，激战中，钟赤兵负重伤，昏倒在地，苏振华一面扶住受伤的钟赤兵，一面用手枪击倒冲在前面的敌人，接着，苏振华又向冲上来的敌人投出最后两颗手榴弹。

眼看二人都有被俘虏的危险，在这千钧一发之际，援兵上来了，打退了疯狂冲上来的敌人。就在这九死一生的战场上，苏振华奉命接替受了重伤的钟赤兵的团政委职务。

6月，红一、四方面军在懋功胜利会师。会师后，部队给养十分困难，指战员都只能吃半饱。

到达两河口时，苏振华得知中央在这里开会，也很缺粮，他便拿来一个箩筐放在路旁，把自己仅有的一点粮食倒了进去。全团指战员效仿政委，都把自己仅有的充饥口粮倒进箩筐，送给了中央领导机关。

1936年4月，苏振华被选送进红军大学第一期高级班学习，他非常珍惜这次学习机会，异常的刻苦。由于他的文化程度低，不能在课堂上做笔记，他就专心致志地听讲，下课后再借来别人的笔记，通宵达旦地抄录。凭借惊人的毅力，他攻克文化和理论阵地，取得优异成绩。连毛泽东也称赞苏振华为“工农分子知识化的典型”。

后来，红军大学改为中国人民抗日军政大学，驻地移至延安。苏振华也就随校来到这个革命圣地。

这时的延安，已成为抗日中心，全国各地爱国青年纷纷投奔“抗大”。

“抗大”第四期开学后，苏振华由二大队大队长改任一大队大队长。一大队是军事大队，大队政委是胡耀邦。比苏振华小了两岁的胡耀邦，以擅长做政治工作著称于党内，两人都是喝湘江水长大的湖南人，性格也合得来。

在“抗大”，胡耀邦与苏振华配合默契，是十分亲密的战友。“抗大”第四期采取分散办学的方法。苏振华和胡耀邦带领学员远离延安校部驻地瓦窑堡，一方面在错综复杂的斗争环境中组织教学工作，一方面又领导学员同国民党顽固派进行反“磨擦”斗争。

对青年知识分子，苏振华要求他们接近群众，参加实际斗争，一些爱国进步青年在他的帮助下转化为无产阶级革命战士。二人的共同领导，使“抗大”一大队各项工作经常走在全校的前面。

1939年6月21日，中央决定“抗大”第五期开赴抗日前线的晋东南办学，与华北联合大学合编为八路军第五纵队（后来改为青年纵队）。纵队司令员兼政委是罗瑞卿，苏振华任一团团长。告别延安后，苏振华率部远征2500余里，最后来到了冀鲁豫边区。

1941年的冀鲁豫军区，到处是一派生机勃勃的景象。这年5月，苏振华出任冀鲁豫党政军委员会书记，主持鲁西军区和冀鲁豫军区合并工作。7月中旬，冀鲁豫军区与鲁西军区正式合并，成立新的冀鲁豫边区党委、军区。新的冀鲁豫军区由八路军第2纵队兼，苏振华担任纵队兼军区政治委员，杨得志担任纵队司令员。苏振华、杨得志这两个平江老乡相得益彰，配合极为默契。

两个军区刚一合并，苏振华就和杨得志在山东观城东南的红庙村召开了第一次全区高级干部会议，研究严峻形势下的军事斗争问题。此时的形势是，一些伪、顽军队渐渐猖狂起来，对冀鲁豫根据地的侵扰也增多了。据此，苏振华和杨得志想到要教训那个打着“游击日军”旗号的孙良诚，杀一杀他的气焰。

10月上旬，杨得志、苏振华带着教第3旅、教第7旅和教第4旅共5个团的兵力，由观城出发，经范县、鄄城到达山东省巨野县地区。根据情报，孙良诚现在正挺进到巨野与定陶两县之间的柳林集、楚楼、黄庄、曹楼等地，处在我3个旅的中间地带。杨得志与苏振华商定，采取两翼夹击、中间突破的方法，准备连续战斗几次，争取在这一地区消灭该部，打垮孙良诚的这个主力。派谁担任中间突破的艰巨任务呢？两人不约而同地想到了教第3旅。

“请司令员、政委放心，3 旅保证完成任务！”苏振华和杨得志布置任务的话音刚落，教 3 旅代旅长王秉璋、政委曾思玉齐声说道。

战斗一开始就打得很激烈。杨得志和苏振华的部署，被一丝不苟地执行着。战场的主动权逐渐掌握到了八路军的手里。战斗开始后第 5 天，王秉璋率领第 3 旅攻下了柳林集，并按照杨得志的指示，迅速将部队挺进到楚楼一线，以迅雷不及掩耳之势，将敌人的指挥部及主力部队包围在楚楼。

战斗仍在继续，枪声、炮声、喊杀声响成一片。杨得志站在前沿阵地上举着望远镜，密切观察着战局。经过 7 天的战斗，楚楼一带的敌人已经被我军消灭了，一部分残敌正在败退。部队正在迅速向黄庄靠拢，准备一鼓作气拿下黄庄和曹楼。

杨得志在指挥部里对着摊开的地图仔细地查看着。“老苏，在金乡城北的羊山镇有敌人的自卫团总部，敌人绝对想不到我们会在同孙良诚部队主力激战之时，突袭这个自卫团总部。我想让 3 旅派一支小部队奔袭这个总部，捣毁它。怎么样？”

苏振华对着地图沉思片刻说：“可以。但部队的行动一定要快，迟了怕敌人会有防备。”

杨得志一挥手，迅速向第 3 旅下达了作战命令。3 天后，第 7 旅和第 4 旅分别在第 3 旅的配合下，歼灭了躲在黄庄和曹楼的敌人，被派去捣毁敌自卫团总部的第 3 旅一部也胜利返回。这一仗前后打了 20 多天，取得了歼敌 1000 余人的战绩，迫使孙良诚向成武县以西退去。

1945 年 9 月日本投降后，国民党开始加紧酝酿内战，冀鲁豫军区主力部队奉命组建为晋冀鲁豫野战军（司令员刘伯承、政治委员邓小平）第 1 纵队，杨得志担任司令员，苏振华担任政治委员，这就是著名的“杨苏纵队”。

第 1 纵队刚刚组建完毕，打响的第一仗就是反击国民党军窜犯解放区的邯郸战役。根据刘邓首长制定的“诱敌深入，后发制人”的邯郸战役作战原则，苏振华、杨得志首先引诱敌人到预定战场滏阳河套地区，接着以村落为依托，组织大纵深的坚守防御，在第 2 纵队的配合下粉碎敌人的北犯企图，坚决不让敌人进入邯郸，然后用“后发制人”的战法全歼敌人，活捉了国民党第 11 战区副司令长官马法五，夺取了邯郸战役的胜利。

五、解放贵州

1946 年 8 月，国共内战全面爆发后，苏振华担任晋冀鲁豫野战军第 1 纵队司令员兼政治委员，转战冀热辽、热河、晋察冀等解放区。1947 年 3 月，杨勇率领的冀鲁豫野战军第 7 纵队与苏振华的第 1 纵队合编为新的第 1 纵队，杨勇任司令员、苏振华任政治委员，苏振华与“三杨开泰”之一的杨勇成为军政搭档。在战争年代，苏振华先后与杨勇、杨得志司令员合作共事，成为战场上密不可分的军政搭档，被传为佳话，新中国成立后苏振华与杨勇、杨得志均被授予上将军衔。

其实，苏振华与杨勇的合作，早在抗日战争时期就开始了。1940 年 5 月起，苏振华相继担任八路军第 115 师第 343 旅兼鲁西军区政治委员、鲁西军政委员会主席，杨勇担任司令员。苏振华与杨勇一起，积极扩兵、整军，将运河支队、泰山支队、晋西独立支队第 2 团等部队进行了统一整编，并组织指挥了有名的潘溪渡战斗，创造了在鲁西平原地带痛歼日军的范例。

1949 年 2 月，杨勇、苏振华分别就任第 2 野战军第 5 兵团司令员、政治委员。同年 4 月 21 日，他们指挥第 5 兵团在安庆以西强渡长江，与兄弟部队一道突破了国民党军长江防线，随后奉命追歼逃敌。9 月，第 5 兵团奉命向大西南进军。

11 月上旬，寒风阵阵，细雨纷纷。杨勇、苏振华率 2 野 5 兵团按照中央军委“大迂回、大包围、大歼灭”的战略部署，正率部翻山越岭，挺进贵阳。就在这时，苏振华接到邓小平打来的电话：“经毛主席同意，中央决定任命你为中共贵州省委书记、贵州军区政委兼贵阳市军管会主任。”

1949年底，贵州全省解放，苏振华正式出任中共贵州省委书记、贵州军区政治委员，杨勇担任贵州省人民政府主席兼贵州军区司令员。杨勇、苏振华成为新中国成立后贵州省首任党政军领导人。

贵阳市解放时，全市的粮仓只剩下25万公斤粮食，仅够全市23万人吃两天，盐仓存盐也所剩无几。苏振华上任之初，首先要解决的是人民群众的吃饭问题。他指示贵阳市军管会和第5兵团派出大批征粮队，还派3个连队护送100辆车，到四川重庆运粮运盐。路上，运粮队打退了土匪一次又一次的袭击，为贵阳人民运回了宝贵的粮食和食盐。参加运粮的第138团2营连长杨殿元、第178师政治部主任朱向离，在运粮途中遭土匪伏击，不幸牺牲。许多参加征粮队的地方干部、教师、学生，也同部队指战员一样，不避艰险，忘我工作，给解放初期贵阳人民提供了最基本的生活保障。

与此同时，苏振华指示贵阳市军管会抽调工兵部队，带领铁路、公路员工，大力抢修和迅速修复被战争破坏的公路、铁路和桥梁，使贵阳人民的生产和生活逐步走上正轨。

在苏振华任职贵州期间，他和杨勇等党政军领导一起，广泛发动群众，领导各族人民，胜利地进行清匪反霸、减租减息、镇压反革命、土地改革、城市民主改革和农业合作化运动，为建立和巩固贵州人民民主政权、恢复和发展国民经济作出了重大贡献。

六、一个蓝色的梦想

新中国成立后的50年代，举国上下，意气风发，神州大地，激荡着摆脱落后、力争上游的热情。结束了在贵州4年多的任职之后，苏振华被任命为海军副政委兼政治部主任。苏振华从大西南的贵州省来到海军工作，时时有一种冲动，有一种重任在肩的历史使命感。

1950年8月，年轻的中国海军尚在初建时期，海军党委会议研究建军方针，提出“建设一支现代化的、富有攻防能力的、近海的、轻型的海上战斗力量”。这一战略构想，也即重点发展“空、潜、快”的思想，符合中国实际情况，适应世界各国海军发展潮流，是一个正确的指导方针。

1956年6月，中国人民解放军海军召开第一次党代表大会。海军副政治委员、海军党委副书记苏振华代表党委向大会作工作报告，再次肯定了上述建军方针。

1956年6月11日下午，毛泽东在中南海接见海军首届党代会的代表。

毛泽东在与代表们合影前，意味深长地向大家问道：“你们学了十条方针没有？”

毛主席说的十条方针就是不久前，4月25日，毛泽东在中共中央政治局扩大会议上作的《论十大关系》的讲话，他论述了社会主义革命和建设中的十大关系，其中一条专讲经济建设和国防建设的关系，说：“在今天的世界上，我们要不受人家欺负，就不能没有这个东西（指原子弹等）。怎么办呢？可靠的办法就是把军政费用降到一个适当的比例，增加经济建设费用。只有经济建设发展得更快了，国防建设才能有更大的进步。”

苏振华回答毛泽东说：“学了。这次党代表大会就是以十条方针为中心指导思想召开的。”

毛泽东又问：“你们都赞成吗？”

同志们齐声回答说：“我们都赞成。”

毛泽东却笑笑说：“不一定。你们军队有些同志对十条中九条赞成，其中一条不赞成。你们说是哪一条？”

苏振华理解毛泽东的担心，回答说：“假如有的话，就是第三条，关于国防建设要服从国家经济建设的问题。”

毛泽东说：“就是这一条，军队的同志恐怕不容易通。”

许多人又一齐说：“会通的。”

毛泽东说：“能通就好。陆海空三军中，你们海军能通就很好。”

毛泽东接着语重心长地说：“目前，国际形势有利于和平，有利于我们争取时间进行经济建设。现在我们要注意一点，就是不要被杜勒斯那样的人所作的战争叫嚣所吓住。帝国主义想要我们把钱都花在国防上，让我们的国家工业化搞不成，人民生活得不到改善，把宝贵的时间都耽搁了。一旦帝国主义真的动手了，我们却处在没有准备的情况下。我们要下决心精简，集中人力、物力来搞经济建设。”

毛泽东还诙谐地对代表们说：“我想，我们海军恐怕没有人不同意搞先进的鱼雷，没有人不同意用导弹来代替过时的海岸炮吧？如果真想要这些东西，不是假想，而且是想得很，你们现在就减少一些军费。这样办，到第二个五年计划之后，我们军队就能用现代化武器装备起来了。”

最后，毛泽东特别叮嘱苏振华和萧劲光司令员：“世界各国海军装备和技术都在日新月异地发展，你们要早抓，抓紧。我们这些人，懂得科学技术太少，又缺乏经验，容易犯错误。我们要兢兢业业地学习和工作，不要骄傲，不要停步，以免犯错误。”

想到这些，苏振华在心里感慨：毛主席洞察国际风云。他的讲话，见常人之所未见，想常人之所未想，高屋建瓴，为海军指明了新的航向！海军同志要很好领会毛主席的教诲，海军不要辜负党中央和毛主席的期望和要求！海军要按毛主席的要求，赶紧抓科学技术和装备的研究和发展，而且一定要抓紧、抓好。

1958 年 6 月，中央军委召开扩大会议，针对当时形势，研究讨论国防建设问题，海军司令员萧劲光在会上讲了加强海军建设的意见。22 日下午，苏振华参加了毛泽东主持召集的军委扩大会小组组长会议，毛泽东和大家一起讨论，气氛十分热烈。

毛泽东谈及海军建设时，面带笑容说：“海军提出保卫海防，不让敌人上岸。中国海岸线一万几千公里，都不让上岸，是不是能够办到？可不可以考虑一下，一万公里不让上，有几千公里让他上；上来后好捉活的，不让跑掉。完全不让上，我看靠不住。就是有些地方准备好了让他上来，把他困住，消灭掉。这是不是也是一种打法呢？”

苏振华感到毛泽东讲的是一个重大的战略方针问题，就是从实际出发进行积极防御的问题。只听毛泽东又接着说：“几年以后，形势会有改变，将来钢生产出来了，工厂搞起来了，要造什么样的飞机，什么样的军舰呀？”毛泽东举目问道：“海军需要多少钢？”

苏振华慎重答道：“造 150 条潜艇，大约要 30 多万吨钢。”

毛泽东摇头说：“太少了。还可以多搞些。”

彭德怀插话说：“可以再多搞些潜艇。”

黄克诚也兴奋地说：“还可以搞航空母舰。”

苏振华也接着说：“我们现在如果要出国访问，连一条像样的军舰也没有。将来自己可以造军舰了，太平洋的局势就要改观。”

毛泽东等大家议论了一阵后，说道：“军队，特别是海军、空军，现在要赶快抓技术，抓设计，抓科学研究。现在不搞，将来就来不及，赶不上了。五年、十年以后，还可设想一些新问题。”

苏振华联想到战争年代同毛泽东的接触，知道毛泽东说出的话，无不经过深思熟虑，有感而发，有着极强的针对性。他感到毛泽东确实是站得高，看得远。

七、打造我们的“撒手锏”

核潜艇被称为现代海战的“撒手锏”，毛泽东三番五次地强调海军要赶快抓技术，抓科研，抓设计。苏振华感到重任在肩，搞核潜艇刻不容缓。

1958年5月14日，苏振华和萧劲光司令员联名向中央军委报告，着重提出研制导弹核潜艇的建议。6月24日，苏振华和海军副司令员罗舜初邀请中国科学院副院长张劲夫、五院院长钱学森和一机部、二机部的领导同志开会，向他们通报了海军向党中央建议研制核潜艇的报告，说道：“你们都是专家，请你们来审查，看是不是可行？如果可行，我们代表海军几十万指战员，请求你们支持，支持中国人民实现百年来的心愿，建设起强大的海军，使中华民族再也不受外人的欺负。”

苏振华的诚意，苏振华的热切希望，使这些原本就对海军建设情有独钟的同志们，也热血沸腾。他们以科学家的严谨，更以科学家的胆识，支持海军的建议，主张着手独立研制核潜艇。

6月27日，主管国防工业的聂荣臻副总理听取了苏振华、萧劲光的详细汇报后十分高兴，他完全赞同海军的主张，并迅速向周恩来总理作了汇报。周恩来总理一直关注着这一工程，他接到报告后，第二天便批示：“请小平同志审阅后提请中央常委批准。”邓小平不但在报告上批示“拟同意”，还特别高兴地加注“是好事！”

报告送到了毛泽东的案头，他看了很高兴。海军同志有此雄心，应予支持。他欣然在报告上圈阅，表示赞同并批准了这个报告。

1958 年 11 月，中国核潜艇工程正式启动了。

苏振华深知建造核潜艇的艰难，他不耻下问，向专家请教，到有关部门收集资料。他注意到世界各国都把制造核潜艇的技术作为最高机密严加保守，尤其世界上的几个主要大国对中国实行封锁，这就格外增加了中国研制核潜艇的困难。他从亲身经历和工作实践中认识到，中国人民只能依靠自己，自力更生，知难而进，除此之外别无他途。

1959 年 6 月，在海军党委第六次全会期间，苏振华特意邀请著名科学家钱学森、钱令希等到会讲授导弹、力学等现代科学知识，分析核动力和导弹武器出现后海上作战前景。通过学习思考，苏振华对核潜艇研制工作有了新的认识，经过会议研究，他代表海军党委向中央军委写出专题报告指出，导弹武器和原子动力在世界海军技术装备上引起重大变化，我国海军建设有必要进入新的发展阶段，对空、潜、快为主建设海上轻型兵力的方针加以补充和发展。

苏振华的建议很快得到中央军委的同意，据此制定了“未来 10 年应以发展原子动力和导弹武器为主与改进常规武器相结合”的指导方针，并在此基础上全面加强海军技术装备建设。

1959 年 10 月，由于中苏关系破裂，苏方单方面决定撤走专家，废除技术援助协议，原协议中规定供应的潜艇、导弹资料和部件也不再供应，使正在建造的潜艇陷入困难境地，有半途而废的危险。针对外国的技术封锁，毛泽东断然提出 :“核潜艇，一万年也要搞出来！”经毛泽东同意，周恩来指定苏振华担任核潜艇研制领导小组组长。毛泽东当面向苏振华交代 :“自力更生，大力协作，办好这件事！”

根据毛泽东的指示，苏振华立即着手组建核动力开发研究机构，动员全国力量投入这一工程。苏振华鼓励同志们为中国人民争气，努力建造出“争气艇”，他把分散的科研力量集中起来，形成拳头，加强组织领导，充实科研队伍，加快科研设施建设，逐步形成较完整的造船科学研究体系，为自行研制新型潜艇打下基础。

1961年，全国范围内遭遇自然灾害，国民经济十分困难，许多建设项目被迫下马，核潜艇研制工作也面临难以继续的困难，核潜艇工程恐将暂时停止，苏振华内心十分焦虑，他于7月20日向聂荣臻元帅报告，请求保留必要的技术骨干，不中断对一些技术项目的研究，为将来重新上马创造条件。

苏振华的建议得到了聂荣臻、罗荣桓、贺龙等几位元帅的赞同，在10位元帅中，彭德怀因受到错误批判不再有权过问，林彪不知何故没有表态，其他8位元帅都表示支持继续研制核潜艇。陈毅元帅更是直截了当地写道：“我不赞成这方面的缩减，而赞成继续进行钻研，不管要8年、10年或20年才能成功，都应加紧进行。”

毛泽东、周恩来、邓小平也都圈阅同意。苏振华进行具体部署，压缩现有研制规模，留下少量技术人员继续跟踪研究，尽可能多地保留必要的技术骨干。

1965年8月19日，中央专门委员会批准核潜艇研制重新上马，核潜艇研制再度起航。1966年“文化大革命”浪潮席卷全国，许多重要军工生产面临困境，遵照聂荣臻的指示，核潜艇研制工作不但不能下马，还要加快进度。苏振华虽然在“文革”期间被打倒了，忧心忡忡，束手无策，但仍然关心着核潜艇的研制工作，当他听到中国第一艘核潜艇于1970年12月26日胜利下水的消息后，脸上露出了欣慰的笑容。

八、深海下的“利剑”

粉碎了林彪反革命集团后，苏振华重新回到海军领导岗位。

1973年3月1日，中央军委任命苏振华为海军第一政委，并担任海军党委第一书记。他一如既往，关注海军装备建设，他为核潜艇的胜利建成而高兴。他调查和总结核潜艇研制工作的成功经验，力主定型生产，针对某些同志的犹豫，他指出：定型了今后也还要改进，科学是不断发展的。

1973 年 9 月 21 日，渤海辽东湾，《东方红》的乐曲声随着黎明响起。

太阳升起来了，“09—1”型鱼雷攻击核潜艇、“051”型导弹驱逐舰、“053”型导弹护卫舰、常规潜艇、“037”型猎潜艇以及导弹快艇、高速护卫艇、扫雷舰的甲板上，同时升起了国旗。

水兵们在甲板上站定，以海军的隆重礼节，迎接党中央、中央军委首长检阅。

集结在这里的是 60 年代以来，中国自己研究、设计和建造的海军第一代主战舰艇。这是几十年间海军指战员、科研、造船部门和全国各方面专家、工人奋斗的成果，是近代中国人民百年愿望的体现。

军委副主席叶剑英，军委、各总部、国防工办及有关工业部的领导同志，由海军领导同志陪同来到军舰上。

海上西南风三级，水波粼粼。军舰起航，将要进行导弹实射，请首长检阅。

14 时 20 分，军舰进入战斗航向。

14 时 30 分，战斗信号旗升上桅顶。

舰长发出口令：“前右管导弹发射！”

前发射架右管在右舷 109 度 14 分，顺利发射一枚导弹。

导弹带着橘红色的尾焰，贴着海面疾飞。一会儿，传来命中目标的报告。

15 时 30 分，后发射架右管在右舷 67 度 14 分，又顺利发射一枚导弹，同样击中目标。

第二天，12 时 25 分，军舰在预定海区，又齐射两枚导弹，都准确命中目标。

叶剑英元帅十分高兴，向所有参加建造工作的同志和水兵祝贺，并鼓励大家：“核潜艇、导弹驱逐舰都造出来了，人民感谢你们！全国各地各方面努力贯彻毛主席指示，自力更生，大力协同，实行三结合，建成了这些新型舰艇，加强了我们的国防力量。”“你们要来个猛进，要赶上去，猛进才能赶上。你们要努力，赶上和超过敌人。”

叶剑英向苏振华等指示说:“今天看到的几型舰艇，证明了我们科研人员、工厂职工、使用部门三结合方向是正确的。苏振华在这里留两三天，准备研究一下以后的做法。各工业部的同志要参加研究。昨天晚上，我请示总理同意，要做到:第一生产不断线;第二全国配套，协力不散伙;第三定点不要变。希望大家努力协作，按照毛主席的指示，为建设强大的海军而努力奋斗。”

1974年8月1日，根据中央军委命令，我国第一艘核潜艇正式编入人民海军序列，命名为“长征一号”。1975年5月3日，苏振华参加由毛泽东主持的中央政治局会议，毛泽东握着他的手语重心长地说：“我们的海军要使敌人怕。”说着,又不无遗憾地用小拇指比画着,“我们的海军只有这么大！”他又鼓励地说道，“海军要靠你呀！”

苏振华深感责任重大，深感海军建设离毛主席的期望，离人民的要求还有很大距离，他立即向海军领导传达了毛泽东的指示，并组织专家和科技人员，日夜研究论证，提出了一个新的海军发展10年规划，呈报毛泽东。毛泽东审阅规划后于5月23日做出批示：“努力奋斗，10年达到目标。”

1980年5月，人民海军和国防科委、国家海洋局、交通部共同组织由6艘导弹驱逐舰及测量船、补给舰、调查船、拖船等共18艘舰船，总吨位17万4千吨，组成“580编队”，载着5316名干部、战士和技术人员，分三批从舟山群岛集结地出发，由编队指挥员兼政委、海军副司令员刘道生率领，驶出领海,跨越赤道,向南纬6度44分、东经170度40分南太平洋海域驶去，以保障我国远程运载火箭全程试验。这是一次和平的战斗航行。

自1405年郑和宝船舰队航行在大洋上的500多年之后，中国的庞大舰队又重新跨海越洋。

人民海军舰队第一次跨出岛链，第一次越过赤道，第一次作如此长距离的远航，中途不停靠任何国家港口，其油水和生活物资全凭自己实行海上补给，而且是执行如此敏感的任务，引起全世界瞩目。

5月9日，新华社授权公告，中华人民共和国将从中国本土向以太平洋南纬 7 度 0 分、东经 171 度 33 分为中心，以 70 公里为半径的圆形公海海域进行发射运载火箭试验。

5 月 18 日运载火箭发射，准确溅落预定海区。3 分钟内，海军航空兵舰载直升机飞临数据舱溅落点上空，放下潜水员打捞。潜水员仅用了 5 分 20 秒便将数据舱安全捞起返回飞机。

一直等待在附近海域的美国飞机，匆匆赶来。可中国人早已将数据舱捞起，他们只看到被染色剂染绿了的海水，便也舀上一桶回去复命。

1988 年 9 月 15 日 13 时 57 分，一枚弹道导弹由中国核潜艇从水下发射，飞出海面，准确地飞向预定目标海域。

全世界都注意到这一则电讯：

新华社北京 9 月 27 日电：我核潜艇水下发射运载火箭成功！核潜艇为中国自行研制，火箭准确溅落在预定海域，整个试验获得圆满成功。

自 1982 年 10 月 12 日，中国核潜艇水下发射运载火箭成功后，英国路透社就曾报道说：西方观察家认为，中国制成潜艇上发射的弹道导弹，将使中国拥有在受到一次核攻击后进行第二次打击的能力。这意味着中国已经制成一个核武器系统。有了这个武器系统，甚至在它已经成了核袭击的目标之后，它也能对任何侵略者进行还击。

日本《读卖新闻》说：由于试验成功，中国继美、苏、英、法之后，肯定已成为世界第五个拥有装载弹道导弹的核潜艇，并且能从核潜艇上发射这种导弹的国家。

英国《金融时报》报道说：这次弹道导弹发射……反映了中国比较向外看的政策，其中包括急剧扩大其世界范围的商业航运活动并大力发展贸易。同时，中国人还意识到随着近海油田的发展，需要一支更强大的海军来保护这种商业利益。

美国评论说：中国导弹核潜艇的出现，不管对苏联来说，还是对美国来说，显然都是一件意义十分重大的事件。

中国完全依靠自己的力量搞出了导弹潜艇，水下发射弹道导弹，这本身就是一件了不起的事情，因为我们知道搞导弹核潜艇，是很复杂、很困难的事。

中国核潜艇，作为保卫祖国、维护世界和平的核威慑力量受到人们的重视。中国核潜艇被认为居美国、俄罗斯之后的世界第三位。核动力导弹潜艇可以对全球大部分目标构成直接威胁，成为当今世界核遏制力量中不可忽视的因素。

人民海军舰队远航南太平洋，警戒我国远程运载火箭全程试验；核潜艇水下发射弹道导弹；人民海军参加南极考察和建设长城站，是对人民海军前30年建设的检验，也是对海军装备建设的考核。

苏振华不负重托，和其他海军领导同志一道，殚精竭虑，为海军装备建设打下了坚实基础，建设一支强大的人民海军，开拓了广阔的新的航程。

★BAIZHANSHACHANG KANGRIMINGJIANG CHENXILIAN★

百战沙场，抗日名将
——陈锡联

陈锡联离开家乡参加红军时，年仅 14 岁，是个名副其实的红小鬼。红军时期，他曾三次遇险，最后都绝处逢生，化险为夷。抗日战争初期，陈锡联率部夜袭日军阳明堡机场，打了一个漂亮的歼灭战。新中国成立之后，这个当年被营长亲切地叫作“小钢炮”的小家伙，终于成长为新中国第一任炮兵司令，被授予上将军衔。

陈锡联档案

姓名字号：陈锡联，原名陈锡廉，字廉甫，曾用名陈普庆

籍　　贯：湖北省黄安县（今红安县）

生卒年月：1915 年 1 月 4 日—1999 年 6 月 10 日，享年 84 岁

最高职务：沈阳军区司令、中央军委常委、北京军区司令、国务院副总理

陈锡联简历

1915 年——1 月，出生于湖北黄安（今红安）县。

1929 年——4 月，参加中国工农红军黄安县游击队。

1930 年——8 月，加入中国共产党。

1933 年——任红 30 军 88 师 263 团营教导员、团政委。

1934 年——任红 4 军 11 师副师长、师政委。参加了长征。

1935 年——（至 1937 年）任红 4 军 10 师政委、师长，红 4 军 11 师政委，红 4 军 10 师师长。

1938 年——任 129 师 385 旅副旅长、旅长。

1943 年——3 月，任太行军区第 3 军分区司令员。

1945 年——6 月，任 129 师太行纵队司令员。同年秋任晋冀鲁豫军区、晋冀鲁豫野战军第 3 纵队司令员。

1948 年——5 月至 1949 年 2 月，任中原野战军第 3 纵队司令员。

1949 年——2 月起任中国人民解放军第 2 野战军第 3 兵团司令员。12 月，兼任中共重庆市委第一书记、重庆市市长。

1950 年——4 月至 1959 年 10 月，任炮兵司令员。

1954 年——11 月至 1955 年 3 月，兼任解放军总军械部部长。

1955 年——至 1957 年，在解放军军事学院战役系学习。

1957 年——兼任炮兵学院院长。

1959 年——10 月至 1973 年 12 月，任沈阳军区司令员。

1968年——5月至1973年12月，任辽宁省革委会主任。

1969年——4月，任中共中央政治局委员、中央军委委员。

1971年——1月至1973年12月，任中共辽宁省委第一书记。

1973年——12月至1980年1月，任北京军区司令员。

1975年——1月至1980年4月，任国务院副总理。

1982年——9月，任中共中央顾问委员会常委。

1999年——6月10日，在北京逝世。

一、李先念的老乡

陈锡联是李先念的老乡，出生于湖北黄安（今红安）县高桥区陡山，他刚满3岁时父亲便去世了，幼年的陈锡联从记事起，就帮助母亲干活、务农。

挖野菜，捡谷穗，捋树叶，掏花生……陈锡联手脚勤快，一天到晚闲不住，家里田里什么活儿都干。当地生长一种梓树，属油料作物，树籽可以加工成梓树油。当地农民都是用梓树油点灯照明。每当深秋季节，陈锡联就蹲在树下，左手端一个葫芦瓢，右手一粒粒地捡梓树籽。

到了读书的年龄，很多小伙伴们陆续去上学了，看着小锡联那双渴望读书的眼睛，母亲也很难过，对他说："娃，咱家穷，念不起书，生活实在维持不下去，你也大了，我想送你出去给人家放牛，当长工。"

陈锡联默默地想：放牛也挺好，一边放牛还能一边玩耍，就无条地同意了。

就这样，当富人家的孩子进学堂念书的时候，陈锡联拿起了放牛的鞭子，当上了"牛倌"。可几年的"牛倌"生活，陈锡联不但一分工钱也没有拿到，反倒受尽了欺辱。这使他第一次深刻感受到了旧社会剥削制度的残酷和不公！

俗话说"半大小子，吃死老子"，陈锡联渐渐长大了，饭量也逐日见长，家里一亩薄田收个一二百斤粮食，哪里够吃。每到青黄不接的时候，母亲总得向亲戚邻居借，待秋后打下粮食再还。有时实在揭不开锅，母亲就带着他出去讨饭。

在那个时候，陈锡联有一个远房叔叔，叫陈芝斌，曾做过"保长"，专门巴结有权有势的人，横行乡里，欺压穷人，是个乡霸，全村人没有一个不恨他。

有一天，母亲又带着小锡联外出讨饭，被陈芝斌看见了。他大为恼火，认为陈锡联的母亲丢了陈家的人，也丢了他的脸面，便骂骂咧咧的。母亲忍不住还了几句嘴，陈芝斌恼羞成怒，便把陈锡联母亲毒打了一顿。

看着坐在地上哭泣的母亲，陈锡联愤怒地紧紧攥起拳头，恨不得揍他一顿。但小锡联知道自己力气小，打不过他，压住心头的怒火，扶起母亲，说："妈！不要哭！等我长大了去当兵，带人来报仇！"

可怜的母亲完全相信儿子的话。她擦干眼泪悄悄对儿子说："瞧着吧，恶人必有恶报，他终归不得好死！"

1927年冬，轰轰烈烈的黄麻起义失败后，陈芝斌当上了当地反动组织"联庄会"的头目，不仅在乡里为非作歹，还给敌人通风报信，助纣为虐，与共产党为敌。当时正好是李先念领导当地革命斗争，为了铲除敌人耳目，打击敌人的嚣张气焰，鼓舞广大农民斗争信心，李先念和当地党组织决定杀掉陈芝斌。

这天夜晚，李先念亲自率领几名游击队员来到陈锡联家，对陈锡联母亲说："我们要杀掉陈芝斌这个恶霸，为你报仇，为乡亲们除害！"

听说要杀掉陈芝斌，为母亲报仇，陈锡联一骨碌从床上爬起来，自告奋勇地说："我来带路！"

李先念高兴地说："好！由你带路，叫开他的门。"

陈锡联光着脚丫子，把李先念他们带到了陈芝斌的屋门前，叫开了门。李先念等人一拥而上，干脆利落地干掉了陈芝斌，还在他的门口贴了布告，历数陈芝斌的种种罪恶，警告那些与共产党为敌的人，陈芝斌的下场就是他们的下场！

第二天，陡山的人民群众看到布告，消息迅速传开，高桥区周围的乡亲们纷纷奔走相告，拍手称快……

那时正是大革命轰轰烈烈的时期。1927年，北伐军打到了湖北，武汉顿时成了当时的革命中心。黄安属鄂东地区，距武汉较近，因此很快受到大革命的影响，共产党在黄安的活动也由秘密转为公开。他们奔走乡间，宣传：“穷苦人要翻身，只有大家组织起来，跟着共产党闹革命！”“共产党是咱们穷苦百姓的救星！”

听了这些宣传，陈锡联逐渐明白了一些朴素的道理：穷人要想吃饱饭，不受欺辱，就要合起伙儿来跟地主老财斗！这就是革命。只要革了命，穷苦人就能挺直腰杆，就能过好日子。

在共产党的宣传推动和大革命的深刻影响下，一场疾风暴雨般的农民革命运动迅速展开。“打倒帝国主义！”“打倒军阀！”“打倒土豪劣绅！”“实行二五减租、开仓济贫！”“组织农协会！”“农民武装起来！”等口号响遍了全黄安。

彭家村也成立了农民协会，种田不交租了，苛捐杂税一律免除，取消了保甲，开仓分粮。陈锡联也成了这场运动的积极分子，他先是参加童子军，后又参加少先队并当队长。一天到晚带着小伙伴们在祠堂前上操、打菩萨，比大人们还忙。

令陈锡联最高兴的事，是到地主家开仓分粮。他挤在哄哄嚷嚷的大人们中间，等人们把粮仓扒开后，便拼命地往口袋里装粮食，装满粮食就跑回家，交给母亲。

有粮食吃，就是好日子。这样的好日子没过多久，忽然从武汉传来消息，说要取消农民协会，童子军、少先队也不要了。轰轰烈烈的农民革命运动暂时转入低潮。

在大革命中被镇压了的土豪劣绅开始进行猖狂反扑。他们组织“清乡团”，到处抓人、杀人、催租、逼债……随着反动势力一天天嚣张，革命力量的反抗也一天天加强起来。

1928 年底至 1929 年初，鄂豫皖地区第一块红色根据地——黄（安）麻（城）光（山）革命根据地诞生了。赤卫队、游击队、特务队等地方革命武装不断发展壮大。在彭家村附近，就有游击队来来往往经常活动。

这时的陈锡联已经明白了一些革命道理。他觉得游击队干的事情很神秘，也很伟大，遂产生了参加游击队的念头。当他把想要参加游击队的想法对母亲说了，母亲死活不同意。

母亲知道儿子的脾气性格，为了防备儿子悄悄溜走，每天晚上总是等儿子睡着了她才睡觉。后来又在儿子手腕上拴一根线，另一头拴在她的手上，这样儿子一动弹她就能醒。

走，还是不走，陈锡联也犹豫过。最终，他还是下定决心：走。这是唯一出路。

当油菜花开的时候，一支共产党游击队正好到了彭家村附近。陈锡联意识到这是一个好机会，便默默地做好“逃走”前的准备工作。一天夜里，陈锡联假装睡着，听到母亲打起了呼噜，姐姐弟弟也已入睡，他悄悄起身，解下手腕上的线，轻轻推开屋门，回身把门虚掩上，就朝游击队住的地方跑去……

二、从“小胖”到“小钢炮”

陈锡联听说红军游击队就住在邻村童家湾，他甩开脚板，几乎是一口气跑进了这个村子，参加了游击队。

由于陈锡联个子矮，游击队的司务长便把一身军装改小，给他穿上。还告诉他说，这支游击队规模不小，有上百人。队长是鼎鼎大名的徐海东，副队长是詹才芳。

在徐海东、詹才芳的领导下，这支游击队日益壮大，足迹遍布黄安、黄陂、孝感、大悟等地。当时游击队的武器还比较简陋，只有几把手枪，几支钢枪，大部分是土枪土炮，还有大刀、长矛、梭镖。

陈锡联的第一把“武器”是根竹矛，就是将竹子一头削尖，放在桐油锅中一炸，竹尖又锋利又坚硬，以竹代矛。尽管武器差，但是游击队神出鬼没，打土豪劣绅，搞赤色宣传，同“民团”、“红枪会”等反动组织进行武装斗争，在当地名气大得很。只要一听说“徐海东的游击队”来了，敌人无不胆战心惊！

随后，为了打破敌人的“围剿”，根据上级指示，游击队在黄安以北的河口兵分两路，一路由徐海东率领，到孝感一带打游击，在当地发动群众，坚持武装斗争。一路由詹才芳带着，转到黄安的七里坪，正式编入红军。

到七里坪之前，陈锡联便决定回家跟母亲告个别。当他回到家里，母亲看到他戴着一顶小军帽，穿着一身肥肥大大的灰衣服，人长高了，也长胖了，不由得悲喜交集，大哭了一场。陈锡联对母亲说：“娘，我要走了，当红军去了。”母亲知道拦不住，叹了一口气说：“由你自主吧。”

改编那天，游击队员们一大早就整整齐齐排好了队。负责改编的红军队长拿着花名册，一个一个点名，叫到一个人的名字，那个人就站到一边。当叫到陈锡联的名字，陈锡联站出来后，队长上下打量一下，见他年龄小，个子也矮，就说：“不要不要。”

陈锡联一听就急了，哭着说：“我偷着跑出来，就是为了参加革命，不让当红军，游击队也没有了，我到哪里去革命？”

高队长想了想就说：“那好吧，先留下来，替我放马。”

但是，刚放了两天马，陈锡联就不想干了。他找到队长说：“我在家放牛，当了红军又放马，刚放下牛鞭子又拿起了马鞭子，放牛放马还不是一样？我要当真正的红军！”

队长见陈锡联态度很坚决，人也蛮机灵的，就同意把他正式留下来，编入第 8 队。

就这样，陈锡联成了红军队伍中一名真正的红军战士。

好不容易当上红军，陈锡联非常珍惜这个机会。严格的军事训练，把胳膊和腿都练肿了，蹲都蹲不下去，但他从不叫苦、不喊累，咬着牙坚持。

1930年春，中共中央决定建立中共鄂豫皖边特别区委员会，同时还决定，将红31师、红32师和红33师合编成中国红军第1军。3个师依次编为第1师、第2师、第3师。陈锡联所在的第8队，编入红1军第1师第3团，他在该团1营2连当战士，营长是高汉楚。

红1军成立后，第1师在副军长兼师长徐向前同志的率领下，在短短三四个月的时间里，三出平汉路，连续打了几个漂亮的战斗。

1930年6月，红1军先打了平汉路广水以南一个叫杨家寨的敌人据点，歼灭了反动军阀郭汝栋的两个连。尔后，利用郭汝栋急于报复，迫切寻找红军作战的心理，诱敌前来，设伏于杨家寨以东之杨平口，逮住了郭汝栋1个团。

当敌人进入伏击圈后，徐向前一声号令，红军和游击队同时冲向敌人。敌被压缩在一个高地，拼命顽抗。密集的子弹像狂风中的雨点一样嗖嗖地漫天飞。陈锡联是第一次参加这种大规模的战斗，心里有些害怕，趴在地上不敢动。

班长孙玉清注意到了他，就过来说："小胖（陈锡联从小就比较胖，参加革命后大家都他小胖），不要怕，跟在我后面，学着我的样子，往前冲！"有班长在前面作榜样，陈锡联胆子也大了许多。他学着班长的样子，弓着腰，手里拿着一把大马刀，跟着他们往高地上冲。

这场战斗，红1军毙、伤敌数百人，生俘敌团长朱某等千余人，取得了鄂豫皖边区红军首次歼敌正规部队一个团的大胜利。战场是最好的学校，陈锡联在这场战斗中，成为了一个优秀的红军战士。

7月份，红1军再次出击平汉路。这次是打击钱大钧部教导师第5团。这一战红军收获不小，缴获了数百支长、短枪，还有几门迫击炮。陈锡联也有收获：他捡了一支红色派克钢笔。

这个东西陈锡联以前见别人用过，知道是写字的，于是他拿在手里，往手背上画道道，可怎么也画不出来。这时，党代表（指导员）过来问他："小胖，你在干什么？"

陈锡联说："我捡了一支'电笔'，不知道怎么用？"

党代表说："拿来我看看。"

他拿过去，摆弄了几下，就说："这支'电笔'啊，没电，不能用，给了我吧。"

陈锡联想：一支没有"电"的"电笔"有什么用？就说："那就给你吧。"

过了两天，陈锡联看见党代表正用那支"电笔"写字，就好奇地问："不是没有'电'吗？"

党代表哈哈大笑，说："不是没有'电'，是没有水。这个东西只要灌上墨水就能写字。"

红军初期，部队发展很快。陈锡联当了一年多红军，在班里也算是老兵了，党代表就让班长孙玉清找他谈话，想发展他入党。

他们的那次谈话，也很有意思。

班长说："咱们连队有个组织，你知道不？"

陈锡联说："不知道。但是我看见你们几个人经常在一起，嘀嘀咕咕的。"

班长说："咱们连队里有个党支部，是共产党的基层组织。我就是这个组织里的。你家里的情况我了解，出身很苦，从小给地主放牛，当长工。参加革命以后，打仗很勇敢。根据你的家庭出身和现实表现，党支部想发展你入党，你愿不愿意？"

陈锡联一听，惊讶地说："怎么？我还不是党员？"

班长也一愣，问他："你什么时间入的党？"

陈锡联说："我都当红军一年多了，打了这么多仗，还不是个党员？"

班长知道他还没有弄清楚党员和普通群众的区别，就跟他讲：只有加入了党组织，才是一名党员，还要有人介绍，还要举行仪式。

陈锡联连忙说："我从家里跑出来，就是为了跟着共产党干革命的呀！"

过了几天，在一个满天星斗的夜晚，党代表、班长悄悄领着陈锡联和其他 3 名同志来到一个大草垛前宣誓入党。宣完誓，党代表就说：从现在起，你们就是中国共产党党员了。

入了党，就不一样了。陈锡联和同志们经常在一起开会、学习、商量事情。党代表和班长孙玉清还教他识字、学文化，给他讲革命道理。我们原本目不识丁的陈锡联同志也开始会写字了，后来，陈锡联又参加了几次战斗，因为他冲锋在前、打仗勇敢而受到营、连首长的表彰。有一次，营长高汉楚在战后讲评时说："小胖人小志气大，打仗很勇敢，就像一个小钢炮！"

这"小钢炮"可是当年红军认为最厉害的武器。营长这么一说，大伙都不叫陈锡联"小胖"而喊他"小钢炮"了，从此，陈锡联"小钢炮"这个绰号就在红军中传开了。

三、成长的足迹

在红军第三次出击平汉路的广水战斗中，陈锡联的营长高汉楚不幸牺牲。听闻了高营长牺牲的消息，团长倪志亮流着泪给部队下命令：不惜一切代价也要把营长抢回来！

全营指战员高喊着"为营长报仇"的口号，"嗷嗷"叫着猛攻上去，终于把高营长得遗体抢了回来。

离开广水后，红军由信阳转出，在正阳以南陡沟镇消灭了当地 1 个民团。所谓民团，就是地主土豪组织的武装，一般都是几百人的乌合之众。打扫完战场，连长便让陈锡联到团部去送信。

送完信后，陈锡联背着一支小马枪（骑兵枪，较短）沿着一条小路往回走。正走着，突然看到路边草丛中有个东西在晃动。他仔细一看，是一顶圆筒形的高帽子。那时，民团都戴那种帽子，他知道里面一定藏着一个民团分子。便端起枪，拉上枪栓，大声喊："出来！不出来就开枪啦！"

里面没有动静。陈锡联心里有点慌，就闭着眼朝帽子晃动的地方"砰"就是一枪。枪声响过，就见一个人从草丛中钻了出来，高举着双手连连说："老总饶命！老总饶命！”

15 岁的“老总”陈锡联，面对一个比他高出一大截的“民团”分子，周围一个人也没有，难免有些害怕，心“怦怦”直跳。但他还是壮起胆子，吼道：“枪呢？”

民团分子用手往远处指了指，原来这个胆小的溃兵，早把枪给扔了。

陈锡联跑过去捡起来一看，好家伙，还是一支套筒子枪。这可是当时红军队伍里最好的武器了。于是，陈锡联背起套筒子枪，命令他转过身去，举着双手，自己在后面押着俘虏，回到了连队。

连长看到陈锡联缴获的那支套筒子枪真是喜出望外，连声说：“这枪跟你差不多高，你背不动，还是我用吧。”

陈锡联看了看那支长枪，确定自己真是用不了，只能无奈地说：“你要是喜欢，那就给你吧。”

1933 年 6、7 月间，红四方面军进行了大规模的整顿扩编。陈锡联所在的第 4 军第 10 师 30 团改编为第 30 军第 88 师第 263 团，任团政治委员，邵烈坤任团长。

蒋介石的“三路围攻”被粉碎后，他又任命刘湘为“剿匪总司令”，准备对红军进行更大规模的围攻。但是，刘湘打着自己的算盘，迟迟按兵不动。红四方面军利用这个有利时机，先后发起仪南战役、营渠战役和宣达战役。

刘存厚在四川军阀中势力比较弱，但这个人比较狡猾，盘踞在达县、宣汉、万源一带，搞了一个“绥靖王国”，老巢在达县。根据部署，徐向前总指挥率第 4 军、第 9 军主力打宣汉，第 30 军政治委员李先念率第 88 师和第 89 师一部打达县。

李先念和师首长商议决定：达县城不宜强攻，只能智取。

1933 年 10 月 20 日，陈锡联率 263 团 2 个营攻凤凰山。山上守敌约 1 个团，凭借有利地形和坚固工事，负隅顽抗。正打得激烈，忽听见城内吹起了冲锋号，机枪声响个不停。山上敌人顿时慌乱。战士们趁势一个猛攻，冲了上去，占领了凤凰山。

攻克达县后，缴获了刘存厚经营多年的兵工厂、被服厂、造币厂等。战士们从来没有见到过这么多的好东西，一摞一摞的被装衣服，白花花的银圆，黄灿灿的金砖、金条，看得眼花缭乱，还闹了许多笑话。

比如有的同志把蜡纸钉起来，当笔记本。蜡纸很光滑，怎么也写不上字。有的把牙膏装在口袋里当糖吃。许多战士从来没有见过洋面，就把成袋的洋面搬到城墙上，码在一起做工事。陈昌浩看见后说：你们怎么把白面搬来做工事啊？战士们说：这就是白面啊？

陈锡联也闹了一个笑话。银圆他见过，但金砖就不认识了。晚上睡觉，床铺不稳当，陈锡联就把这些金砖当成铜块子垫在床铺底下。

第二天，李先念政治委员和后勤部主任郑义斋来到陈锡联的住处。郑义斋看到陈锡联的床铺下垫着许多金砖，大吃一惊，他拿出一块对他说："你怎么搞的，这么贵重的东西不上缴，竟然藏在铺底下！"

陈锡联不解地说："它有什么可藏的！都是些铜块子，还有好些个都让我们扔进粪坑里了。刘存厚的这些破烂玩意儿，用它来垫垫床铺，有什么大惊小怪的！"

郑义斋连连摇头："可惜呀！可惜呀！你知道这是什么吗？这是黄金，是金砖啊！同志！"

陈锡联和李先念听后哈哈大笑起来。

李先念说："锡联啊！你和我一样，只听说过金砖，但不知道就是这玩意儿。今天真是开了眼界！"

陈锡联和郑义斋连忙召集人员，把散落在各个角落的这些"铜块子"收集起来，扔到粪坑里的也打捞上来，全都上缴给了后勤部。

四、三次化险为夷

1931 年，红 4 方面军成立，徐向前任总指挥，陈昌浩任政委，下辖 4 军和 25 军。可是，就在红军不断壮大、根据地不断发展的大好形势下，中央代表张国焘却在 4 方面军中继续推行错误的肃反政策。

有一天，在 4 军 10 师 30 团任团部指导员的陈锡联，与几个年轻伙伴上街。肚子饿了，他们就一起在镇上买了几个油饼吃。不想，有人看见他们吃油饼，竟诬告他们组成一个“吃喝委员会”要搞阴谋活动。此事不幸被张国焘知道了，他指示要把陈锡联等人抓起来，准备枪毙。

徐向前听说了此事，立即跑去找张国焘说：“小鬼们嘴巴馋，哪里懂什么‘委员会’呀！批评教育一下，放掉他们。”由于徐向前亲自干预，陈锡联等人才躲过了这一难。后来，陈锡联常说是徐总指挥救了他一命。

在红 4 方面军西征入川的艰苦转战中，陈锡联逐渐由一个红小鬼成长为一个优秀的青年指挥员。一次，陈锡联在达县以南的火峰山战斗中负了伤，随着撤下来的部队向宣汉一带转移。

不知过了多长时间，陈锡联昏昏沉沉地感到凉冰冰的雪花打着脸，浑身阵阵发冷，口里渴得很，嘴唇干得简直就要裂开。蒙眬中似乎找到了一潭清冽的泉水，他双手掬水狂饮，却依然感到不过瘾。焦急之下，蓦地醒来，却又觉得身体颠簸个不停，如坐船上，依稀听到沉重的脚步声和吁吁的喘息声，他知道自己是躺在担架上，但疲惫的双眼却怎么也懒得睁开。

颠簸的担架突然停下来，跟随担架的通信员轻轻扶着陈锡联的头，把水壶触在他的嘴唇边，他贪婪地一饮而尽，精神顿觉爽快。睁开眼来，只见天空依旧阴沉沉的，傍河的小路上正有自己队伍在匆匆地行进。

火峰山上炮火连天的景象又在陈锡联的脑子里闪过。这时，他才觉得身上隐隐作痛，清醒地意识到自己负伤了，于是急急地问身旁的通信员："我伤在哪里？"

通信员指了指陈锡联的上身。这时，陈锡联才注意到披在自己身上的上衣。这件上衣对陈锡联来说是多么熟悉啊！这是自己心爱的师长汪烈山牺牲前留下的。正是这件旧上衣，使陈锡联战胜病魔而死里逃生。

第三次遇险是在红军长征途中，陈锡联任红 4 方面军 11 师政委，率部队到达四川瞻化（今新龙）时，突然身患伤寒，病情日益加重，躺下后就站不起来。当地的仁孜活佛见他病得厉害，千方百计为他治疗，并请来医术很好的藏医精心医治。同时，仁孜活佛又想法从雅安、成都等地购买药品、蔗糖及其他营养品，精心护理，并让他与自己同吃同住。

在仁孜活佛 3 个多月的精心照顾下，经过藏医的精心治疗，陈锡联的病情奇迹般地一天天好转起来，最后，他又重新在青藏高原站立起来，带领红军北上抗日。

红军走后，当地反动势力对仁孜及其家人、亲戚进行了残酷迫害，杀害仁孜家族 6 口人，还打伤数人。仁孜在新龙无法生存下去，只得带领全家及亲属逃难到甘孜。解放后，仁孜被安排在甘孜县政协当了住会委员。这位仁慈的老人在 70 岁病故时，仍念念不忘当年的红军将领陈锡联。

多年后陈锡联曾动情地回忆说："那个时候我伤寒病情很重，如果没有喇嘛仁孜的精心照料，没有他专门请来医术最好的藏医给我治病，我这条命早就丢在青藏高原上了。"

五、夜袭阳明堡

1937 年抗战爆发后，红军为了抵抗侵略一致对外，改编为国民革命军第八路军，22 岁的红军师长陈锡联因此改任八路军 129 师 385 旅 769 团团长。

由于在平型关吃了苦头的日军变更了作战部署，从平型关与雁门关之间突破了晋北防线，接着，日军又气势汹汹地沿同蒲路直下太原，国民党军队却抵抗无力、节节败退。就在这时，陈锡联率八路军 129 师 769 团奉命深入敌后开展游击战争，于 10 月中旬来到了代县以南的苏郎口村一带。

苏郎口是滹沱河东岸一个不小的村庄，敌人的飞机一会儿两架，一会儿三架，不断从村庄上空掠过，从敌机活动的规律来看，机场可能离这儿不远。陈锡联询问了当地老乡，才知道隔河十来里外的阳明堡镇果然有个机场。

为了设法弄清敌人机场的情况，第二天陈锡联决定实地侦察一下。他来到滹沱河边，登上山峰，大家立时为眼前的景色所吸引：东面是峰峦重叠的五台山，北面内长城线上矗立着巍峨的雁门关；极目西眺，管岑山在雾气笼罩中忽隐忽现……滹沱河两岸，土地肥沃，江山壮丽，只可惜，如今正遭受着日本帝国主义侵略者的浩劫……

突然，2 营营长喊道："飞机！"

大家不约而同地举起望远镜，顺着他手指的方向看去，果然发现对岸阳明堡的东南方有一群灰白色的敌机整整齐齐地排列在空地上，机体在阳光映照下，发出闪闪刺眼的光芒。

经过侦察，陈锡联了解到机场里共有 24 架敌机，白天轮番去轰炸太原、忻口，晚上都停在这里。敌香月师团的一个联队大部都驻在阳明堡小镇的街道上，机场只有一小股守卫部队。看来敌人正忙于夺取太原，根本想不到八路军会绕到背后来揍它，这正是歼敌的好时机，如果能够出其不意给它以突然袭击，胜利是有把握的。

陈锡联当即决定马上下手，他把袭击机场的任务交给了3营，并以1、2营各一部破坏崞县（今原平县）至阳明堡之间的公路和桥梁，阻击崞县、阳明堡可能来援之敌，团迫击炮连和机枪连则在滹沱河东岸占领阵地，准备随时支援3营。

夜里，部队悄悄地出发了。在当地老乡的引导下，部队很快涉过了滹沱河，来到了机场外边。机场里死一样沉寂，大概这时敌人睡得正酣吧？部队爬过了铁丝网，神不知鬼不觉地摸进了机场。10连向机场西北角运动，准备袭击敌守卫队的掩蔽部，11连径直向机场中央的机群扑去。

11连2排的战士们最先看到了飞机，它们果然整整齐齐地分3排停在那里。多少天来大家日夜盼望着打鬼子，现在猛然看到飞机就摆在眼前，真是又惊喜又愤恨。不知谁悄声骂道：“龟儿子！在天上你要威风，现在该我们来收拾你啦！”说着就要接近飞机。

突然，西北方有个敌兵哇啦哇啦地呼叫起来，紧接着响起一连串清脆的枪声。原来10连与敌哨兵遭遇了。就在这一瞬间，10连和11连在两个方向同时发起了攻击。战士们高喊着冲杀声，勇猛地扑了上去。机枪、手榴弹一齐倾泻，一团团的火光照亮了夜空。正在机群周围巡逻的敌哨兵，慌忙赶来，和冲在前面的战士绕着飞机互相角逐。机舱里值勤的驾驶员被惊醒了，他们惊慌之中盲目开火，后边飞机上的机枪子弹接连打进了前面的机身。

战士们越打劲头越大，有的边打边喊：“这一架算我的！”也有人七手八脚地往机身上爬。机枪班长老李早爬上了一架飞机的尾部，端起机枪向机身猛扫。

正打得热闹，敌人的守卫队号叫着向我军扑来。就在20多架飞机中间，敌我混在一起，展开了白刃战。

几十分钟后，守卫队大部分被歼灭。20多架敌机燃烧在熊熊的烈火之中。驻在街里的香月师团的装甲车急急赶来增援，可是，等它们赶到机场时，陈锡联已经率部撤出了战斗。

夜袭阳明堡飞机场的胜利消息，通过无线电迅速传遍了全国。那些国民党军官们，开始根本不相信，他们仍说："就凭八路军那破武器还能打飞机？不可能！"可是自从10月20日起，一连几天忻口、太原都没有遭到敌机的轰炸，那些畏敌如虎、胆小如鼠的国民党军官们方才张口结舌无言以对了。

六、激战洋山集

1947年6月，解放战争即将转入战略进攻。30日，晋冀鲁豫野战军第1、第2、第3、第6共4个纵队12万人在鲁西南地区强渡黄河。

刘邓大军强渡黄河，不仅出乎国民党军统帅部的意料之外，而且渡河的地点又正是国民党部队薄弱环节所在。由于事前准备周密，又采取突然行动，大军渡河相当顺利。

蒋介石原来依靠黄河天险，没有料到刘邓大军会强渡黄河，因而对鲁西南的作战部署始终处于被动地位，不但兵力分散，而且是逐次增加。郓城一失守，赶去增援的右路国民党军3个整编师，就成了一个孤立的长蛇阵，进不得，退不得，犹豫不决地分驻在郓城东南方向的六营集、独山集、羊山集3个集镇上，每师相距近15公里，摸不清解放军的动向，不知道解放军要从哪里下手，不知所措。

鲁西南战役最激烈的战斗发生在羊山集，这是国民党右路援军一字长蛇阵的蛇尾。羊山东西长约5公里，远远望去犹如一只卧地的绵羊。最东面的小山头称羊头，中间的制高点称羊身，西面称羊尾。羊山集是一个 1000 多户人家的大镇，三面筑有寨墙，寨墙外有日伪军驻守时留下的壕沟，沟深一丈。

驻守在羊山集的国民党军整编第 66 师属于陈诚的部队，装备精良，营连军官都是军校毕业生，中将师长宋瑞珂是黄埔第 3 期毕业生，在国民党部队的将领中算是较为出色的人物。1946 年，蒋介石发动全面内战时，正是这个宋瑞珂率部打响了全面内战的第一枪。此时，宋瑞珂带领师部和 158 旅、13 旅（欠一个团）驻守羊山集，他将所属的 3 个团划分了各自的防区，将 3 个炮兵营摆在羊山集后面的高地上，直属队的工兵营、特务营和辎重营在村里准备巷战工事。

7 月 15 日夜，陈锡联率领 3 纵到达羊山集，部队立即发起攻击。3 纵 8 旅的两个团由东北攻羊头，9 旅攻南门。经过两天恶战，双方都付出很大代价。

陈锡联率领的 3 纵与陈再道率领的 2 纵一起，围攻羊山集一个星期，敌我双方打成了胶着状态，部队指战员开始出现急躁情绪。这时，刘邓首长来到羊山集前线，刘伯承对 3 纵司令员陈锡联、2 纵司令员陈再道说，越是胜利越要细心谨慎，不能疏忽大意，更不能急躁。你们要亲自到前沿看地形，了解一下为什么攻不下来，跟下边指战员研究如何打法。总之，不能再拖了，必须尽快把羊山集的敌人歼灭。

陈锡联和陈再道都直接到前沿看地形，了解情况，重新制订作战方案。为了加强攻击力量，刘邓首长将野战军榴弹炮营和 1 纵炮兵团调到羊山集前线，增强了陈锡联 3 纵和陈再道 2 纵的力量，形成绝对优势。

7 月 22 日天气转晴，黄昏时，2 纵、3 纵向羊山集发起总攻。我军的炮火集中轰击羊身的制高点，陈锡联命令 3 纵 7 旅和 6 纵 16 旅一起，向羊山集制高点发起攻击，到 22 时占领了制高点。敌军多次组织反冲锋，与我军展开激烈争夺。接着，陈锡联又命令 3 纵向羊山集东街发起攻击，战士们攻入东街后，与敌人展开激烈巷战。

经过一夜战斗，羊山集制高点全被我军控制，敌军只控制一些房屋，负隅顽抗。28 日中午，宋瑞珂见阵地已被突破，指挥部也被包围，山上解放军的火力居高临下往他们头上打，认为继续战斗下去只能招致更多伤亡，决定放下武器，停止抵抗。参谋长郭雨林走出房屋接洽投降事宜，得到我方允许后，宋瑞珂及其部下在我军战士押送下向西走出羊山集，历时12天的羊山集战斗结束。

羊山集战斗是晋冀鲁豫野战军经历的最激烈、最残酷的战斗。羊山集原来是个千户人家的大集镇，战后没剩下一所完整的房子，到处是断垣残壁，墙上布满枪眼。院子里挖满了交通沟，门窗全被拆光。全村所有的树木被砍倒做了工事，粮食和牛羊鸡猪全被国民党士兵吃光。敌66师的顽强抵抗，超过了以往和晋冀鲁豫我军作战的任何一支部队，战斗中，陈锡联的3纵和陈再道的2纵都付出了重大牺牲。

七、挺进大别山

鲁西南战役后，晋冀鲁豫野战军主力和华野外线兵团5个纵队，集结于巨野、郓城地区，形成强大的进攻态势，无论在战略上和战役上都处于主动地位。刘邓首长决心利用这一有利时机，让部队休整半个月，于8月15日南进大别山。

大别山，雄峙于国民党首都南京与长江中游重镇武汉之间的鄂豫皖三省交界处，是敌人战略上最敏感而又最薄弱的地区。这里又曾是一块老革命根据地，多年来一直有游击队坚持斗争。我军占据大别山，蒋介石必然会调动其进攻山东、陕北的部队回援，同我军争夺这块战略要地，这就恰恰可以达到我们预期的战略目的。

但是，这时调进鲁西南的国民党13个师30个旅，分5路向巨野、郓城地区分进合击，企图迫使我军背水连续作战，还阴谋破坏黄河大堤，把我军和河南岸数百万人民淹没在鲁西南，加之当时连日阴雨，河水猛涨，南岸之老堤由于敌人破坏,未加修复,时刻有决堤的危险。新的情况已不利我军久停，刘邓首长审时度势，当机立断，决心提前于8月7日展开进军大别山的行动，并要求陈锡联率领3纵勇往直前，不向后看，坚决勇敢地完成这一战略任务。

中央军委和毛泽东迅速批准了这一决心。当时，毛泽东对刘邓野战军主力南进大别山，曾估计了3个前途：一是付了代价站不住脚，准备回来；一是付了代价站不稳脚，在周围坚持斗争；一是付了代价，站稳了脚。刘邓首长要求陈锡联，要从最困难方面着想，坚决勇敢地战胜一切困难，争取最好的前途。

为了保证长途行军的隐蔽性，摆脱国民党军的追堵。进军大别山的计划只有少数纵队首长知道，对下级暂时保密，只是布置每天向南行军的任务。行军期间，部队不断变换番号，对老百姓自称地方部队。电台一律停止使用，保持静默。鲁西南国民党军用20多部电台监听我军动向，几天之内竟然毫无动静，仿佛十几万人的大军突然消失了。

刘邓首长果断采取3路前进的队式，固然已为我军创造了加快行军速度的前提，但我军靠两条腿行动，比不上敌人的车轮子。因此，做好战备和组织好行军，就更显得重要。

8月7日，陈锡联率领第3纵队与兄弟纵队一起，开始了千里跃进的壮举。黄昏时部队出发，连续4个夜行军，跳出了敌重兵集团合围圈。先遣部队7旅21团于11日夜攻占陇海路上马牧集车站，歼守敌一部并对东西铁路进行破坏，炸毁了桥梁，3纵主力于12日胜利越过陇海路，同时野战军各纵队也跨过陇海路，向敌人辽阔空虚的战略纵深疾进。

这一突然的战略行动，将敌人主力甩在陇海路北，彻底粉碎了蒋介石企图在鲁西南合击我军的计划。

开始，敌人判断我军要北渡黄河，结果合围扑空，继而又误认为我军是在大军压境情况下“北渡不成而南窜”。因此，仅令驻蚌埠的46师一部西进太和，结合地方团队在沙河布防，堵截我军，以主力罗广文兵团、张淦兵团等部共 12 个旅分两路尾随追击，并以 4 个旅在平汉路侧击，妄图把我军一举歼灭在黄泛区。可是我军已先敌两天进入黄泛区，把敌人远远抛在后边。

8 月 14 日，刘邓首长指示："决趁敌分散、对我企图尚未判明之前，乘隙以 3 日急行军向太和、阜阳、界首之线前进，抢渡新黄河（即沙河）。"据此，陈锡联命令 3 纵的先遣队 7 旅直趋沙河，纵队主力过涡河后，即进入黄泛区。

黄泛区是 1938 年蒋介石为阻拦日军进攻，在河南中牟县花园口破坏河堤使黄河决口而形成的，它宽 30—40 里，遍地积水淤泥，没有道路，没有人烟，行军、食宿均很困难。3 纵指战员以惊人的毅力战胜重重困难，经过 4 天艰苦行军顺利通过了黄泛区。

18 日陈锡联率 3 纵主力通过沙河。

我军渡过沙河后，蒋介石才大梦方醒，察觉到我军并非"南窜"，而是矛头直指大别山。于是急忙调动部队，沿平汉路南下堵击。我军为抢占淮河渡口，8 月 21 日，陈锡联迅速命令 9 旅作为先遣队先行出发，抢占三河尖渡口，同时命令纵队教导团和补充团抢占洪河口、祝皋集渡口，以保障主力通过。

8 月 22 日，敌 46 师抢占了三河尖下游 40 里之南照集渡口并向三河尖运动。陈锡联命令 25 团轻装疾进，于 23 日夜抢占了三河尖渡口。与此同时，教导团、补充团也抢占了祝皋集渡口。他们架好了浮桥，保障 3 纵主力于 8 月 25 日全部顺利渡过淮河。

此时，陈赓、谢富治兵团也于 8 月 23 日夜在平陆、济源间顺利渡过了黄河，这极大地鼓舞了 3 纵的胜利信心。为保障纵队主力顺利向南挺进，陈锡联命令 9 旅 26 团渡淮后立即出动，于 8 月 26 日拂晓占领了固始县城。

至此，陈锡联率领 3 纵全体官兵经过 20 天的连续急行军，战胜了敌人追堵，克服了重重天然障碍，胜利进入大别山，完成了千里跃进的战略任务。

八、歼敌张家店

历经千里跃进，部队进入大别山后，我军立即实施战略展开，刘邓首长明确指示：全心全意地义无反顾地创建巩固的大别山根据地，与友邻兵团配合,全部控制中原。明确指示陈锡联:“3纵应迅速攻占立煌县（即今金寨县），并侦察六安、霍山、舒城、庐江、桐城、潜山、太湖诸城，准备占领之。”

按照刘邓首长的指示，陈锡联率领3纵，仅用了半个月时间解放了固始、立煌等10个县城，消灭了守敌，摧毁了国民党县政权，建立了民主政府，初步打开了局面。

就在我军势如破竹实施战略展开时，蒋介石急令国民党军23个旅追过淮河,分路扑向大别山区,妄图乘我军立足未稳,寻歼我军或将我军逐出大别山。

刘伯承、邓小平急令陈锡联:“趁敌西调,皖西空虚,迅急回师,放手歼敌。”

陈锡联接到命令后，率领3纵主力5个团由商城、固始于10月1日兼程东返。此时，敌88师师部正率62旅由舒城沿舒（城）霍（山）公路向西进犯。

陈锡联得知这次的对手又是88师，不禁说道：“真是冤家路窄！”陈锡联曾与88师在此前的鱼台战斗中交过锋，他同兄弟部队一起，消灭了88师一个半旅，剩下的逃回徐州去了。这次是经过补充由徐州调来合肥，9月中旬进古舒城、庐江、桐城地区。

陈锡联考虑，现在该敌处于运动中，正是我歼灭的良机。为防敌逃跑，陈锡联立即指示各旅，只要抓住敌人，不必请示，即可合围歼击。

10月8日晨，敌人88师主力被3纵部队包围在张家店地区。

敌人发现被包围了，当即抢占有利地形，构筑工事，并在炮火掩护下，连续猛扑北面3纵部队阵地，企图夺路而逃。在紧急关头，我军奋勇反击，打退了敌人一次又一次的突围，阵地失而复得。

下午3时，敌人倾全力作最后挣扎，猛烈地突围，陈锡联命令20团、26团密切协同，奋力夹击，敌人突围的企图被彻底粉碎了。与此同时，3纵副司令员郑国仲率领的8旅正在张家店以东展开，9旅后续部队也赶到了。此时，当地政府和群众组织的1000副担架也赶来支援，极大地鼓舞着全体指战员的杀敌斗志，大家决心全歼敌人，来报答新区人民对子弟兵的爱戴和支援。

晚7时，陈锡联指挥部队发起攻击，由于攻击勇猛，一个小时就肃清了张家店外围之敌。此时，敌人依靠优势火器，利用村沿顽抗。陈锡联命令各旅不给敌人以喘息的机会，迅即向村内突击，四面八方的炮火齐向村内射击。

10日1时许，纵队配属9旅的化学迫击炮，命中敌师指挥所，引燃了村内草房。风助火威，整个张家店顿时变成火海，敌阵大乱，陈锡联命令各攻击部队趁势发起总攻。9旅27团首先从南面突破，7、8两旅同时向敌猛扑，攻入村内。各部队一面奋勇歼敌，一面协助群众救火，混乱的敌人抱头鼠窜。

激战至10日拂晓，除敌88师副师长张世光化装逃跑外，其师部及62旅全部被歼，战斗胜利结束。

张家店战役，我军取得了在无后方依托的条件下，第一次消灭敌人一个正规旅以上兵力的重大胜利，正如中原军区12日贺电所指出的："你们此次大捷，对建设皖西根据地关系极大。"

这次胜利，也标志着陈锡联率领3纵在皖西完成了中原局及野战军首长所赋予的战略展开任务，打开了皖西斗争的新局面。

大别山根据地的建立，实现了毛泽东估计的三个前途中最好的一个。

陈锡联率领3纵在大别山取得的重大胜利，使敌人极为惊慌。为了与我军争夺大别山这一战略要地，国民党从山东和豫皖苏战场调来5个师，加上原在大别山的9个师，共14个师33个旅，又一次开始了对大别山根据地的全面围攻。

九、打不垮、围不住的陈锡联

为了粉碎敌人的围攻阴谋，晋冀鲁豫野战军司令部制定了“内线坚持和分兵向外、内外配合、寻歼弱敌”的方针。根据这一方针，陈锡联对3纵进行了紧急动员和战前准备，随后立即投入了对抗敌人围攻的战斗。

12月7日，根据邓小平政委和李先念副司令员的指示，陈锡联率领3纵由麻城白果地区北上，拖着敌人几个师在麻城、新县、黄安（现称红安）、商城、潢川、固始等地区周旋，最后强渡史河，跨过六（安）叶（家集）公路，于24日到达英山以北地区。部队连续在冰天雪地里战斗行军18天，行程千余里，胜利完成吸引多路强敌并将其拖疲拖困的艰巨任务。在此期间，陈锡联率部曾先后摆脱了敌人的多次大合围。

12月13日，当陈锡联率3纵全部进至新县正向商城以西转移时，敌58师在余家集与3纵前卫9旅接触，后面敌7师已越过麻城北上，步步逼近，构成合围态势。9旅25、26团连续击退敌58师多次进攻，激战终日，顺利掩护了3纵主力的转移。为了把58师拖向西南，9旅单独向福田河方向运动，以后该旅即在麻城以北山区机动作战。16日，7旅19团在商（城）潢（川）公路上的江家集，与尾随之敌展开激烈战斗。战至黄昏，冒着大风雪，徒涉泼陂河，摆脱了敌人。

14 日，当陈锡联率部连续行军到达商（城）固（始）公路之上石桥时，上有敌机轰炸、扫射，前有敌军阻拦，后有追兵，侧翼敌人正在运动。在此紧急情况下，陈锡联和 8 旅 22 团的领导同志共同研究决定：该团 1 营抢先渡过灌河占领阵地，团主力就地展开阻击敌人，纵队主力连夜冒雪破冰迅速徒涉过河。部队过河后，夜行百余里，终于摆脱了敌人。

12 月 20 日，部队在黎集以南渡过史河后，原准备休息一两天，但刚进入宿营地，即获悉敌 46、48 与 58 师正分别由六安、商城、固始向叶家集地区合击，为迅速跳出合围圈，部队马上向麻埠方向转移，快速通过了六（安）叶（家集）公路。

当陈锡联率纵队主力通过不久，几路敌人即接踵而来。为迷惑和拖住敌人，陈锡联命令 7 旅出皖西霍山、舒城，陈锡联亲自率 8 旅经霍山以西进入英山以北地区。原留在麻城以北地区拖敌的 9 旅，经过连续行军作战，克服重重困难于 12 月 25 日到达英山以南四姑墩地区。7 旅在皖西辗转歼敌后，也于 1948 年 1 月 10 日转移至英山东北的陶家河地区。

正当陈锡联率 3 纵在英山东北的陶家河地区休整之际，敌又调集重兵，向英山以东、罗田以北、商城以南、岳西腹地进犯，并派出大批特务与地方土顽武装结合，企图对陈锡联的 3 纵主力进行“重点合围”。

为粉碎敌人新的围攻，陈锡联率领 3 纵于 1 月 28 日转向皖西。同时，他命令 8 旅向桐城、舒城、霍山、六安地区机动，9 旅向太湖、英山、罗田地区机动，7 旅向罗田、商城边界地区机动。当敌人跟踪陈锡联转到外线的主力准备合围时，3 纵各旅便甩开集中的强大敌人，辗转机动，分散歼灭敌人，被敌人哀叹为“打不垮、围不住的陈锡联”。

陈锡联率领 3 纵在内线坚持作战的同时，陈粟野战军和陈谢兵团在平汉、陇海线积极活动，攻克县城 23 座，有力地配合了陈锡联所部在大别山区的反“围剿”斗争。敌人在我军强大打击下，被迫先后从大别山调走 13 个旅，使其在大别山的全面围攻惨遭失败。

敌人部队大量被歼，平汉、陇海铁路干线被切断，重要据点被包围，这就使其中原战场全面防御体系遭到粉碎，被迫转入分区防御。从战略进攻开始，经过半年的作战，南下大军已在江淮河汉之间的广大地区站稳了脚跟，全国各个战场的进攻和反攻，也大量歼灭了敌人，形势发生了有利于我军的根本性变化。

1948 年 2 月，中央军委为了使中原地区各野战军集中作战，打中等和大规模的歼灭战，确定晋冀鲁豫野战军主力转出大别山，进至淮河、汉水、陇海路、津浦路之间广大地区，寻机歼敌。陈锡联率领 3 纵于 3 月 28 日北渡淮河，尔后转入豫西地区。

当时部队中有的同志认为，这是“前进一千里，后退五百里”。邓小平政委说：“这是从形式上看问题，不是从本质上看问题。我的说法是：‘前进一千里，又前进了五百里。’因为大别山仍然在坚持，并没有放弃，而且今后还要坚持。”

邓小平又说：“大别山斗争已经前进了一步，前进到当地人民和军队已经能够坚持大别山，前进到主力已经可以逐步抽出来集中机动作战。”

从此，陈锡联几进几出大别山，牢牢地在这片土地上站稳了脚跟，大别山很快成为我军渡江作战的前进基地，为支援解放全中国的斗争做出了不可磨灭的贡献。

在新中国成立后的 1950 年 4 月 25 日，陈锡联被毛泽东主席任命为新中国第一任炮兵司令员。1955 年 9 月，他被授予上将军衔。而在 1975 的 1 月，时任中央军委常委的陈锡联正式出任国务院副总理。就这样，那个懵懵懂懂的红小鬼，终于一步一个脚印走来，成长为一个新中国卓越的党和国家领导人。想来在老人家蓦然回首自己一生足迹的时候，一定也会感慨万千吧！

★DAQIZONGHENG DUBIYINGXIONG YUQIULI★

大气纵横，独臂英雄
——余秋里

他是大庆的缔造者，也是新中国成立后党和国家领导人中唯一的一位独臂英雄。早年与任弼时结下的不解之缘，使余秋里度过了一次次的危险，与独臂将军贺炳炎的搭档，更造就了他俩“左右一把手”的佳话。在余秋里任石油部长的六年中，他带出了一支石油劲旅，中国石油的创业史上凝聚着他的心血和功勋，创造出了中国石油工业的奇迹，只要人们提起大庆，就会想起当时的石油部长、大庆石油会战总指挥余秋里。

余秋里档案

姓名字号：余秋里

籍　贯：江西省庐陵（今吉安）县

生卒年月：1914年11月15日—1999年2月3日，享年85岁

最高职务：国务院副总理、中共中央书记处书记、中央军委副秘书长、解放军总政治部主任

余秋里简历

1914 年——10 月，出生于江西省庐陵（今吉安）县。

1929 年——参加江西省吉安县农民暴动，后任吉安赤卫队大队战士、分队长、中队长。

1931 年——5 月，加入中国共产党。

1933 年——任湘赣省苏维埃政府工农检查委员会委员，曾在红军大学第四分校学习，任中国工农红军学校第四分校二连指导员。

1934 年——任红六军团政治保卫队队长。

1935 年——任红二军团六师十八团政治委员，参加了长征。

1937 年——任中央军委总政治部直属政治处副主任。

1938 年——任八路军总政治部组织部组织科科长兼巡视团主任，八路军第 120 师干部大队政治委员，120 师独立第 3 支队政治委员，120 师 358 旅 8 团政治委员、团长。

1944 年——任 120 师 358 旅政治部主任。

1945 年——任晋绥军区第七军分区司令员。

1946 年——任 120 师 358 旅政治委员，晋绥野战军纵队政治委员。

1949 年——任中国人民解放军第一野战军第 1 军 1 师政治委员，第一军副政治委员，后兼任青海省军政委员会副主席、青海军区副政治委员。

1950 年——1 月，任中共川西区党委委员、常委。10 月，任西南军政大学副政治委员。

1952 年——2 月，任西南军区后勤部部长兼政治委员、军区党委常委。

1954 年——12 月，任解放军总财务部第一副部长。

1955 年——任解放军总财务部部长。

1957 年——5 月，任解放军总后勤部政治委员、总后勤部党委第二书记。

1958 年——2 月，任石油工业部部长，部党委书记。

1964 年——12 月，任国家计划委员会第一副主任兼秘书长。

1970 年——6 月，任国家计委革委会主任、国家计委主任、党的核心小组组长。

1975 年——1 月，任国务院副总理，兼任国家计委主任、党的核心小组组长、党组书记。

1977 年——8 月，任中共中央政治局委员。

1979 年——3 月，任国务院财经委员会委员。

1980 年——2 月，任中共中央书记处书记，兼任国家能源委员会主任、党组书记。

1982 年——5 月，任国务委员。9 月，任解放军总政治部主任、中共中央军委副秘书长。10 月，任总政治部党委第一书记、书记。

1983 年——6 月，任中华人民共和国中央军事委员会委员。

1987 年——11 月，任中共中央顾问委员会常委。

1999 年——2 月 3 日，在北京逝世。

一、火红的岁月

据说，余秋里这个名字，曾经引起了毛泽东主席的好奇："秋里秋里，余秋里同志，你这个名字很有诗意啊！"

"主席，我这个名字其实很土。小时候家里穷，请不起先生起雅名，所以家里人都叫我狗娃子。后来参加了红军，领导问我叫啥名字，我说不上来，又问我是啥年月日出生的，我就回答说我妈说我是割谷子后的秋里生的。领导听了就一拍大腿说，那你就叫余秋里吧。"

余秋里朴素的回答，引来了毛泽东一阵爽朗的大笑："好嘛！秋里这名字蛮好的，秋天是个丰收的季节，又是火红的岁月……"

1914 年 11 月 15 日，余秋里出生在江西吉安县敦厚镇的一个叫作坪里的小村。

余秋里的父亲余焕然，是位勤劳的农民。母亲戴氏，是位心地善良、吃苦耐劳的家庭妇女。

坪里村东依赣江，北傍木水河，因地势低洼，十年九涝，老百姓的生活非常贫困。余秋里小的时候，家中只有水田二亩五分，滩地两亩。另租种地主的田二十三亩。当时债务利息重，地租很高，租率为五成至六成。农民辛辛苦苦劳动一年，打下的粮食，一多半要交给地主。父母和余秋里三人参加劳动，即便收成好，也只能勉强糊口，若遇天旱或水灾，生活就更加艰难。

因为家里贫穷，祖父和父亲都没有读过书。1921 年，余秋里 7 岁时，父亲一狠心，把他送入本村私塾读书。后因连年水灾，家中生活很困难，到

1924年，再也无力负担每学期六斗米的学费，只好辍学，回家帮助父亲种田。在这以后，每年在冬闲季节，断断续续又读了三年夜校。

为了生存下去，父亲只好带余秋里到吉安城里，在赣江边上当搬运工。天下乌鸦一般黑，工钱本来就很少，又被把头剥削去一部分，一天劳累所得，除去吃饭已所剩无几。

1929年，受大革命的影响，吉安地区革命运动蓬勃发展，农民运动风起云涌。不堪忍受剥削压迫的农民，在共产党的领导下，纷纷起来参加暴动，反对地主恶霸、土豪劣绅。

余文元是村里的地下党员，经常秘密召集村里的贫苦农民开会，给大家讲农民受苦是因为受土豪劣绅的压迫和剥削，要过好日子，就要跟着共产党闹革命，打倒土豪劣绅。他有时还给大家讲其他地区打土豪分田地的情况。大家听了都非常高兴,感到有了前途,有了希望。余秋里经常参加这样的活动。

10月的一天，余文元又召集大家开会。他说，明天有几个村庄的农民要联合起来参加暴动，去打土豪。明天一早，在村西的场院集合。最后，要求大家要保守秘密。

第二天凌晨，余秋里来到场院上时，场院里已密密麻麻聚集了不少人。有的人手中拿着大刀、梭镖，有的拿着木棍。开会时，当地农民运动领导人周曼朵给大家讲话，他历数了地主豪绅的罪恶。他说，禾埠桥、黄家村的土豪劣绅残酷欺压剥削农民，我们要想过上好日子，就要打倒这些土豪劣绅，现在我们就要去找他们算账。说完后，立即带领几百人涌向了黄家村。他们冲进地主的大院，捉住了几个土豪劣绅，立即拉到大街上进行斗争，同时，把地主家的财物分发给贫苦农民。余秋里看到过去骑在人民头上作威作福的土豪劣绅被斗得威风扫地，看到广大贫苦农民兴高采烈地分发地主的财物，心中感到无比的痛快。

暴动后，很快传来消息，跑掉的土豪劣绅到吉安城里搬救兵，反动军队很快要来镇压。于是，余文元带领一些参加暴动的农民转移到山里。在研究以后怎么办时，有人说：“我们回村去会遭到镇压，就是不遭镇压，那种苦日子也没法过，不如去当红军。”很多人都赞成。余秋里想到在家中遭受的种种苦难，坚决地说：“我也要参加红军。”在余文元的带领下，他们参加了工农红军儒林赤卫大队，从此开始了南征北战的军旅生涯。

余秋里参加赤卫队以后，由于家庭成分好，对土豪劣绅斗争坚决，对革命忠诚，同年12月，由余文元介绍参加了共产主义青年团，在吉安县陈家村一个祠堂里，举行了宣誓仪式。1931年5月，他正式转为中国共产党党员。

入伍后，余秋里开始当战士，不久因作战勇敢，有组织能力，担任了赤卫大队的分队长。当时赤卫队主要在敌我交界的边缘地区活动，打击土豪劣绅的反动武装，支持群众的革命斗争，有时也配合红军作战。最主要的战斗就是八次攻打吉安。

当时，赣西南特委在“立三路线”的影响下，把“攻取吉安”作为中心任务。从1929年11月至1930年8月，在没有红军或只有很少主力红军参加的情况下，曾八次组织赤卫队和工农群众攻打吉安城。

吉安城地形复杂，易守难攻。东有赣江和青原山，南有禾水和神岗山，西有天华山，北有真君山和螺子山。当时吉安周围都是苏区，各县的恶霸地主、土豪劣绅都集聚在这里，是赣西南国民党反动统治的堡垒。

在攻打吉安时，各赤卫队的队员和广大工农群众斗志昂扬，不怕困难，不怕牺牲，高举红旗，英勇攻击，多次冲到吉安城下，给敌人造成很大威胁，但因缺少重武器，未能攻破吉安城。

余秋里印象最深的是第六次攻打吉安。1930年6月，蒋、阎、冯大战爆发后，驻吉安的国民党军队换防。赣西南特委决定利用这个时机，“破釜沉舟”拿下吉安。当时决定以地方红军为主力，调集赤卫队和十万工农群众予以配合。

6月28日，攻城总指挥曾山率领红军、赤卫队和十万工农群众向吉安城发起了进攻，将吉安城四面包围，先后攻占了真君山、天华山、螺子山。接着，攻占天华山的红军突破国民党军城外的阵地，攻进城西街赵公塘，经过激战歼敌百余名，但终因缺乏攻城武器，未能突破城内工事。这时，敌援军已迫近吉安，总指挥部决定撤出战斗。

9月，红一方面军撤围长沙后，经株洲向江西开进，决定攻占吉安，算起来，这是第九次攻打吉安了。

10月3日，红一方面军各部队陆续到达吉安城郊，占领进攻阵地。

这一次，为了确保攻克吉安，根据红一方面军总前委的统一部署，赣西南特委决定调集地方红军、赤卫大队和十万工农群众参加作战和支前。

10月4日拂晓，红军向吉安城发起攻击，先后攻占了螺子山和真君山。傍晚，暂停攻击，调整部署。

晚上9时，红军发起总攻。

余秋里所在的赤卫大队的指战员带着禾草、柴刀、梯子、木板，跟随主力红军攻击前进，填沟、搭桥、破铁丝网，掩护和保障部队攻击。红军首先在城西突破国民党保安团阵地，攻入城内，直插城中心中山路大街。

国民党驻军第13师师长邓英见败局已定，慌忙率少数人乘船沿赣江北逃。10月5日清晨，红军在城内群众的欢迎下，进入吉安城。

进入吉安城后，赤卫大队驻扎在发电厂附近，当时这个发电厂只有一台50千瓦的发电机。好奇的余秋里进去仔细瞧了瞧，这也是他第一次近距离接触现代工业。机器一开动就能发出电来，这让读过几年书极其渴求知识的余秋里感到很神奇，于是，这台发电机引起了余秋里很大的兴趣。在以后的戎马生涯中，只要打下城市，余秋里总要抽空到工厂里去看一看。

二、与任弼时结下不解之缘

1930年11月，国民党发动了对苏区的第一次“围剿”。为了配合中央苏区的反“围剿”斗争，牵制敌人，儒林赤卫大队对驻在吉安地区的国民党军第77师发动了多次袭击。在袭击神岗山的敌军时，第一中队中队长牺牲，于是余秋里被任命为一中队中队长。

1931年4月，蒋介石集中20万兵力，再次对苏区进行“围剿”，驻吉安的国民党军77师一个旅开始向赣西南地区发动进攻，先后占领了永阳镇等地。随后，红20军和湘东独立师在赤卫队配合下向敌人发动进攻，将敌击溃，收复了永阳等地。在横江渡以西的七里坪战斗中，余秋里头部负重伤。

余秋里负伤后，组织上把他安置在一户农民家中养伤。伤愈后，余秋里被推荐去红军学校第四分校学习。

1933年的10月，此时余秋里正在红四分校学习，并被选为军事队指导员。有一天早晨，他带领连队出操，任弼时来到了红军学校，并直接来到了正在出操的军事队队列前。

他问余秋里叫什么名字，担任什么职务？

余秋里一一作了回答。

任弼时又问：“你来说一说，怎样才能成为一名优秀的红军干部？”

余秋里不假思索地说：“要有觉悟，不怕死。”歇了一口气他又补充道，“还要懂得战术和军事技术。”

任弼时点点头说：“这两条都重要，还有，要会带兵，关心战士、爱护战士。”

一年后，余秋里机缘巧合地来到了任弼时身边工作。当时红六军团被迫离开了湘赣根据地，从横石、新江口地域出发，进行西征。

10月初，红六军团在贵州甘溪一带活动，准备与贺龙领导的红三军会合。

可是，部队在甘溪陷入了国民党军的重重包围。突围以后，部队还是被敌人截成了三段，处境非常危险。

更加不幸的是，此时任弼时患疟疾已有一个多月，体质非常虚弱。甘溪突围后，军团领导的马都丢掉了，卫生部只能给他配了一副担架。

为了保卫任弼时的安全，稳定红六军团的指挥，军团政治部决定成立一个政治保卫队，专门保障任弼时的安全与生活。

政治保卫队的人员都是从红四分校抽调的营、连级红军干部，由余秋里任队长。在三个多月的时间里，余秋里带领政治保卫队的同志忠实履行着自己的职责，一次次化险为夷，很好地保卫了任弼时同志的安全。

这期间，最让余秋里感到惊心动魄的，是在罗塔坪山口遭遇土匪偷袭。

1935 年 1 月下旬，中共湘鄂川黔省委在大庸县的丁家沟召开红二军团党的积极分子会议。任弼时由塔卧来这里参加了会议。

会议结束后，政治保卫队随任弼时由大庸回塔卧。由于当时敌情严重，红 4 师 11 团、12 团又各派了一个营护送任弼时。当他们离开大庸，行进到罗塔坪山口时，突然遭到了当地土匪的袭击。

这股土匪人数很多,是当地人所谓的“神兵”。他们头包红巾,身穿红衣裤，在战前他们一般都喝朱砂酒，自认为刀枪不入。

余秋里当即指挥部队抢占了有利地形，他命令部队一定要沉着应战，要等到敌人冲到跟前时再打。

当敌人挥舞着刀枪，吼叫着冲过来时，余秋里命令机枪、步枪一齐开火，冲到最前面的敌人一排排地倒了下去，“刀枪不入”的神话破灭了，敌人最后终于胆怯了、退却了。

当战斗激烈进行时，余秋里多次劝任弼时转移到安全的地方去，可任弼时坚决不肯，直到把敌人打退。

几十年后，当余秋里和红 2 军团的老战友杨秀山回忆过去的经历时，杨秀山说：“护送弼时同志从大庸回塔卧的部队，有一个营是我们 11 团的，那天我和团长有事没去护送。护送部队回来后，向我们报告了遭遇土匪袭击的情况，我和团长都很后悔没有亲自去护送。那一次如果不是你指挥得当，万一弼时同志出了事，那损失可就大了。”

余秋里随任弼时回到塔卧不久，有一天，任弼时找他谈话说，现在形势发展很快，部队扩大了，很需要干部。我现在主要在根据地活动，身边有警卫员就可以了，你可以到部队去，这样，对你对革命都有好处。

任弼时又似自言自语地说，去哪个部队呢？他稍加考虑后说，我看你还是去红2军团吧，那里最需要政治干部。18团是一个主力团，你可以先去当一段时间的总支书记，熟悉情况后，再当团政委。

任弼时还说，2军团中有些干部存在着轻视政治工作的倾向，他们不了解政治工作是红军的生命线，认为“政治工作不能打仗”，是可要可不要的东西，在一部分人中形成了不尊重政治委员制度、反对政治工作路线的危险倾向。

停了一会儿，任弼时又接着说：“这些问题，广大指战员没有责任，主要是夏曦同志取消政治机关所造成的严重后果。我给你讲这些，是为了使你思想有所准备，要估计到可能遇到的困难。你对党忠诚，革命坚决，又有一股不怕困难的精神，我相信你一定能把工作做好。”

余秋里默默地听着任弼时同志的谈话，最后任弼时问他有什么意见，余秋里说：“我一定牢记首长的教导，努力把工作做好。”

任弼时最后说：“以后你遇到什么困难，还可以来找我。”

这次谈话，任弼时给余秋里上了一堂很好的政治工作课，使他在以后几十年的革命生涯中一刻也没有放松过政治工作。

经过近一年边学习边战斗艰苦环境的锻炼，余秋里的军政素质都得到了很大的增强，逐渐成长为一名优秀的红军基层指挥员。

1935年2月，余秋里到红2军团6师18团担任总支书记。当时，18团驻在湖北宣恩县的沙道沟，团长高利国，政治委员朱绍田。那时，师、团两级都设特派员，直属政治保卫局领导，有很大的特权。

有一天，特派员提出要扣押一名连长和一名排长。团政委朱绍田问他，这两个人都是好同志，为什么要扣押？特派员说有人反映他们政治上不可靠。

一个坚持要扣押，一个坚决不同意，两人争吵得很厉害。

特派员蛮横地说：“不管你同意不同意，我都要把他们扣起来，这是特派员的权力，别人无权干涉。

余秋里看到特派员这种蛮横的态度，非常气愤，就说：“你不作深入调查，凭个别人的小报告，就要扣押连、排干部，又不肯听政治委员的意见，你这样做是非常错误的！”

特派员听了余秋里的批评，更是气不打一处来，大声嚷着说：“你们干涉特派员的权力，我要报告保卫局！”

余秋里说：“你现在就去告吧！”

第二天，保卫局派来两个背机关枪的人，对余秋里说：“余秋里，吴局长请你去。”

余秋里来到保卫局，见到了吴德峰局长。在湘赣省苏维埃政府工作时，余秋里和他曾有一面之识。

余秋里对吴局长说：“你派人把我找来，有什么事啊？”

吴德峰说：“有人反映你干涉特派员的工作。”

余秋里就把事情的经过详细叙述了一遍。

吴德峰听了以后说：“你先回去吧，我们再了解一下！”

余秋里回来以后，朱绍田握住他的手，流着眼泪说：“你被保卫局的同志带走，我真替你捏一把汗啊！”

余秋里说：“我心中感到很坦然，我又没有做错事，怕什么？”

不久，余秋里所在团的特派员被调走了。他事后听说，原来是任弼时同志知道了这件事后，狠狠批评了保卫局，并限制了保卫局的一些特权。

三、身残志愈坚

1935 年 11 月 19 日，红二方面军告别了湘鄂川黔根据地，开始长征。

为了避开敌人的围追堵截，寻找一个休整的机会，红军开进了黔滇交界的乌蒙山区。

红二方面军在大山中忽东忽西，忽南忽北，在崇山峻岭中转来转去，展开了一场艰苦卓绝的回旋战。

1936 年 3 月 12 日，余秋里政委率红 18 团正按着军团的部署向镇雄方向前进，忽然接到贺龙总指挥的命令，要他们火速前进到得章坝，截击经章坝前往镇雄的敌万耀煌部队。

18 团赶到干沟梁子时，看到敌军正沿山坡由西向东开进，正好经过他们的脚下。于是乘其不备，猛烈开火，指战员呐喊着冲下沟底，消灭了正在行进中的一部分敌军，剩下的敌军有的在沟底顽抗，有的挣扎着爬上了对面的山坡。

为了消灭被围困在沟底的敌人，成本兴团长站起身来观察地形，为部队选择进攻路线。

这时，余秋里突然看到对面山坡上的敌人正准备向我方射击，他高喊一声“危险！”不顾一切地站起来将成团长扑倒在地。

他的话音未落，敌人的一排子弹射来，当即击中了余秋里的左臂。

成团长站起来发现余秋里负伤，赶忙过来查看，余秋里用右臂推了他一把，说：“老成，不要管我，赶快指挥部队冲锋！”

成团长无奈，只好匆匆交代了警卫员几句，又指挥部队向沟底的敌人进攻。余秋里感觉伤口并无大碍，简单包扎后，也随着部队向沟底冲去。

正在这时，18 团接到贺龙总指挥命令，我军要撤出战斗，要求 18 团掩护军团主力转移。

此时，对面山坡上的一股敌人对我军机动构成了威胁。

经过一番战斗，余秋里和成团长带领部队迂回到对面山坡上，占领了大半个山包，缴了十几支驳壳枪和几挺机枪，就在即将占领全部山头那一刻，敌人一梭子机枪子弹打了过来，又打在了余秋里负伤的左臂上。

余秋里低头一看，打断的骨头白花花穿出了皮肉，有两根筋露在外面，还在微微颤动着。

战斗正在激烈进行，他没有时间多想，只进行了简单的包扎，并用绷带把左臂挂在脖子上，与成团长一起继续指挥战斗。

战斗一直进行到天黑，主力部队终于安全转移了。

战斗结束后，红 6 师政委廖汉生赶到 18 团通知他们撤退，此时，已被剧痛折磨多时的余秋里体力不支，晕了过去，廖政委赶忙让人用担架把余秋里送到师卫生部，重新包扎后即随部队转移。

余秋里被抬到卫生部以后，感到疼痛难忍，他才开始意识到伤势的严重。余秋里试了试左手的五个手指，发现只有一个能动，其余四指全然没有知觉。

经过战争的人都知道，不怕骨折肉绽，只怕打断神经。

那个疼痛，是难以用言语形容的。

有人喊余秋里一声，或用手指动他一下，他都会感到伤口疼痛。他不敢张嘴说话，吃东西只能慢嚼慢咽，稍有不慎，伤口就钻心似的疼。

听到余秋里负伤的消息，贺龙总指挥、任弼时政委、关向应副政委都非常关心，专门让人为余秋里准备了一副担架，给他弄到了一件皮衣，还有一块油布，以御寒、遮雨。在那样恶劣的环境中对一个重伤员来说，这两样东西可是解决了大问题。

此时，红二方面军与党中央的联系已经中断，与红二方面军保持联系的是红四方面军的电台，随红四方面军行动的朱德总司令和红四方面军总指挥、时任红军总政委的张国焘要二、六军团渡过金沙江，再设法与红四方面军会合。

渡江前，总指挥部派人给余秋里送来一床鸭绒被。当时余秋里的伤口已经发炎，正在发高烧。他是被同志们抬到船上，在大家的保护下渡过金沙江的。

渡过金沙江后，红二方面军进入了康藏地区，终于摆脱了十几万敌军的围追堵截，部队开始在中甸地区的格罗湾休整。

1936 年 5 月，部队到达中甸县城。在中甸，余秋里参加了连以上干部会议。会议明确提出，红军当前的任务，是要在极其困难的条件下过雪山、草地北上，与一、四方面军会合，创建西北根据地。

5 月 5 日，红二方面军从中甸出发向甘孜前进，一路上共翻越了三座大雪山。

这对重伤在身的余秋里来说是多么大的考验啊！但是他始终一声不吭，咬着牙坚持着。同志们要抬他，可他坚决不同意，反而鼓励大家一定要坚持下去，翻过雪山。

更大的暴风雪袭来了，几个人用余秋里的那块油布挡着风，一步也不敢停，几乎是挣扎着往前挪。

就这样，他们终于翻过了三座雪山，于7月1日到达甘孜，与红四方面军胜利会师。

7月中旬，红二方面军又离开甘孜北上，开始进入草地。这里地处高原，空气稀薄，天气多变，忽而晴空万里，忽而阴云密布。举目望去，荒野一片，不见村庄，没有人烟，部队终日行进在这荒凉的大草原上。

当时最大的困难是缺乏粮食。过草地前，每个人准备了一份干粮，但数量有限，4师师长卢冬生同志在离开甘孜前看望余秋里时给他送了一些食品，但没几天就吃完了。以后只好挖野菜、找牛羊皮来充饥，偶尔在水里捉到一条小鱼，或者在草地上捉到一只田鼠就是最好吃的东西了。

过草地还有一个很大的危险，就是要通过一大段泥沼地带。有的地方表面看上去是草地，下面却是泥潭，一旦不慎陷进去就会越陷越深，以致泥水没顶。在通过这一地段时，同志们都给余秋里让路，把好走的路指给余秋里。

有时同志们看余秋里实在太累了，就要用担架抬他，可是他坚决不同意。他想，大家身体都很虚弱，每个人自己走路都很困难，怎么能让同志们抬呢？

余秋里负伤不久，伤口就开始发炎腐烂，疼得厉害。当时没有止痛药，为了止痛，有时就把受伤的左臂伸到冷水里泡一泡。

过草地时，有一段时间没有换药。过了噶曲河，医生来检查伤口，打开纱布一看，伤口已经腐烂生蛆，医生用镊子将蛆一个一个地夹出来，用盐水清洗了伤口。

经过将近两个月的艰苦行军，终于走出了草地。9月初，红2军团到达哈达铺。9月中旬，红二方面军总指挥部根据中央军委的部署，发起了甘南战役，先后攻占了成县、徽县、两当、康县四座县城，并在这些地区建立了革命政权。

甘南战役后的一天，贺龙总指挥、任弼时政委、关向应副政委来看望余秋里，当时余秋里的左手已干燥、发黑，左臂红肿，身体消瘦。

贺龙问他有什么想法，余秋里说："看来左手是保不住了，而且疼痛难忍，我想还是把左手锯掉吧。"

贺龙说："方才我们和卫生部长侯友成同志谈过了，他说，左臂是保不住了，做了，可以减少痛苦，防止感染；如果不做，感染后发高烧，就很危险，想做也不行了。"

手术是在9月20日上午进行的。手术前，侯友成给余秋里讲手术的程序和注意事项。

余秋里说："你们大胆做吧，没问题。"

候部长又说："要全身麻醉。""既然交给你们做，就一切都交给你们全权处理。"

打上麻药以后，余秋里很快就迷迷糊糊睡着了。不知过了多长时间，他醒来了。"这一觉睡得真香啊！"他自言自语道。他觉得头有些晕眩，习惯地用右手去摸左手，空荡荡的。余秋里才知道手术已经完成。

余秋里算了一下，从3月12日在章坝战斗负伤，到9月20日做手术，他拖着一只断臂度过了192个日日夜夜，在敌人的围追堵截中走了两万里。在这漫长的日子里，他几乎从来没有睡过一个好觉。

四、“一把手”的队伍

余秋里与贺炳炎的相识，是在1935年6月13日，时任18团政委的余秋里，正与国民党41师张振汉部在鄂西宣恩县一带激战，在战斗中，18团团长高利国负伤，红二方面军总指挥部便于13日傍晚派贺炳炎来18团任团长，接替高利国的职务。

贺炳炎来了以后，余秋里立即向他简单介绍了情况，接着他们整顿了部队，继续围点打援，抗击敌人的进攻。结果，敌人在解围无望的情况下，仓皇溃逃。这次战斗，他们成功消灭了敌41师师部和121旅，活捉了敌纵队司令兼41师师长张振汉。两人的初次合作，算是旗开得胜。

贺炳炎来18团后，总的说，他们俩合作得很好，但也发生过冲突。

在一次战斗中，团里缴获了一批物资，其中有一些布。团部的警卫员、通信员围着贺炳炎，要求用缴获的布为他们每人做一套新衣服，贺炳炎答应了。

衣服做好以后，团部的警卫员、通信员穿起来觉得很神气，但在部队中却引起了强烈反映。有的人向余秋里反映了这件事。余秋里感到团长这样做影响不好，应该和他谈一谈。

一天，当他们俩在一起的时候，余秋里对贺炳炎说：“全团一千多人，你批准给团部少数几个人每人做一套衣服，这样就脱离了广大战士，必然会引起大多数同志的不满。”

贺炳炎一听，猛地站了起来，把桌子一拍，生气地说：“你这个政委管得也太多了，我这个团长连做几件衣服的权力都没有吗？”说完，一甩袖子就出去了。一会儿，有人向余秋里报告：“贺团长骑着马跑了。”

余秋里一听很生气，就说：“没有团长照样打仗。”

当天晚上，贺炳炎又骑着马回来了。

事后才知道，贺炳炎当时一生气，就骑着马跑到军团部，找贺龙总指挥去诉“委屈”，贺总指挥不仅没有同情他，反而严肃地批评了他。

在日后的相处中，贺炳炎和余秋里慢慢熟悉起来。2 军团的同志也向余秋里介绍了贺炳炎的情况，说他对党忠诚，作战勇敢，为人耿直，但有个倔脾气。有些问题想不通就有气，有气就发作出来，天王老子也不怕。一旦想通了，就什么事也没有了。过了一段时间，贺炳炎主动找余秋里承认了错误，并在团干部会上作了检讨。

五个月后，为了适应新的战斗任务，红 2 军团新组建了红 5 师，调任贺炳炎同志去 5 师担任师长。

贺炳炎接到命令后，对余秋里说：“5 师是以地方武装的两个独立团为基础组建的，缺少干部和骨干，我想从 18 团带走一些干部和骨干，补充到 5 师，不知你有什么意见？”

余秋里笑笑说：“干部是党的干部，五师是新组建的部队，从 18 团调些干部去，有利于部队建设和提高战斗力，我支持。你提个名单，用我们两个人的名义报告师长、政委。”

贺炳炎听了很高兴，他拍了一下余秋里的肩膀，说：“老余，你这个人真爽快，很能顾全大局。”

两人就此一别，再见面的时候，已经是几年之后了。1939 年 1 月，余秋里和常德善两人奉命以八路军 120 师 358 旅 716 团三个连及一部分干部为基础，组建了 120 师游击第 3 支队，到大清河北岸地区配合冀中五分区打击日寇。

部队到达大清河一带后，3 支队一边积极收编周围的游击武装，一边派出十几个扩兵小组，在新城、雄县、因安、霸县地区开展工作，宣传抗日，动员青年农民参军，很快使3支队从来时的300人壮大到1000多人，编为3支队7团。

1939年5月下旬，组建已经两个多月、已在战斗中发展壮大的3支队奉120师命令，来到储龙河两岸靠近师部的地区进行休整。3支队司令部驻南岗，120师师部驻滑岗。同时来这里休整的还有江东生的6支队。很快，师部就传出消息：3、6支队要进行合编。

一天，3支队政委余秋里突然接到贺炳炎从师部打来的电话："我刚从'抗大'毕业，现正在师部。"稍停了一会儿，贺炳炎又说，"现在我向你报到！"接着便是一阵爽朗的笑声。

余秋里高兴地说："老贺，你早点来啊，3、6支队正准备合编，现在正是熟悉干部、了解情况的好机会。"

贺炳炎连声说："老余，你等着我，我报告贺、关首长后，马上就来。"贺炳炎这人是急性子，一向雷厉风行。第二天，他就骑着马兴冲冲地来了。

贺炳炎的到来，使余秋里非常高兴。在长征中，余秋里失去了左臂，贺炳炎失去了右臂。这次见面，余秋里的右手和贺炳炎的左手紧紧握在了一起。

从那时起，根据地的群众甚至他们的敌人——日本鬼子，都把3支队称作"一把手"的队伍。

贺龙师长也学着群众的口气，把3支队叫作"一把手"的队伍。他在离开冀中前夕的一次谈话中说："贺炳炎和余秋里两人都只有一只胳膊，刚来冀中时没有几个人，可是他们东一搞，西一搞，就搞出了一支队伍。这个队伍打得很好嘛！敌人一听见是'一把手'的部队，离老远就吓得溜掉了。"

1939年5月28日，120师正式下达命令：6支队整编为120师独立3支队8团。任命贺炳炎为独立3支队司令员，余秋里为政治委员，常德善与原6支队指挥江东生任支队副司令员。全支队共1605人。

整编后的独立第3支队，领导坚强、士气高昂，在储龙河、德沦河之间活动，一出手就打了个大胜仗。

6月21日，台县、肃宁、安平、绕阳之敌数千日寇合击冀中军区机关扑空，在该地区反复“扫荡”五六天后，大部分撤回原据点，唯有台县之敌400余人在李岗迟迟未动。

贺炳炎和余秋里商量后，决心寻机打击该敌。

27日晚，3支队从安国县南北地区东移到台县莲子口一带，准备在这里虚设阵地，打击敌人。

28日拂晓，正当我军构筑工事时，李岗之敌开始向莲子口移动。余秋里和贺炳炎当即布置准备战斗。

当日军距我阵地200多米时，我军遂展开猛烈射击，战至中午，肃宁之敌百余人前来增援，并施放瓦斯毒气，但我广大指战员毫不畏惧。黄昏时，余秋里指挥3支队7、8两团向日寇发起反击，敌人支持不住，狼狈逃窜。

这次战斗,3支队毙伤日军200多人,并缴获了很多枪支和军用物资。余、贺左右“一把手”的合作，又迎来了一次开门红。

五、新式整军运动

抗日战争胜利后，经历了八年苦难的中国人民本想好好享受一下和平的阳光,可是蒋介石又一次剥夺了人民这一最起码的愿望。为了保卫胜利果实，余秋里又和战友们一道，踏上了解放战争的征程。

1947年11月，全国各解放区战场都由战略防御转入战略反攻。余秋里时任西北人民解放军1纵队358旅政治委员，旅长为黄新廷。

在过去的一年多时间内，358旅参加了“三战三捷”、收复三边等战斗，部队连续作战，战争环境严酷，战斗日趋激烈、规模越打越大，没有时间进行全面整训。

由于部队大批减员，只能从俘虏的国民党士兵中补充“解放战士”，有些连队的“解放战士”比例达到了百分之七八十，思想觉悟和战术技术水平都跟不上战斗的需要，而眼看胜利在望，甚至一些老同志也产生了畏难怕苦、斗志减退的现象。如果这些问题不能及时加以解决，就会极大地削弱部队的战斗力，甚至会对革命进程带来不利的影响。

因此，奉野战军首长的指示，西北野战军各部队在撤出榆林后，利用冬季战斗的间隙，进行整训。

有着延安大练兵以及长期政治工作经验的余秋里，很快就深刻领会了新式整军运动的目的、意义和要求，再经过一段时间的思考与深入调查后，他对整训工作有了一个清晰的思路。

考虑到“解放战士”已经占部队的大多数,余秋里认为整训应以提高“解放战士”的思想觉悟为重点，方法是从开展新旧军队对比教育入手。

“解放战士”绝大多数也是出身于贫苦家庭，要使他们从根本上改变立场，就要启发他们诉旧社会的苦，诉在旧军队中受的苦。

因此,旅党委在余秋里同志的建议下,决定以“诉苦”和“三查”(查阶级、查思想、查斗志)为主要内容。在教育“解放战士”的同时，让老同志也参与到“诉苦”、“三查”活动中去，激发他们为党的事业继续奋斗的热情。

抓典型、指导全面，则是余秋里一贯的工作方法，这次也不例外。

正当他认真调查研究、寻找突破口的时候,714 团(即原来 3 支队的 8 团)政治处主任杨浩来汇报工作,说他们团 2 营 6 连有一名叫路新理的四川籍“解放战士”，是出了名的“罗克兵”，从蟠龙解放入伍后，怪话怪事不断，谁见谁头痛，这里没少做他的工作，可效果不大。一天深夜，哨兵见他一个人悄悄爬起来，抱着一包东西往外跑，于是就报告了指导员，指导员想他可能是想开小差，于是就跟了过去。

只见他沿着小路跑到一处断崖边，掏出一个纸牌，然后跪在地上，点燃了一堆草纸，对着纸牌哭诉了起来，指导员细细一听，原来他是在拜祭他死去的父母。他边哭边说自己是被抓壮丁去了国民党部队，还有个妹妹在自己被抓壮丁时失散了，不知下落，自己是“解放战士”，怕大家瞧不起，于是就破罐子破摔，才有了平时的表现。

指导员也是穷苦出身，路新理的哭诉勾起了他的伤心事，他走上前去，与路新理抱头痛哭。接着指导员趁热打铁，深入了解了路新理的苦难家史，并结合自己的亲身经历，给他讲穷人想翻身得解放，就得团结起来好好干革命的道理。

路新理深受感动，第二天主动要求在全连大会上诉苦，他的血泪家史和发自内心的哭诉，深深打动了“解放战士”们的心。在路新里的带动下，6连的诉苦活动有声有色。

听到这儿，余秋里坐不住了，他独臂一挥说：“好啊，太典型了，我们要马上组织这个战士在全营讲，不！还要请他在全团讲，全旅讲！”

发现这一典型后，余被里立即带工作组下到这个连队，充分发动群众，引导大家认真总结经验，在全旅进行推广。

于是，一个群众性的诉苦活动在全旅广泛开展起来。解放军广大指战员，绝大多数都出身贫苦家庭，个个都有一本不同程度的血泪史，在相互诉说中，加深了对旧社会的仇恨，增进了同志间的阶级感情。

在各连、营、团开展诉苦活动的基础上，旅政治部又选了部分很有代表性的同志组成巡回诉苦团，到各兄弟单位去诉苦，把诉苦活动推向高潮。

为了配合诉苦运动，余秋里还特地指令全旅各团派人到驻地访贫问苦，然后回来给大家作诉苦报告。部队访贫问苦，反过来有力地推动了当地土改运动的进行，进一步密切了军民关系，增强了军民团结。

随着诉苦运动的深入，358旅官兵又开始了查阶级、查工作、查斗志的三查活动。

经过三查，解决了许多长时间没有解决的问题。干部战士立场更加坚定，斗志更加旺盛，新兵与老兵、子弟兵与解放兵、干部与战士、党员和群众之间更加团结，党在群众中的威信更高了。部队中涌现了大批积极分子，不少同志订出了立功计划，写了入党申请书。这既为选拔干部创造了条件，又使每个党员和干部明确了自己与革命事业的关系，以及应发挥的作用，从而达到了审干和整党的目的。

这次冬季整训从 1947 年 12 月起到 1948 年 2 月结束，历时两个多月，彭德怀司令员和野战军政治部主任甘泗淇先后来到 358 旅指导诉苦、三查工作。总部还发出了推广诉苦、三查做法的电报，西北野战军的诉苦三查运动由此广泛开展起来。

1948 年 1 月，西北野战军在米脂县杨家沟召开团以上干部参加的前委扩大会议，毛主席等中央领导同志也参加了这次会议。

会议期间的一天晚上 9 点多钟，毛泽东亲切地接见了余秋里。毛泽东先问了部队的一些情况，然后问余秋里诉苦三查是怎样搞起来的？

余秋里详细向毛泽东主席汇报了诉苦三查运动开展的情况，一直谈到晚上 11 点多钟才起身告辞，毛主席还约他第二天晚上继续谈。

第二天，根据主席的要求，余秋里重点汇报了教育“解放战士”的情况。

毛泽东听完汇报后，高兴地说：“很好！很好！我们在中央苏区时，就想找一个教育俘虏兵的好形式，这次诉苦三查的办法把这问题解决了。”

杨家沟会议后，毛泽东把诉苦三查运动正式定名为新式整军运动。

新式整军运动对人民军队的影响，以及所焕发出来的革命精神，在其后的解放战争中显示出了无比巨大的威力，也是我军政治工作的又一个创举。

六、临危受命

近现代的中国，一直被西方称为贫油国，新中国成立后，每年都要从国外进口大量的石油，仅 1957 年进口石油就占全国用油的百分之六十二，在国家“一五”计划中，石油工业也是唯一没有完成预订计划的部门。

号称“中国油库”的西北某油田的产量，远远满足不了新中国日新月异的需求，加之国际形势恶化，中苏关系破裂，又使原油进口面临着更大的困境。很多汽车被迫停止了运转；解放军不得不取消了多项军事演习项目；在庆祝新中国成立10周年的盛大节日里，人们奇怪地看到，北京街头出现了背负沉重煤气包的公共汽车……

缺油的巨大阴影笼罩着全国，石油短缺成了国之大事，石油问题成了制约共和国社会主义经济建设的重大问题。中央政治局多次召开会议专门研究石油问题，国务院各部门领导更是如坐针毡。周总理面对五年规划草案，迟迟下不了决心。

毛泽东主席感叹道：“长铁归来兮，车无油。”

周恩来总理沉吟说：“石油部的李聚奎年纪大了，主席，你看让余秋里来石油工业部行不行？”

毛泽东想了想，说：“这个同志总是有奇招，可以考虑啊，要不你先给他吹吹风，我再找他谈话。”

1958年1月下旬的一天，中共中央办公厅通知余秋里当天下午到毛主席办公室开会，并特别嘱咐要早一点到，毛主席要先和他单独谈话。

接到通知后，余秋里一直在考虑：主席要和我谈什么呢？他不由得联想到前几天开会，周总理把他叫到一边对他说：“秋里同志，我们准备让你和李聚奎同志对调一下，请你出任石油工业部部长。”

余秋里当时思想毫无准备，稍加考虑后说：“总理，这个任务我怕承担不了啊！”

周总理笑着说：“你考虑考虑，毛主席还要找你谈话。”

余秋里想，毛主席找我谈话，是不是谈这件事呢？

这天下午，余秋里按中央办公厅的通知，提前来到了毛主席办公室。

毛泽东主席让他坐下以后，对他说：“总理他们提议，调你到石油部当部长，我们都赞成，总理和你谈过了吧？”

余秋里说："总理和我谈过了。我考虑，我从来没有搞过工业，石油这东西是在地底下的，情况很复杂，这个任务我恐怕承担不了，军队中比我强的人很多，是不是另选一个人？"

毛泽东没有直接回答余秋里的话，只问："你今年多大年纪了？"

"43 岁。"

毛泽东哈哈一笑说："43 岁，儿童团嘛！"

毛泽东主席幽默风趣的谈话，使在座的人都笑了起来。

接着，毛主席神情严肃地说："我过去说过，夺取全国胜利，这只是万里长征走完了第一步，有很多我们不熟悉的东西正在强迫我们去做。我们必须克服困难，必须学会自己不擅长的东西，必须向一切内行的人们学习怎么做经济工作。拜他们做老师，恭恭敬敬地学，老老实实地学。不懂就是不懂，不要装懂，不要摆官僚架子。钻进去，几个月，一年两年，三年五年，总可以学会的。"

毛主席稍停了停又说："我们军队的高级将领，很多都是在战争中学习战争，逐渐成长为我军的优秀指挥员和政治工作干部。知识是从实践中来的，打仗、搞经济建设都是如此。"

毛泽东见余秋里只默默地听他谈话，又转而问他："你是不是不愿脱军装啊？"

余秋里赶紧说："不是。"

毛泽东知道有很多老同志穿了一辈子军装，不愿意离开部队，就补充了一句说："部长以上干部调动，是中央决定，不是转业。"毛主席笑了笑，又说："李聚奎同志是个很好的同志，他年纪大了。你年轻，精力充沛。中央决定，你们两个换一换。"

这时，参加会议的同志陆续来到了毛主席办公室。余秋里便起立向毛泽东说："主席，我服从中央的决定。我一定按照您的指示，在实践中去学习，努力把工作做好。"

毛泽东主席说："好！就这么定了。你如果缺干部，可以指名要，军以上干部你愿意选谁就选谁。”

1958年2月11日，第一届全国人民代表大会第五次会议通过决定，任命余秋里为石油工业部部长。

受命于危难之中的余秋里决心背水一战，他想尽快找到石油，为国家分忧，可这一次是自己完全不熟悉的领域，在战争年代一向大胆决策、不拘一格用人才的余秋里，把目光首先投向了地质部长李四光身上。

颇有学者风度的李四光看着余秋里焦虑不安的表情，轻松地笑了笑，想缓和一下气氛，这一招果然有效，余秋里显得冷静了许多。

早就对中国大地各种地质构造进行了深入考察、研究的李四光，早已成竹在胸。他微笑地指着大幅地质图上的新华夏沉降带说：“我国地下石油蕴藏量很大，很有希望，只要有决心，我们肯定能搞出自己的大油田。”

余秋里用炽热的目光看着这位地质权威毫无犹豫的神色，心中的决心一下子变成了信心，紧锁的双眉也舒展了开来。他习惯性地双膝夹着火柴盒，右手拿着一根火柴，“哗”的一声划着了，点燃烟，动作干脆利落。他这一划，也就点燃了日后中国石油工业奇迹的火种。

七、中国石油工业的奇迹

在李四光的帮助下，经过进一步的深入调查研究，余秋里大胆向党中央、毛主席建议：把有限的人力、财力、物力，集中使用在最关键的部位上，突破一点，带动全局，一举改变中国石油工业落后的被动局面。

我国原有的油田主要是在西部，开采油量少，而且交通不便，自然条件恶劣，即使开采出原油来，也难以运出。针对这一实际情况，余秋里上任后的第一个战略决策就是统一了一个思想，转移了一个重点。

统一思想就是打破美国等西方国家石油专家以及日本部分地质学家的“中国贫油论”以及“陆相贫油论”的论调，把思想统一到著名地质学家李四光的认识上来，树立有油可找，中国石油大有希望的信心；一个重点就是把石油勘探的重点东移，以使原油生产、加工和消费就地结合起来，较好地适应国民经济发展和国防建设的需要。

为实施这一战略决策，余秋里与石油工业部的同事付出了大量心血。经过科学论证和精密探测，这支中国石油大军的目光聚焦到了东北松辽盆地。

1958 年 3 月，征得国务院副总理邓小平同志的同意后，余秋里决定把松辽盆地作为石油勘探战略东移的主要战场之一，进而成立了松辽石油勘探局，归石油部直接领导，专门负责松辽盆地的石油勘探工作。

经过一年多的进一步勘探与钻探，1959 年 9 月 26 日，定位于大同镇的松基三井终于喷出了棕褐色的原油。这一喜讯迅速传遍松辽盆地，传到长春、哈尔滨，传到了北京。这口井标志着大庆油田的发现，在我国石油工业的发展史上占有重要的位置。

松基三井的喷油，松辽油田的发现，不是偶然的碰运气，而是在以余秋里为首的石油工业部，以科学的精神，实事求是的态度，勇于开拓创新的精神，进行了大量艰苦细致工作的结果。

大同镇出油以后，黑龙江省委的同志欣喜之余，考虑得也比较长远。随着油田的不断开采，将会不断云集全国各方力量，一个小小的大同镇是难以容纳的。因此省委有意在合适的时候将大同镇改为市，但是，考虑到如果改市则会与山西省大同市重名，于是黑龙江省委决定将大同镇改为肇州县的大庆区。

余秋里得知这一情况后，非常高兴，在他与其他同志商量后，便将这个新发现的油田命名为大庆油田。从此以后，“大庆”这个名字传遍了全国千家万户，成了中国人民心目中的一面旗帜。

大庆油田开钻后，油井少，效率低，难以满足需要，而经过科学分析，可能的储藏量又很大。为尽快甩掉贫油的帽子，支援国家经济建设，余秋里一班人已不满足按部就班地进行开发建设了，他决心集中全国石油勘探开采的力量来一次大会战。

松辽会战决策确定后，余秋里不再是一般地宏观决策和后方指挥，他和副部长孙敬文、康世恩组成了前线指挥部，直接把办公室搬到了会战第一线。

在余秋里的率领下，数万石油大军开进了北满草原，展开了一场震惊中外的石油大会战。

上万名军人和工人会集到这里，没有城市依托，生活条件十分艰苦，工人就住在帐篷里。困难一个个摆在余秋里的面前，作为石油会战总指挥的余秋里心急如焚。靠什么来统一大家的思想、稳定队伍、打开石油会战的局面？余秋里陷入了沉思。

抓典型是余秋里一贯的工作方法，他总是用树立样板、推广典型来发动群众，推动工作。战争年代如此，在这个节骨眼上，他更感到榜样的作用。

参加过玉门局会战的1262钻井队（后改为1205）队长王进喜1960年3月带领全队职工到达会战工地，下了火车他一不问吃，二不问住，找到调度室先问了三句话：

“我们的钻井机到了没有？”

“我们的井位在哪里？”

“这里的钻井最高纪录是多少？”

当王进喜得知“萨—55井”井位在20里以外的杨树林后，他领着全队职工连夜步行来到井场。先期准备工作做好后，钻机到了，王进喜不等不靠，用人拉肩扛加车拖的方法，经过七天七夜的苦干，硬是把设备化整为零，运到了井场。开钻时调配泥浆跟不上，他第一个带头跳进泥浆用人工搅拌。他们克服重重困难，终于以最快的速度使钻井开钻了。

王进喜带领大家吃住在井场，日夜苦战，只用五天零四个小时，就打完了第一口井，创造了当时的最高纪录。附近村子里的老百姓都被感动了，一位老大娘提了一篮鸡蛋去慰问，她见到钻工们就说：“你们的王队长，真是个铁人！快劝他回来休息休息吧！不然会累垮的。”

在1205钻井队蹲点的干部，向玉门局会战领导小组负责人宋振明汇报了钻井队队长王进喜的事迹，深知余秋里工作作风的宋振明赶紧向他汇报了这一情况。

思想敏锐的余秋里对王进喜的事迹非常重视。特别是那位老大娘，概括得多么好啊！

“铁人”，不正是对王进喜同志的意志、境界、干劲、性格的高度概括吗？我们要甩掉石油落后的帽子，不正需要这种精神吗？

余秋里马上召开油田会战指挥部紧急会议，在会上正式发出了“学习铁人王进喜，人人做铁人”的号召。

4月15日这天，会战指挥部在萨尔图万人广场上举行了学铁人誓师大会。王进喜披红戴花骑在马上绕场一周，余秋里亲自拿着话筒，带着会战大军一遍又一遍地高呼“向铁人学习！”“人人争做铁人！”

会后，油田上下立即掀起了声势浩大的比、学、赶、帮、超热潮。

这年7月，在余秋里的建议下，部党委又做出了在全油田开展学习王进喜、马德仁、段兴枝、薛国邦、朱洪昌五面红旗的活动。紧接着又发展为学习百面红旗的活动。从而，大庆很快形成了“英雄铁人打头阵，马、段、薛、朱紧相跟，比学赶帮争上游，铁人头上出钢人”的钢铁巨流。

余秋里“抓典型，带全面”的工作方法又一次得到了生动的体现。日后康世恩回忆起这段经历时不无感慨地说：“余秋里抓典型和树王铁人，对当时打开会战局面起到了决定性作用。”

在抓紧东部勘探、开发的同时，余秋里也没有忽视对西部油、气田的勘探开发工作。在抓东部石油大会战的同时，他继续投入力量加强西部石油的开发与建设。在那个充满阶级斗争色彩的年代里，余秋里顶住了“左”倾错误路线的压力，保护了大量的革命同志。他尊重、重用知识分子，充分发挥专业知识在石油工业开发建设中的重要作用，给他们创造良好的工作环境，为石油工业的开发建设奠定了良好的基础。

余秋里任石油部长的六年中，他带出了一支石油劲旅，中国石油的创业史上凝聚着他的心血和功勋。在中国石油人的共同努力下，中国石油工业的奇迹终于出现了，中国人民依靠自己的设计、自己的设备、自己的技术力量创造了奇迹！

1963 年底，周恩来总理在第三届全国人民代表大会上自豪地向全世界宣布：中国石油实现了自给，中国用洋油的时代结束了！

今天，人们只要一提起中国石油工业的崛起，便会想起大庆；而一提起大庆，就会想起当时的石油部长、大庆石油会战总指挥余秋里。

★ZHUANGHUAIQINGPING ZHANGJIANBAOGUO ZHANGAIPING★

壮怀青萍，仗剑报国
——张爱萍

众所周知，张爱萍是“两弹一星”工程的主持者，他长期担负着国防科技建设的领导工作，以博学多识，多才多艺而著称。粉碎“四人帮”以后，张爱萍又再次成功组织指挥了中国第一颗返回式卫星、第一颗洲际导弹的发射。张爱萍不仅是一代儒将，还是著名的将军诗人、摄影家、书法家，他著有《神剑之歌》、《张爱萍军事文选》等大量回忆文章和诗词作品，因此又被称之为“神剑将军”。

张爱萍档案

姓名字号：张爱萍，原名张端绪，曾用名艾平

籍　　贯：四川达县

生卒年月：1910年1月9日—2003年7月5日，享年93岁

最高职务：国务院副总理、中央军委副秘书长、国务委员兼国防部长

张爱萍简历

1910年——1月9日，出生于四川省达县罗江口镇张家沟。

1925年——3月，参加革命工作。

1926年——春，加入中国共产主义青年团。

1928年——夏，转为中国共产党党员，任罗江口党支部书记、临时县委委员。

1929年——秋，赴上海参加党的地下工作，任中共上海市闸北区委委员。12月，参加中国工农红军。

1930年——任红14军1师小队长、中队政治指导员、大队政治指导员、大队长。中央苏区共青团闽西特委常委、宣传部部长。

1932年——任共青团江西省委常委、宣传部部长。

1934年——秋，任红3军团第4师第12团政委。参加了长征。其间，任第4师政治部主任。

1935年——夏，任红3军团第4师第11团、第13团政委。

1937年——春，任抗日军政大学教员。抗战爆发后，任中共江浙省委常委、军委书记。

1939年——春，任中共豫皖苏省委书记，新四军第6支队第4总队总队长兼政委，八路军苏皖纵队政委。

1940年——任八路军第5纵队第3支队司令员。

1941年——任新四军第3师第9旅旅长。同年冬，任第3师副师长兼苏北军区副司令员。

1944年——夏，任新四军第4师师长兼淮北军区司令员。

1949年——春，任中国人民解放军第三野战军前委委员。5月，任华东海军司令员兼政委。

1951年——任陆军第7兵团暨浙江军区司令员，中共浙江省委常委。

1952年——任华东军区参谋长，华东军政委员会委员，华东行政委员会委员。

1954年——10月，任中国人民解放军副总参谋长。

1960年——4月，兼任国防科委副主任。

1962年——任国务院国防工业办公室副主任、党组成员。

1965年——6月，兼任国防科委党委副书记。

1966年至1975年在“文化大革命”中受迫害。

1975年——3月，任国防科委主任、国防科委党委第一书记。

1977年——8月，任中共中央军委委员，解放军副总参谋长，国家科委第一副主任、党组副书记，兼任国防科委主任、国防科委党委第一书记。

1980年——9月，任国务院副总理。

1982年——9月，任中共中央军委副秘书长，国务委员兼国防部长。

1987年——11月，任中央顾问委员会常委。

2003年——7月5日，病逝于北京。

一、中华儿女多奇志

1925年3月12日，中国民主革命的伟大先驱、中国共产党的真诚朋友孙中山与世长辞，国共两党组织各界民众纷纷举行悼念活动，广泛传播孙中山的遗嘱及其革命精神。一时间，长城内外，大江南北，哀乐阵阵，遗嘱声声，哀悼与深思共举，怀念与继承同扬。

在这个举国悲痛的时刻，四川达县当然也不例外。连日来，达县各界民众纷纷举行悼念活动，达县联中与达县中学在教场坝联合召开了孙中山追悼大会。在哀乐声中，一个15岁的少年饱含热泪，在人群中死死握紧了自己的拳头。

这个正在达县中学上学的少年，叫张端绪。在这里，他知道了民主、民权、民生的三民主义，还知道了要与其结合的联俄、联共、扶助农工的三大政策；他不仅知道了孙中山“耕者有其田”的主张，还知道他“制定劳工法，以改良工人之生活”的呼吁；不仅知道了孙中山要建立一个博爱、自由、平等的“民主共和国”，还知道了他对内要“推倒军阀”、对外要“推倒军阀所赖以生存之帝国主义”的宣言……

就在张端绪对三民主义产生兴趣并积极寻根问底期间，有一天他在学校图书馆，看到了一本书——《李宁》。他原以为是写中国人的书，打开一看主人公姓乌里扬诺夫，感到很新鲜，张端绪仔细往下看，才知道这是写成功地领导了俄国十月社会主义革命的伟大领袖列宁（当时翻译为“李宁”）的书，他马上想到孙中山的联俄、联共、扶助农工，顿时兴奋异常，怕被人抢走了似的就借了过来。

不久后，张端绪几次在他的老师张鲤庭家里向“青年读书会”的会友们推荐了《李宁》这本书。

“青年读书会”是张鲤庭创办的进步学生组织。活动的地点大都在县城北街张鲤庭家的阁楼上。在课余时间，张端绪、魏传统、曾繁福、邓廷壁、王荣澍、刘文彦、郑叔人、牟慈帆以及14岁的李文彦（后改名为杨超）等八九个同学几乎每个周末都要去做客。

张鲤庭家里书多、报多、娱乐多，同学们可以在这里随便读书、看报、下棋、作画，也可以到外边踢一阵足球再回到这里喝茶、看报。每个星期日，张鲤庭都要把这一周报刊上的重要消息、国内外的形势变化、一些新的人物新的思想等等，综合起来讲给大家听，这也是最受同学们欢迎的一项内容。人在家中消闲坐，便晓天下新奇事。

1925年5月31日的傍晚，张端绪等七八个同学照例又聚集到张鲤庭家里。张鲤庭环视了一下大家说：“告诉你们一个令人愤慨的消息，上海滩流血了！我们的工人老大哥被洋鬼子杀了！上海的大学生被洋鬼子抓去了许多！”

同学们顿时为之一惊。张鲤庭便拿出几张报纸递给同学们说：“你们看看吧！”

报纸上记述的是“五卅惨案”的经过。

大家看毕，无不气愤。有的说：“真是忍无可忍！ 我们去上海和洋鬼子决一雌雄。”

张鲤庭双手往下虚按了一下，说：“上海各界人民响应中国共产党的号召已经行动起来了，举行了230万人的罢工、罢课、罢市。全国各地纷纷成立‘五卅惨案后援会’，声援上海，向帝国主义讨还血债。我们也不能例外，发动学生，明天就上街游行。”

翌日，霞光刚刚映上东墙，有节奏的钟声便敲碎了校园的寂静。

随即，跑步声、口号声潮水般涌起，人流涌向了县城古老的街道。

“声援上海！”“打倒列强！”“赶走帝国主义！”

口号声此起彼伏，震撼着人心，震撼着山城，更震撼着封建社会遗留下来的残墙断壁。

1925 年 6 月，达县中学的地主、豪绅的子弟成立了“国家主义派自治会”，反对学生游行、集会。面对正在势头上的自治会，老师张鲤庭对聚集在自己家里的 10 多名同学说，我们也要尽快正式组织起一个学生会来，动员全校的同学参加，以我们的学生会对他们的自治会。大家都去动员，韩信点兵多多益善，而且愈快愈好。我们明天晚上就开会，宣布我们的学生会正式成立。

张鲤庭宣布了学生会“反对列强、反对军阀、打倒孔家店、拯救中华于水深火热之中”的宗旨及纪律，然后再三强调：学生会要学生们自己领导、自己战斗，要选出个会长及组织委员会来。

张鲤庭话音刚落，张天竹的粗嗓门就吼了一声：“选张端绪当会长！”他的提议几乎是一呼百应。

“对，选张端绪！”

“同意张端绪！”

“我不同意！”一个反对的声音格外响亮，众人闻之愕然。原来持不同意见的竟是张端绪自己。他大声说道：“当学生会会长既要思想坚定又要学习优秀，还要身体强壮，在这些方面特别是在学习方面，我不如 17 班的段若晨，我提议选段若晨当会长，我当副会长协助他工作。”

在张端绪的坚持下，还是选举了段若晨为会长。几个月后，段离校入党参加了革命工作，学生会的工作由已经加入社会主义青年团的张端绪负责。至 1926 年，达县中学的两派——共产党领导下的学生会与国家主义派的自治会之间的斗争愈来愈激烈，双方的斗争范围、斗争力量均由校内扩展到校外。

次年春，由于蒋介石的叛变，轰轰烈烈的大革命失败了。革命进入了低潮，白色恐怖也随之笼罩了达县。镇压进步势力的枪声不时从达县各地响起。达县的革命者纷纷转入地下，到交通闭塞的农村求生存、求发展，以便蓄积力量，再造革命高潮。

适逢初中毕业的张端绪，也根据党的安排，回乡间小学教书去了。他先后在马家场、罗江口和蒲家场小学任教，并以教书为掩护，继续开展革命活动。

1928年夏，中国共产党达县临时县委在严重的白色恐怖中悄然建立。肩负建党使命的是从万县省立第四师范学校来的杨仲明。他受中共四川省委的指派而来。

8月6日，在蒲家场小学任教的张端绪，由原达县中学的老师、共产党员张鲤庭和戴治安介绍，从一名社会主义青年团员转为中国共产党正式党员。当天，在党的秘密联络点——蒲家场的一个小饭铺里，由蒲家场小学党支部书记江仁安主持，张端绪在党旗下举行了入党宣誓仪式。不久，张端绪担任了临时县委委员，兼任罗江口支部书记。

但是，仅仅做党的地下工作并不能让一个革命青年的热情得以散发，行伍从戎，立马关山，始终是萦绕在张端绪心中的一个美好的梦。

他的好友张元昌曾在1926年春考入了黄埔军校。张端绪因父亲不支持、家里拿不出盘缠而遗憾未能成行。

虽然张端绪没去成黄埔，但他的从军梦一直没有熄灭，两年后，张元昌回到了达县。他在军校成绩优异，曾为北伐军总政治部主任邓演达所倚重，被委任为学兵连连长。后来张元昌参加了南昌起义，因为在战斗中负伤，组织上安排他回来养伤，并叮嘱他在川东拉队伍，开展土地革命。

久别重逢，这对青年好友作了彻夜长谈。

张元昌的斗争经历和述说，让张端绪受到了极大鼓舞。这夜，他辗转反侧，久久地思索着。

“壮怀青萍，仗剑报国。”次日一早，张端绪在日记里写下了这样的誓言。

从此，张端绪便以杀敌报国、削铁如泥的“青萍”自诩，这个奇志少年，毅然将自己的名字，改成了张爱萍。

二、投笔从戎

7月的一天中午，艾平（当时张爱萍在上海从事地下斗争时的化名）在永安公司大楼上，环视了一下熙熙攘攘的南京路，他朝同志们使了一个眼色，把一支点燃的大爆竹高高地掷向天空。爆裂声在楼群中震荡的同时，他已经把大把的传单撒向街上的人群，口号声四起，这伙热血的年轻人结队开始示威。

"打倒帝国主义！"

"打倒新军阀蒋介石！"

"中国共产党万岁！"

头缠大布的印度巡捕吹起警笛，挥着警棍奔了过来，一场格斗开始了，张爱萍和伙伴们将随身携带的酒瓶子、砖头、瓦块投了过去，逼得巡捕们一时收住了脚，有的转身向后退去。借着电车的掩护，他们推进到了十字路口，撒开腿，一直向北跑去！

"快！跑过泥城桥，冲出英租界！"张爱萍留在最后，不断地催促着伙伴。

闻讯赶来的英国宪警在桥上铐住了他、余大姐和其他五个男女伙伴。

无论在戈登路的巡捕房里，还是在会审公堂上，当局都认定他是"罪魁祸首"，可又没找到任何证据，只得以"扰乱社会治安，妨碍交通秩序"判了他20天徒刑，关进了监狱。

20天过去了，张爱萍刚刚走出提篮桥监狱的大门，忽听一声召唤："艾平！"他抬头一看，叫了一声"余大姐！"余大姐没有吭声，拉着他离开了监狱大门。

余大姐叫余一梦，和张爱萍同在法租界地下党支部，她比他大两岁，平时她待艾平为兄弟，张爱萍亲切地称她为“余大姐”。

大姐边走边心疼地说：“你受苦了。”

“没得事，就是……”张爱萍指着头上一行行参差不齐的头发：“他们强行在我头上用推子乱推一气，弄成这个样子，真使人好生恼火！”

他那滑稽的表情，逗得大姐笑弯了眉。

向前走着，张爱萍问：“余大姐，下一步怎么办？”

“你先住下，以后再说。”大姐回话的同时，打开手提包，拿出几个铜板：“给！”

“不。”张爱萍知道，每个同志都是在艰难的境遇里自谋食宿从事斗争，大姐也不例外，常常一天吃不上一顿饭。尽管这些天他在监狱里老是吃不饱，常常在半夜饿醒，即使这样，他也不愿去接大姐手中的铜板：“你留着用，我自己想办法。”

“刚刚放出来，你能想什么办法！有我的就有你的，拿着！”

他执意不要，又怕大姐生气，只好从大姐手中取了三个。

张爱萍回到了在上海的住处——亭子间。站在窗前，透过鳞次栉比的楼群，望着东方升起的一轮金黄色的圆月，自言自语地说：“月亮笑得好开心哟！是在庆祝我出狱吧，今天这个中秋节不可不过。”

“穷开心，一天没得吃饭了，还过什么节？”同住亭子间的两位青年学生满脸惆怅地说着。

短短的一句话，张爱萍知道了他们家里的汇票还没有到，于是，他拿出仅有的三个铜板，拉着二人下楼了。当他们返回的时候，屋里充满了笑声。三个铜板，买了两包蚕豆，又打来一壶白开水，这就是他们的中秋宴。

“干杯！”三个饭碗碰到了一起，铿锵悦耳，碗里清澈的水，闪烁着粼粼银光……

在上海地下工作的经历，让张爱萍清楚地认识到，只靠游行示威和呼口号，是无法打倒反动派的，张爱萍苦苦等待着一个能让他达成心愿的机会。

1928年春，苏北如（皋）泰（兴）各地数万农民在中共江苏省委的领导下，举行了声势浩大的“五一”大暴动。为进一步组织反抗力量，建立更加有战斗力的革命武装，次年8月，中央军委决定在当地农民游击队的基础上，创建中国工农红军第14军。

1929年底，冒着刺骨的江风，张爱萍从上海坐江轮，随即将到任的红14军军长何坤，踏上了苏北如（皋）泰（兴）大地。不久后，他被任命为红1师二大队政委。

尽管从戎行伍是张爱萍的夙愿，但他毕竟是个什么也不懂的新兵。张爱萍主动找到1师政委黎时中说：“政委，我第一次参加部队工作，什么也不懂。我要求从头干起。”

黎时中是张爱萍的达县同乡，曾就读于南通农业大学，并在学校里入党，后任中共南通特委秘书。他们俩过去就认识，黎时中很了解张爱萍的能力与才华，他感到张爱萍当大队政委是完全能够胜任的。至于对军事专业不熟悉，当时整个农民武装，连黎时中本人都是如此。

他只能劝说道：“爱萍同志，现在是非常时期，一切都要服从斗争的需要。”

可到最后，黎时中也没有说服张爱萍。相反，他被张爱萍说服了。于是黎时中只好表示同意，让张爱萍先去当小队长。

每天，张爱萍带着自己的小队，在军长何坤的示范下，认真、刻苦、反复地练习着军人最基本的队列动作和战斗技能：立正、稍息、卧倒、起立、射击、投弹、刺杀和格斗。

而且张爱萍很擅长发挥自己一方的组织优势，他经常号召当地群众助战。这些民众手中是梭镖、大刀、铁叉、鸟枪、抬枪等土制武器，还有在火油箱里放鞭炮等辅助“战火”，以迷惑白军与民团。

这些规模不大但充满示范性的战斗，是非常能锻炼人的，这也是身经百战的张爱萍一生军事生涯的开始。

三、万里长征

1934年9月，由于党的“左”倾机会主义的统治，由于共产国际派来的军事总顾问李德的专断跋扈与党的领导人的软弱无能和对共产国际惟命是从，第五次反“围剿”失败了。红军不得不战略转移。

10月17日晚，红军终于离开中央苏区，踏上了西去的征途。这时，中央军委命令张爱萍调任红3军团4师政治部主任。

中央红军在通过了敌人的两道封锁线后，于11月8日进入湘南、粤北地区。

在突破第三道封锁线的时候，红3军团又意外地轻取了湘粤交界处的重镇宜章城。

然而，西征的路是扑朔迷离的。中央领导人继续执行着错误的作战方针，他们强令部队采取“甬道式”大搬家。1、3军团为左右前锋，8、9军团为两翼掩护，5军团殿后压阵。中间是军委总部、中央纵队，还有各种“坛坛罐罐”，仅挑子便有三千多副。连印钞机都带上了。拉着八九十公里长的中央红军的队伍，在敌机的袭击、轰炸下向着湘江移动。

队伍拖家带口、一片混乱，行动迟缓是必然的，只能日行三五十里，距湘江100多里竟走了4天。这就给了蒋介石以调整兵力部署的时机。

蒋介石在湘江一线的第四道封锁线上集中了数十万兵力。形势急剧恶化。

此时，毛泽东、彭德怀曾向中央提过同样的建议，即趁各路敌军忙于调动之际，集中兵力寻歼敌军一路或一部，以扭转战局。这些建议均遭奉行退却路线的党中央领导人拒绝。

蒋军抓住时机利用湘江的天然屏障，在江边修筑了140多个碉堡，并集重兵对红军围追堵截，必欲将红军赶至预设的合围圈内。

张爱萍接到了中共中央和总政治部发布的政令，他不顾连续行军作战的劳累，召集政工会议，组织宣传鼓动，亲自到部队去宣讲中央的政治命令，彻夜达旦地忙碌着。

11月27日，红4师遵照军委的部署到达湘江边。

红4师10团于11月28日首先渡过湘江进至界首。他们立即在界首以南光华铺、枫山铺地区构筑工事，保障渡河点，掩护军委纵队和红9军团过河。

红10团与数倍于己之敌激战两昼夜，坚持到12月1日上午才撤离阵地，终于完成了掩护兄弟部队渡江的任务。但却付出了沉重的代价，先后牺牲两名团长以及400多名指战员。

红3军团其他部队也伤亡惨重。红5师在敌我兵力悬殊的情况下，英勇抗击，与敌人在阵地上拼死争夺，浴血奋战三昼夜，伤亡2000多人。师参谋长胡浚、红14团团长黄冕昌以及副团长、参谋长、政治处主任都壮烈牺牲。红15团政委负重伤，营以下干部大部牺牲。红6师第17、18团被敌截断于湘江以东，与数十倍于己的敌人战至弹尽粮绝，大部壮烈牺牲。

湘江之役红3军团以伤亡4000余人的重大牺牲，坚决完成了中央军委赋予的任务，粉碎了蒋介石围歼红军于湘江以东的企图。

但损失太惨重了！过了湘江以后，整个中央红军已由出发时的8.6万多人锐减到3万余人。这不得不让悲痛欲绝的张爱萍思考起红军的未来。幸好，遵义会议的召开，及时化解开了张爱萍心头的乌云。

1935年2月，红军二渡赤水河占领桐梓城后，得悉贵州军阀王家烈的部队正由遵义向桐梓疾进中。3军团彭德怀军团长急令13团星夜兼程，力求先敌进占桐梓通向遵义的要隘——娄山关。刚刚到达桐梓城外的张爱萍领导的11团，部队尚未宿营，即接到了彭德怀急令："娄山关战斗激烈，全团火速前进！”

受命后，张爱萍等几位团的负责干部，策马加鞭，沿着桐梓到娄山关的大路奔驰。在离娄山关不远的路旁树林里，见到了彭德怀和邓萍参谋长，11团领命从娄山关左翼远出迂回板桥敌人，并切断其退路。

24日，11团连夜冒雨前进，于拂晓前赶到了板桥附近，与板桥外围敌人交战。敌仓皇应战。11团抢占了板桥镇外的一个山头，趁势向镇里冲击，敌主力不支向南溃逃而去。

随后，红军在板桥周围山区展开了一场大规模的追歼残敌战，并于28日再占遵义。

与此同时，蒋介石急调中央军吴奇伟纵队2个师，从乌江南岸驰援遵义。为了痛歼来敌，军委命令红1、3军团各派出1个团，分两路向懒板凳和鸭溪方向迎击。命令规定：中途遇敌后，即采取宽正面的运动防御战术，节节抗击，消耗疲劳敌人。待把敌人引到遵义城外时，2个团即并肩构筑工事，依山固守，坚决把敌人抓住，以利我军1、3军团主力从左右两翼突击歼灭敌人。出击迎敌的2个团，是1军团的第3团和3军团的11团。

张爱萍等接到命令后，立刻紧急集合部队，全团成四路纵队，雄赳赳地涌向城外。

1军团的第3团，出发比11团早。11团刚走到遵义城外去鸭溪和懒板凳公路的桥上，3团已经迎上了敌人，并展开队形，进入了战斗。

3团的一个骑兵通信员，飞也似的来向张爱萍报告说：“来了，中央军增援来了，大概有2个师的人。”说完翻身上马，又飞驰而去。

张爱萍迅速率部来到老鸦山左侧一带山地，刚集合好队伍要进行战前政治动员，敌人约1个多团，从正面向11团扑来，企图占领11团前面的山头。张爱萍等随即命令2营跑步，抢先占领了那个山头。这时11团左前方的第3团和敌人的战斗逐渐激烈起来。

敌人后续部队逐渐增加到了2个团。

当前的态势，使得张爱萍越来越感到压力在增大，同时，他又因吸引住了敌人而感到高兴。他们抱定与阵地共存亡的决心，沉着应战，决不后退一步，并指挥部队依山构筑野战防御工事，把敌人牢牢地钉在他们面前，以争取军团其他部队采取有力歼敌措施的时间。

就在 11 团与敌激战的同时，10 团控制了老鸦山主峰。

下午，敌人把主攻方向转向坚守老鸦山的第 10 团，攻势一次比一次猛。敌人死伤累累，红军也付出了较大的代价。战斗越打越激烈，到了白热化。

下午 3 点多钟，敌人出动飞机，狂轰滥炸！凭借优势火力和兵力，占领了老鸦山主峰。

这种态势的出现，使敌人不但可以居高临下，威胁我 11 团，更严重的是可以直接威胁遵义城的安全。此时此刻，张爱萍接到了彭德怀军团长的命令：一面固守阵地，一面组织兵力坚决夺回老鸦山。

张爱萍等当即组织 2 营连攻两次，均因地形险恶，未能成功。最后，张爱萍等经过再三研究，又增调第 1 营 1 个连，正在组织第三次进攻时，电话中传来了彭军团长的命令：为了迅速夺回老鸦山主峰，军委命令干部团从北面向南攻，11 团配合干部团从左侧仰攻。

经过一场激烈的争夺战，干部团首先登上了老鸦山的主峰，山顶上又飘扬起红军胜利的旗帜！就在这时，13 团和 12 团也从遵义通贵阳的公路以西向正面之敌实施猛烈突击。1 军团方向，远远传来了炮声、枪声。

黄昏之前，红军全线展开反击。仅激战一个多小时，敌人全面崩溃，主力被红军歼灭在老鸦山下，残部分路向乌江溃退。红 1 军团向懒板凳方向，红 3 军团向鸭溪方向，乘胜在夜间展开了追击。11 团紧跟溃敌，一口气追到了鸭溪镇。

这一战，吴奇伟的 2 个师，大部被歼灭了。吴奇伟本人也如同一条丧家之犬，带着 2 个团经懒板凳向乌江方向逃去。当红 1 军团追到乌江时，他不等败兵过江，便下令砍断了乌江上的浮桥保险索，把 1000 多自己的部下丢在江北岸，做了红军的俘虏。

吴奇伟 2 个师的覆灭，是红军长征以来获得的首次大胜利，轰动了全国，震破了云贵川敌人的胆。红军斗志更加昂扬了，各部队都补充了弹药、物资，换上了新枪，战士们喜气洋洋地说：“还是打中央军过瘾，缴来的都是好枪！”

四、独闯路东

1938年10月，中国共产党六届六中全会纠正了王明的右倾错误，决定党的主要任务是在战区和敌后，放手发动和武装群众，扩大人民军队和敌后抗日根据地。

1939年春，张爱萍出任豫东省委书记。为贯彻六中全会精神，他向中原局书记刘少奇提出：越过津浦路，进入路东，进而挺进苏北广大地区发展游击战争。

这时，地处路东的中共安徽宿县县委派刘子吾同志来了。刘子吾说：日军由于兵力匮乏，在路东只在沿路及沿线的一些重要城镇设了据点，而广大农村，以至于整个洪泽湖地区，都还在中国人手上……

张爱萍越听越兴奋，假若刘子吾所言为实，那么路东便是几方力量都未控制的难得的空隙地带，正是我军大显身手、大展宏图的好舞台。于是，张爱萍对彭雪枫说：“我先带个小部队去侦察侦察，摸摸情况，给你打个前站。”

“就是去路东侦察，也用不着你这个刚上任的省委书记去冒险！”彭雪枫认真地说着。

张爱萍想，当前没有比真实掌握路东情况更重要更迫切的了，他亲自跑一趟，冒点风险，也值得。于是他提出：“我带一个人，再带一部电台，以便一旦有情况可以随时向你报告，免得徒劳往返。”

“你去当然好，不过，你的行动要报告中原局，我个人决定不了。”彭雪枫停了一下又接着说："电台还是不要带了，容易暴露，反而不安全。"

于是，张爱萍带了游击支队民运科长刘作孚，跟着刘子吾出发了。一个深夜，他们越过了津浦路封锁线，次日中午时分，来到了皖东北中心的泗县地区。

张爱萍一行在泗县县政府受到了热情接待。交谈中，获知县长黎纯一也是四川人，黎纯一设便宴招待。趁着饭局，张爱萍从黎纯一的口中掏出了国民党在皖东北各派的军事实力、他们的政治态度及相互关系等重要情况。

推杯换盏谈兴正浓之际，屋外突然响起枪声。有人慌慌张张跑来报告："日本鬼子出动了！"

刚才彬彬有礼、谈笑风生的县太爷，再也不顾友军同乡的贵客，带了几个人偷偷溜走了。

张爱萍细听了一会儿枪声，便问刘子吾：这一带有国民党正规军吗？"

"没听说有正规部队。"

"这就奇怪了，这枪打得有章法啊。走，看看去。"

张爱萍寻着枪声向北走去，约莫 20 多分钟，迎面看见一座土山，枪声就是从土山上传来的。

在山脚下，他遇到了穿土黄色军装的士兵："你们是哪一部分的？"

回答出乎张爱萍的意外："我们是八路军苏鲁豫支队二大队。"

"你们大队长是谁？"

"梁兴初。"

张爱萍急忙上山，在山上见到了老熟人梁兴初。梁兴初见到张爱萍也颇感意外。他告诉张爱萍：115 师 685 团于去年秋冬由山西进入山东微山湖以西地区进行战略侦察，后与当地抗日武装合编为八路军苏鲁豫支队。这次南下，是为向敌后挺进作战略侦察，今晚就要撤回鲁南。

"既然来了，还撤回去干什么？"张爱萍问。

但梁兴初坚持要撤。

时近黄昏，枪声稀疏了，战斗渐渐平息下来，八路军战士给日本鬼子以大量杀伤，但自己的伤亡也不小。

虽然梁兴初撤走了，但他派来一支小部队护送张爱萍周游了皖东北各县镇。周游中，张爱萍探访了皖东北各界头面人物，寻访了散布在角角落落的游击队，还造访了国民党皖东北的“顶尖人物”盛子瑾。周游路东后，他便在路东扎了根，他从山东分局请来金明，一起在洪泽湖边建立了八路军、新四军办事处，团结了各路“诸侯”，在这块战斗纷繁的战略要地上，建成了巩固的敌后抗日根据地。

1944 年春，苏北抗日根据地的广阔田野上，呈现出一派热火朝天的农忙景象。

4 月初的一天上午，驻在盐阜地区的八旅在春耕大忙季节召开了拥政爱民月誓师大会。会上旅首长要求部队在战斗间隙，支援老乡春耕，同时规定：在春耕大忙季节，凡距离部队 50 里以内的碾米场，军粮一律由部队自己背，不要再让老乡肩挑车推送了。

张爱萍虽然是副师长兼旅长，却带头执行拥政爱民月的规定，常常亲自带领旅部直属队的干部战士到几十里以外的地方去背粮。

有一次，他们从驻地大李庄到 40 里外的杨寨镇去背粮，张爱萍和几位旅首长也去了。到了杨寨镇的碾米场一看，要背的粮食很多，而面袋子不够用，大家急得团团转。这些情况被张爱萍看到了，就把自己穿的一条罩裤脱下来装米。在旅长的启发下，不少同志也都这样做了。

在回来的路上，张爱萍肩上背着“两条腿”的米袋，走在队伍的最前面。因为天已近暮色。他告诉警卫员，不要打扰当地的同志，不要惊动老乡，不要暴露身份。这样，他就在一位老乡家里借了块门板，搭在堂屋里过夜。睡前，他以一个普通党员干部的身份和这家的房东亲热地谈了起来，聊家常时，张爱萍问老乡：

“部队住在乡亲们家影响怎么样？”

“我说同志啊，要说影响，唉！还能没有。这些年轻人，真叫我们老百姓没办法。他们每次打完仗回村里，总是帮乡亲们干这干那，扫院子啦！到池塘挑水呀！什么活都抢着干。同志啊，你要不信明天你看一看就清楚了。”

这一夜，张爱萍亲自查哨，看同行的战士们睡得怎样。他的这些活动都没有惊动大家，谁也不知道旅长已经来过了。

第二天拂晓，张爱萍亲自把门板给老乡上好。回到旅部后，他在操场上给旅部直属队讲了话，要求同志们要像爱护眼睛一样，爱护子弟兵同老百姓的关系。养成在任何时候，任何情况下，都能保持艰苦朴素的作风，严格遵守群众纪律的好习惯。

五、攻克一江山

1954 年 5 月中旬，人民解放军华东军区部队攻占了东矶列岛、头门山、田岙、雀儿岙等岛。此后，华东军区鉴于国民党军在浙东沿海岛屿的指挥中心和防御核心是大陈岛，一江山岛是大陈岛的门户和前哨据点，如攻占一江山岛必能击中要害，沉重打击和震撼大陈岛守军，因此，决定先攻占一江山岛，再取大陈岛，然后相机攻取其他岛屿。

张爱萍通过对一江山岛的地形、地势、天候、潮汐等方面作了周到细致的勘察、考查后，即组织各参战部队加紧进行各项作战准备工作，包括动员教育，侦察敌情，拟制三军协同登陆作战计划，进行军种分训和三军合练，扩建机场，抢修舰艇，调集物资器材，组织通信、气象、测量等各项保障。

在三军演练的同时，人民海军成功地进行了夺取制空、制海权的斗争。

1954 年 11 月 11 日，张爱萍接到报告：据雷达侦察，连日来蒋帮海军主要战舰“太平”号护卫驱逐舰每天 18 时至 19 时，都从大陈岛出发，经一江山岛外海转向头门山岛，再右绕驶向渔山列岛，巡逻至拂晓前返回大陈岛。

13 日晚，张爱萍带领海军参谋郑武潜伏在头门山岛观察。海风呼啸，海天一色。他们就在夜海的喧嚣中搜寻“太平”号的踪影。果然，“太平”号沿袭往常的时间、路线徜徉了一遭。张爱萍当即决定：命令我 4 艘鱼雷快艇于 14 日夜埋伏在头门山岛海域，张网以待。可是，这天“太平”号一反常规，23 时许尚未露面，直到零时才出来，并径直驶向渔山列岛。不少同志深感失望。张爱萍告诫大家：静心等待，提高警惕，以抓战机。

接近拂晓时，“太平”号自渔山列岛驶出，乖乖地进入了埋伏区。张爱萍命令 4 艘快艇一齐行动，呈半圆形包围圈，同时发射鱼雷。“轰隆隆”一阵巨响，“太平”号呜呼哀哉。自此，敌舰再也不敢在我海战区露面了。

至于空中飞贼，仅自 1954 年 11 月 1 日至登陆作战发起之日，我空军先后对大陈、一江山轰炸 7 次，投弹 1600 枚，炸毁炸伤敌舰 5 艘；我歼击机出动 279 架次，击伤、击落敌机多架，炸毁一江山敌高炮阵地，牢牢地筑起了空中长城。

1955 年 1 月 8 日，人民解放军发起一江山岛登陆作战。

这一天，晴空万里，海湾里数不清的登陆艇和各种舰船在严阵以待；舰上的指战员斗志昂扬，意气风发；头门山山坡上竖起了巨幅标语牌：“同志们，为祖国立功的时候到了！”

在明丽的阳光中，张爱萍向“登指”司令员黄朝天和率领第一梯队登陆的指挥员等再一次明确任务和登陆地段。

时针指向了“8”字……

空中响起飞机的轰鸣声。数十架由强击机和轰炸机组成的品字形机群，箭一般地向上下大陈岛及南北一江山岛飞去。

顷刻之间，大陈列岛和一江山岛相继陷入火的海洋，而首当其冲的是敌指挥所和雷达站。当 127 吨炸弹投掷完毕时，上下大陈岛与一江山岛的通信联络全部中断，指挥系统陷于瘫痪状态。8 时 15 分，人民解放军机群退出战斗返航，9 时 21 分全部安全着陆。

坐镇宁波“前指”的副司令员聂凤智向张爱萍报告：据侦听，在我军对大陈本岛和一江山岛轰炸后，台湾国民党军仍未发现我战役意图，仍以为我军可能在披山岛登陆。

9 时整，“登指”司令员黄朝天命令炮群实施炮火准备。万炮齐鸣，震天动地，1000 发炮弹分 7 次全部送上一江山岛。

12 时 15 分，黄朝天又一次命令：登陆部队起航！ 100 多艘不同类型的舰船组成的登陆舰队，桅杆上挂着五星红旗，在 M–13 火箭炮群、海军舰炮及战斗机群的掩护下，犹如万箭齐发，井然有序，浩浩荡荡，驶向一江山岛。

张爱萍看在眼里，悦在心中，像是自语又像对身边的王德说：“看，这哪里像海上进军，简直是两湖竞渡，多么壮观呀！”

张爱萍在望远镜中发现掩护舰队的火箭炮群所发射的炮弹大多落入了水中，当即通过报话员命令炮群靠近发射。船载火箭炮迅速抵近敌岛界 1500 米处，实施齐射。敌 190、203 高地瞬间一片火海。

张爱萍的剪式望远镜犹如扫描器在海面上仔细地搜寻，突然发现，登陆输送舰队周围掀起数支水柱，他当即判断：这是大陈岛敌炮兵苏醒后进行拦阻射击所致，遂果断命令：“轰炸机大队立即摧毁大陈敌炮阵地！”

随着命令的到达，轰炸机群第二次起飞，成吨的炸弹再次倾泻向大陈岛。大陈岛的敌炮阵地顿时变成了哑巴。

14 时 10 分，我第一梯队营登陆输送队，在离一江山岛 2500 米左右处，分三路展开战斗队形，以快速多箭头、多波次地向各登陆地段冲进。一江山岛越来越近。我各种火炮、炮艇大队上的火器，再度进行火力急袭，护送步兵登陆。

舰船在弹雨中疾进！

战士在弹雨中还击！

三颗红色信号弹腾空升起，登陆部队终于冲上登陆点。主攻团 5 连于 14 时 29 分按预定时间提前一分钟在乐清礁登陆；6 连标错了登陆点，在受挫的情况下也于 14 时 31 分在北山湾登陆。各登陆部队纷纷向“前指”报告：“我军已成功占领滩头阵地！”

率领第一梯队登陆的前指登陆指挥所参谋长王坤在报告中首先说道："我建议为气象员立一等功！"

张爱萍接到报告喜不自禁，迅即从报话员手中接过话筒，祝贺他们的登陆成功，并要求他们再接再厉，英勇战斗，减少牺牲，尽早把红旗插上一江山岛的主峰。

15时许，张爱萍对王德说："你在这里指挥，我去一江山岛。"

王德不禁愕然。此时岛上战斗正在激烈地进行，有的地方在白刃格斗，怎么能让主帅前往呢？他忙对张爱萍说："要去我们去，您现在不能去！"

"为什么？"

"现在去太危险了！"

"你们去就不危险了？最大的危险已经被我们的登陆部队承担了。走！"说话间，张爱萍跨出了指挥所，跃上了炮艇。

海风裹着浓烈的火药味扑面而来。岛上硝烟尚浓，并不时传来阵阵枪声。张爱萍带着参谋袁仲仁从乐清礁攀岩上岛。一江山的工事非同一般，其坚固、隐蔽、密集，这是在其他战场上未曾见到的，难怪美军顾问炫耀它是美国造的"钢铁堡垒"。

枪声不时从各个方向传来。张爱萍若无其事地巡视部队，他要求部队尽快肃清残敌，迅速转入防御，以防敌人反扑。

在高炮部队，张爱萍发现指战员正十分吃力地把三七高射炮往山上拉，忙跑步过去靠上炮身推了起来，直至推到山上。

在203高地，他看望了首先登上一江山岛的主攻团指战员，代表总部和军区向他们祝贺胜利，并要求他们既要抓紧做好战后工作，加强防御，同时也要注意让战士休息好，尽快把伤员送后方医院治疗。干部战士无不感动。

夕阳西下，绚丽的晚霞为一江山岛、为浩瀚的大海镀上了一层紫金，银色的战鹰在蓝天巡逻，几支长长的俘虏队伍在解放军战士的押解下，走向岸边停泊的舰船……

解放军首次陆海空三军联合登陆作战，全歼敌守备司令以下1086人，其中击毙 519 人，生擒了国民党军驻一江山岛最高长官、第四突击队队长王辅弼。号称大陈列岛“铁门”的一江山岛被彻底打开了。

渔山列岛及披山岛之敌迅即撤进大陈本岛。

在国内，捷报飞处，一片欢腾。中央军委发出指示：“一江山岛战斗对我军陆海空军联合登陆作战取得了初步的经验。为了有助于今后作战，我们必须重视这一经验……”

毛泽东主席视察黄浦江时，在“港申”号轮船上，对华东军区海军副司令员彭德清说：“一江山岛登陆作战，打得很好！我军首次联合作战是成功的。”

六、在那个史无前例的年代

在 1966 年间，史无前例的“文化大革命”爆发了。

一天夜里，解放军副总参谋长张爱萍接到电话：天亮以后你到天安门。

尚未就寝的张爱萍，敞开胸怀，在小院里踱起了步来。他想：见识天安门广场上的旗海歌潮当然是件轻松的好事，可明天去山东参加铁道兵在黄河上架桥演习的日程，早在总参会议上定好了，他怎么能抛下已经集结待命的演习部队而不管呢？无信，怎么为将？怎么带兵？

拂晓，他飞向了济南。

演习结束后的一天清早，他带着演习成功的喜讯来到总参谋部上班。谁知，一夜之间，这个大院对在这里工作了 10 年的他，完全变换了一副面孔。

“火烧张爱萍！”“油炸张爱萍！”“炮轰张爱萍！”“清蒸张爱萍！”“质问张爱萍！”“打倒张爱萍！”……

白纸、黄纸、绿纸……各种颜色的纸。大字、小字、正字、歪字，还有倒着的字、躺着的字，铺天盖地。据说：这个攻势是 5 万张大字报！

就在大字报铺天盖地而来之际，周恩来总理向张爱萍伸出了救援的手，让他脱离总参谋部，去当总理的联络员，到国防科技工业系统调查部院合并和精简机构的情况，这虽然有工作需要的成分，却也有很浓的保护色彩。

可是，这位三星上将张爱萍，却不识时务，不会避风躲浪，不会“随波逐流”，不会顺势安身。依然如同往常，拿起令箭又冲锋陷阵了。似乎忘记了 5 万张大字报，从来就不曾有过压来的乌云。他到处去表态发言，平息动乱。马不停蹄，废寝忘食。没有几个月，他累病了。

病了算什么？休息休息，住几天医院，好了再干。

病，的确算不了什么，也不值得可怕。倒是那个可怕的年代，培养了一些可怕的人，专做可怕的事。

张爱萍这一段时间里的言行，早被那些可怕的人，整理成黑材料，呈报给了手上握着生杀大权的“大人物”。

“……11 月中旬，他在二机部散布对‘文化大革命’的不满情绪。他愤愤地说：‘“文化大革命”就如 1942 年整风，还不是整我们这些人！’”

“……11 月 5 日和 11 月 12 日、15 日，革命群众找他澄清问题，他当面诬蔑群众是捕风捉影，并多次威胁群众：‘要人有一个，要命有一条！’他还恶毒地说：‘要骂，你就让他骂；就是要你死，也要死啊！’‘为了培养接班人，我们这些人就是要当假设敌嘛！’公开攻击‘文化大革命’。”

于是，“革命群众”冲进了病房，连骗带抢地把他押走了，关进了连周恩来总理也不知道的一个地方。

他挂上了“三反分子”的牌子被拉到这、拉到那去游斗，名曰触及灵魂，方法却是触及皮肉。

1967 年，“肃反专家”康生，此时当上了“中央文革小组”的顾问。于是被囚禁起来的张爱萍，头顶上的帽子越来越多：“刘邓司令部的黑干将”、“彭黄反党集团的漏网分子”、“三反分子”，后来又逐渐加上了“假党员”、“叛徒”、

“国民党特务”、“日本特务”……对他的“监护”一级级上升，1968年，他被投进了牢房。

名曰牢房，其实是用隔断的校舍改造的，四壁都封堵得严严实实，连个能进阳光能换空气的小窗户也没留，阴湿潮冷，黑暗至极！

从此，张爱萍便在京都北城这个囚洞里开始了“无产阶级专政下继续革命”年代里的特殊生活，终日是“专案大员”们的审讯、逼供、斥骂、侮辱……

“专员”们走了，他趴在门缝处，看一年一度柳絮飞扬，耐一年一度酷暑难熬，叹一年一度秋雨绵绵，忍一年一度风雪寒霜。这一住就是五年。

五年的长夜，他做了一个漫长的梦。他回到了上海的街头，在刷标语，在讲演；他回到了行军的行列，在布置任务，在战前动员；他回到了鏖战的疆场，在下达命令，在冲锋向前；他登上了一江山岛，查看被我炮火轰塌的工事，总结三军合成作战的经验；他行走在戈壁荒原为原子弹的爆炸，和工程技术人员谈论着方案；他……他失散了多少年的诗稿，又活跃在他的眼前。

他裁下报纸的边条，一句句，一行行，记下来，记下来！他趴在铺板上，用烟头照明，不停地写着，写着……

字条一条一条，一束一束。把棉衣里的败絮掏出来，把字条塞进去。他搂在怀里，贴在心上。他感到温暖，他得到慰藉。可是，字条里记述的是过去的他，他现在在哪里？他现在是个什么样子？他自己也很难说清。这时，他要有一面镜子，稍稍照一照自己，他不会相信，镜子里面就是他的现在：一个地地道道的囚犯！

浮肿了，肿得完全变了样：鼻子、眼睛都挤在了一起，皮肉都透了亮。

严重的周身关节炎，使他的胳膊、腿不停地哆嗦乱颤，他越来越难以支配自己了。

但他下定决心，努力去支配。写字、跑步、做操……他努力地挣扎着要活。他不甘心死在这不见阳光的囚房内，他要出去，他要重新站立在天地之间！

但是，他却重重地跌倒了，跌倒在冰硬的水泥地上。当他苏醒过来的时候，一阵撕心裂肺的疼痛告诉他：左腿股骨跌断了。

一阵更难以忍受的疼痛从门外袭来，这是“专案大员”们的讥笑和辱骂。

他抬起头，望着那屋角的木凳，伸手去够，怎么也够不着。于是，他开始了爬行，并且是在一些人的笑骂中的爬行！一寸又一寸，一次又一次疼痛，一次又一次昏厥，一次又一次苏醒，他终于够到了木凳。把木凳拉到跟前，攒足了一口气，把断腿捧到怀里，先单腿跪起，双手用力撑着木凳，忽地站了起来。

脚下，一汪汗水，一摊血水。

他，高高昂起头颅，站得纹丝不动。他瞪大了双眼，望着“专案大员”们卑鄙的嘴脸！

可张爱萍，为了能在“大员”们面前站起来，付出了昂贵的代价：他的断骨茬被拖碎了，失去了重新接合的可能。

七、老将军的新生

1973年，对张爱萍的“监护”解除了。他有了一些自由，住进了北京城南的总参第三招待所。

他获释的消息不胫而走，明着暗着来探望的人连续不断。一时间，寄居的客房里摆了一排手杖。其中有一根分外显眼：黄亮亮的藤，手杖把柄处细密地缠着红线绳，端头还垂着个精巧的红穗穗儿。

这手杖是半个世纪以来他最亲密的战友、最敬重的领导陈毅元帅的妻子张茜亲手为他制作的。张茜虽然远在南国广东从化养病，但她经常会惦念起这位威武不能屈的老战友、老兄弟，惦念着他的身体、他的腿、他今后的路。

有一天，张茜亲自爬上山去砍伐、打磨制作了一根手杖，然后把正在护理自己的儿子陈昊苏叫到身边，让他专程回京送来这根凝聚着深情厚谊的手杖："告诉你张叔叔，要站起来！走起来！路，今后的路还很长，我们，当他的手杖。"

1974年春，张爱萍终于解放了。他决定要重新站起来，要重新走起来！

于是，他立即请假，按照福州军区副司令员石一宸同志提供的线索，去找一位老中医治腿。他拄着双拐，带着那根缠着红绳的手杖踏上了华东的热土。

老中医林如阔说："120天，我让你重新走起来，什么拐也不用！"

张爱萍听后当然高兴。但他深知自己的伤情："老同志，那当然好，可我不敢有什么奢望。只要丢开双拐，拄一根手杖能走路，我就心满意足了。"

"不，什么拐也不要，像过去那样走路！"

治疗就在这福州市汤井巷开始了。

第102天，下午。张爱萍嘴里念念有词地从书房里站起身，去卫生间。当他再返回书桌前的时候，习惯地伸出手去取手杖，可平时挂手杖的台檐上却什么也没有，他张口便问："谁拿了我的手杖？"他四处巡视，墙角，门后，窗台上都没有。没有手杖怎么走路？他站在那里不敢动了。

"哎！"无奈中他喊了起来，向在另一间屋里埋头读书的妻子李又兰求援，"我的手杖哪里去了？快帮我找找。"

"哎呀，不就在你书房里的桌子边上吗？！"果然手杖挂在那里没动。

"啊！"两个人同时惊呼了起来。他没有拄手杖就到卫生间去了。两个人同时高兴地笑了起来。虽然这段距离不远，只有五六米，但这是张爱萍人生里程上一个令人鼓舞的新起点。

第二天，他比比画画地向老中医诉说着昨天发生的奇迹。哪知道，老中医非但没有笑容，相反，用严肃而带有几分责怪的口气说："在我没有让你丢开手杖之前，你绝不能丢开。拿你们军人的话说，'这就是命令'！"

"是！"老将军像士兵那样回答着。

老中医治疗得更细致更精心了，如同工艺美术大师制作细密的刺绣和精致的微雕。

120天的治疗一丝不苟地完成了，老中医把手捂在张爱萍的腿上："现在，你可以不拄手杖向前走了。"

"是！"他就要站起身来迈步。

"慢。"老中医的手还没有挪开，"你一直走，感到有一点疼，就必须停下来。"

"遵命！"

"开始吧。"老中医发出了命令。

走啊，走啊。1分钟，5分钟，20分钟，40分钟。他始终是那么稳稳当当的。

终于，老将军像孩子一样高兴地昂头大笑……

1975年春，张爱萍回到国防科委。从干校回到机关的科委干部们虽然心情复杂多样，但还是行动了起来，把国防部大院乱糟糟的南办公楼打扫得干干净净，人们也都换上了洁净的衣服，眼巴巴地等着新主任的到来。

一天，两天，几天过去了，大楼里却始终见不到张爱萍的身影。他到哪里去了？

这天清晨，张爱萍乘坐的小车在风沙里直插南苑。七机部一院的大门口，冷冷清清。迎门大道上出现了一溜黑体大字标语——"张爱萍！是谁派你来的？我们这里关你什么事！从哪里来还滚回哪里去！"

张爱萍冷冷地扫了一眼，"啪！"的一声，手杖捣在了标语上，他若无其事地踏了过去，向着研究院的腹地走去。如今的张爱萍早已丝毫不把这些放在心上，他边走边想着自己最关心的事情：在这非常时期，执行非常任务，必须采取非常措施：打破循序渐进的做法，集中全力抓远程导弹，从而带动中远程、中程导弹的研制。在工作方法上，不能坐在办公室、会议里抓，要直接深入到第一线。

于是，张爱萍来到了研制导弹的七机部。如同往日亲临前线的习惯一样，现在，他亲临一线研究室、工厂车间，了解最真实的情况，以便摸出一条快研制、早投产的路。

张爱萍有这样一个心愿：他要在建军 50 周年的 1977 年，向共和国献上一份厚礼——给我军装上大威力的神剑。他的蓝图上不仅是导弹，还有核弹的发展、各种卫星的科研。从现在——1975 年 3 月起，总共还有 28 个月，他一定要夺回损失掉的 8 年的时间！

八、铸就长空神剑

1975 年 3 月 17 日上午，张爱萍走进了远程导弹研究室。

“你们屋里的暖气怎么停了？这样冷，怎样伸手干活？”

“一冬天就这样！”

张爱萍立即在随身的小本上写下了：“研究室——暖气！”

他接着说：“同志们，请都过来坐。往前坐，靠得紧些，暖和。来，坐这里，挤一点，没关系，团结得更牢嘛！”

受到他这些话的感染，人们冰冷的脸上有了笑容。这些知识分子有着极敏锐的洞察力和极活跃的思维，他们已经意识到：这位领导不是高高在上，居高临下，而是和他们站在平等的位置上，是他们中间的一员。张爱萍望着大家，提出了一个又一个问题：

“你们原来搞的设计怎么样了？”

“这些设计都试制了吗？效果怎么样？”

“有没有更合适的方案？”

“你们现在做什么？有什么问题？有什么困难？”

“现在还有多少人夫妻分居两地？”

“住房怎么样？”

“小孩上学怎么办？”……

张爱萍的一连串发问，渐渐融解了已经冷却多年的心。于是，他们掏出了心底里的话：

“现在我们没有任务，没有事干。”

“好几年了，我们没干成什么，天天打派仗。”

“我们的知识、专业，都丢光了。”

“我们想试验，想创新，可没有设备，没有条件。”

“我们有三部曲，还有两个方案。”……

张爱萍被隔阻了8年，对“文化大革命”中的新花样、新典故、新名词知道得太少，太少。

“你刚才说什么？这里有‘九三学社’？你们都加入民主党派了？”

对他的提问，大家发出一阵笑声。

“张主任，你不懂。九点钟上班，三点钟下班，上了班，不干本职工作，整天学文件，念社论，这不就成了‘九三学社’吗！”

‘九三学社’算好的。还有1020部队，10点才来，两点就走了，这也算好的。”“还有1201部队，12点来，晃一下1点钟就走。”“也有人干脆就不来上班。”

张爱萍惊讶地睁大了眼，看看这个，瞧瞧那个：“那么，请问大家，问题出在哪里？”

“关键在上层，不能光责怪群众，群众是通情达理的。”

“唔，你的意见很重要。”他一边点头，一边在小本上写上：“关键——上层！”

有人又补充了一句：“领导腰杆不硬！”

张爱萍重复了一句“腰杆不硬”，又接着说：“给他穿上个钢背心不就硬了吗？！”大家又哈哈地笑了起来。

笑声过后，一个中年人十分严肃地说：“下面乱，是因为上面乱。拿任务说吧，今天这个头头一个主意，明天那个头头又一个想法。并且，这个想法和那个主意往往是顶着牛的，对着干的。出现这种情况，下面还有法干？”

“这方面，我们要负责任。所以，就来听大家的意见。”

“欢迎你来，张主任，大家信任你，你也信任大家，那我就把话全说了吧！”

这位中年同志，整理了一下思绪说：“我认为造成科研上延误的局面，原因是上面思想不统一。某些领导，某些派头头，甚至某些专家，把原先设计好的方案推翻了，要另搞一套。另搞什么，花样很多，谁也不清楚。”

中年人的话，句句都敲打着人们的心。

张爱萍收住了笔，“我问问你们，尽我们最大的力量，打 8000 公里、10000 公里的导弹，什么时候能搞出来？”

人们你看看我，我看看你，在那动乱的年代里，谁能回答这难以估计的问题？可张爱萍不甘心，非要求拿出答案来不可：

“如果大家都向前看，团结成一个拳头，从现在起到 1977 年建军节，能搞到什么程度？”

“那，必须在明确责任的基础上，齐心协力，把着眼点放在远程导弹上。”

“对头！”他很兴奋，“就是远程！”

“大约——8000 公里。”

“能不能再远一些？”

“不能说没有可能。”

“好！我谢谢大家。具体技术方案还需详细论证，但我们从现在起，就着手准备。”

3 月 18 日，张爱萍走进了工厂的大门，走进了车间的大楼。这是七机部 1 院 13 研究所所属的 230 厂。

这座工厂是七机部所属的众多工厂当中的一座，没有什么出奇的地方。这几年来，这个厂“鸡窝里飞出了凤凰”——七机部赫赫有名的造反派头头舒龙山为首的“三马一龙”，搅得厂里混乱不堪，一切都瘫痪了。

张爱萍来到这里的主要原因是：这个厂担负着研究导弹的心脏部件陀螺仪的任务，它关系着各种型号导弹的进程和命运。过去，这个厂曾发生过积压52套陀螺仪使其生锈报废的事故，直接损失580多万元。如果今后再有这样的事，那我国的导弹怎么发展！预订的计划又何时才能实现！

他把每一个车间、每一个班组、每一个科室都仔仔细细地走了一遍，摆在他面前的问题比预先知道和预计的都更难。从这天起，他就像步入了一个难冲难闯难破的战阵。

但是，他选中了这个厂当工作点，以保证导弹心脏部分的研制。以点带面，从这里推向其他工厂、研究院所、七机部、二机部……以至国防科技整个战线。

张爱萍要破这个阵，开始了细微的谈心工作；大刀阔斧地惩处不法；在职工食堂里与炊事职工研究改善伙食；在514医院里与医疗队长商讨如何尽快治好工程技术人员的病。医疗队长说："有些药"买不到。他让医疗队长开条子，请国家卫生部帮助解决。

他走进了工程兵派来的连队帐篷。"欢迎你们！我请军委的同志们来，是因为这里有特殊任务。你们知道，这里是研制我们军队急需的武器部件的单位。可这几年厂房损坏，暖气不热，好些同志为此得了病受了伤。看他们在这样的条件下工作，让人心疼。让你们来，就是把车间厂房修饰一新，装好所有门窗。另外，还得建些住房，他们有一家几代人七八口挤在一间房子里的；还要请你们建造幼儿园。大人上班去了，孩子绑在床上，锁在屋里怎么成？总该让祖国的花朵有个游戏学习的地方吧，她（他）们将来还要建设国家、保卫国家，他们应该享受时代给予的幸福！所以你们手里的一砖一瓦都有非同一般的重量！"

工程兵战士们庄严地回答："保证完成任务！"

张爱萍郑重地向工程兵战士们敬了个军礼，并说："谢谢同志们！"

3月19日、20日……清晨，230厂门口，总能见到张爱萍将军的身影，他精神矍铄、腰板挺挺，手杖搭在左肘弯上，伸出手迎接着每一位冲破派性束缚来上班的科研人员和工人，送上他的热望。人们也热情地与他握手，呼他"张主任"、"张副总长"、"老张"。

1976年的金秋十月，华国锋、叶剑英以及中共中央政治局，执行党和人民的意志，对“四人帮”及其在京的帮派骨干实行隔离审查。人们笑了，直起了腰杆，扬眉吐气了。

1977年的春节也不同一般的让人欢欣。张爱萍按捺不住内心的高兴，趁着浓浓的酒兴，在自己的家里，握起蘸饱了香墨的毛笔，挥洒起来。“窗影千竿竹，傲霜十年重……”

“好诗，好诗！”拍手叫好的是总政副主任徐立清中将，他不知何时走了进来，立在案旁。

“老伙计，你什么时候进来的。快快请坐。”

“老领导，我给你拜年来了。”徐立清收敛起笑容。“同时，也向你传达军委的决定。”

“决定？什么决定？”

“对，这一次真的是决定。老帅们还有邓副总理，决定恢复你的一切职务，重新担起国防科委的重任。”

“啊？”张爱萍严肃地看着徐立清。

“爱萍同志，大家都知道你的身体，可……”

“怎样？”

“你不能不出征。这些年……唉！叶帅说了，你一天只要去一个小时就行。”

“呵呵，”张爱萍笑了，“一个小时？怎么行！”

“我了解你的性格，现在到了你施展宏图的时候了，你，一件事，要嘛不干，要干就要干出个名堂来！”

“立清同志，这不是性格问题，也不是什么名堂不名堂的事。这是履行自己的职责。当和尚的还要撞钟呢，撞钟不仅要撞响，还要准时。否则，就别当和尚。我们是共产党员，总不能连和尚都不如吧！”

1977年3月，张爱萍这个老将又披挂上阵出征了。他肩上的担子越来越重，出任国务院副总理，出任国务委员兼国防部长，出任中央军委副秘书长。他的视点随着时间的推移，越来越远了。

1980 年 5 月，中华人民共和国第一枚洲际导弹发射成功，精确地直捣赤道太平洋！

1982 年 10 月，我国第一枚潜艇发射导弹如蛟龙出海，精确命中目标，运载火箭又获成功！

1984 年 4 月，“长征三号”运载火箭把“东方红二号”地球同步通信卫星准确地送到了 306 万公里的太空，在东经 125 度赤道上空定点，开播试验成功！

1986 年 2 月，就在美国“挑战者号”航天飞机不幸失事爆炸后三天，中国“长征三号”再次腾飞，又成功地把一颗“东方红二号”通信卫星托举定点成功！

壮怀青萍的张爱萍，终于亲手铸就了一把把长空神剑，大扬我国威军威，实现了他仗剑报国的夙愿。

★XINXITIANXIA MINGYANGYUWAI DENGHUA★

心系天下，名扬域外
——邓 华

邓华能文能武，性格开朗，他会跳舞，会唱戏，而且特别喜欢京剧，是个从小心系天下的少年英雄。他曾率部血战湘江，突破了蒋介石苦心设置的4道封锁线。他也曾横跨琼州海峡，用小木船战胜敌人的大军舰，把胜利的红旗插上了海南岛。最后，他又在三千里朝鲜战场上“两头冒尖”，初战旗开得胜，终战锁定胜局，为自己的军事生涯画上了一个完美的句号。

邓华档案

姓名字号：邓华，原名邓多华，字实秋

籍　　贯：湖南省郴州市

生卒年月：1910 年 4 月 28 日—1980 年 7 月 3 日，享年 70 岁

最高职务：中国人民志愿军司令员兼政委、解放军副总参谋长、中央军委委员、军事科学院副院长

邓华简历

1910 年——3 月，出生于湖南郴县。

1927 年——3 月，加入中国共产党。

1928 年——1 月，参加湘南起义。4 月，随部队上井冈山。历任红 4 军 33 团宣传队中队长、连党代表，31 团团党委干事，红 12 军教导队政委，第 1 纵队 3 支队政委。

1930 年——任红 12 军 36 师政委、红 1 军团 1 师 3 团政委、2 团政委。

1934 年——入红军大学高级指挥科学习，参加了长征。

1937 年——任 115 师独立团政委、晋察冀军区第 1 分区政委、平西支队司令员兼政委。

1938 年——5 月起任八路军第 4 纵队政委。

1940 年——任晋察冀军区第 5 军分区司令员兼政委。

1941 年——任晋察冀军区第 4 军分区司令员。

1944 年——任陕甘宁晋绥联防军教导第 2 旅政委，后入延安中央党校学习。

1945 年——12 月起任中共中央西满分局委员。

1947 年——任东北民主联军西满纵队司令员、东北野战军第 7 纵队司令员。

1949 年——3 月，任第 44 军军长，4 野 15 兵团司令员，兼任广东军区第一副司令员。

1950年——任第13兵团司令员、志愿军第一副司令员兼第一副政委、志愿军司令员兼政委。

1954年——2月起任东北军区第一副司令员、代司令员，中共中央东北局副书记，解放军副总参谋长。

1955年——兼任沈阳军区司令员。

1959年——因彭德怀案受株连被撤职。

1960年至1967年任四川省副省长，“文化大革命”中受迫害。

1977年——任中央军委委员、军事科学院副院长。

1980年——3月，中共中央、中央军委为其平反。7月3日，在上海逝世。

一、“天下兴亡，匹夫有责”

邓华出生于湖南农村，他幼年时聪慧好学，读书求学的愿望非常强烈。辛亥革命后发生的一切，对于这个处在边远山村的孩子来说，虽然只是道听途说，但他却朦朦胧胧地感觉到：外面有一个广阔的世界，那里正在发生着翻天覆地的变化。

12岁时，看到“天下兴亡，匹夫有责”这八个字的邓华终于坐不住了，他毅然下决心对父亲说：“待在这个山冲里，没有出息。”邓华恳求父亲送他到县城去读书，希望走出家乡这个闭塞的角落，靠学习知识跟上时代的变化。

1922年秋，邓华走出了他人生之路的第一步，他来到了离家80里路的郴州县城，就读于新华学校高小部。

这所新华学校是美国教会办的，校长和主要教师是美国人。学校当局对学生的学业抓得很紧，但思想禁锢也很严格，他们禁止校内学生参加爱国游行活动。有的洋老师对中国学生非常傲慢凶狠，对谁看不顺眼，就找碴子揪耳朵，打屁股，甚至拳打脚踢。

在学校里，邓华最爱听中国教师讲历史课。有一次，恰逢讲中日甲午之战，老师绘声绘色地介绍在黄海大血战中中国海军致远舰，在邓世昌指挥下勇敢地向敌吉野舰撞去，不幸中雷沉没，全舰200多名官兵为国捐躯的悲壮场面。邓华听得声泪俱下，义愤填膺。

下课后，邓华找来袁世凯卖国政府同日本帝国主义订立的21条，逐条阅读，不觉怒火中烧，联系到帝国主义列强在中国攫取的各种特权，深感国家民族之所以任人欺凌、宰割，是因为腐败无能的卖国政府同帝国主义国家签订了不平等条约。

在他的心头，从此埋下了痛恨帝国主义的种子。

第二天，邓华同几个进步同学纷纷从自己的行囊中寻出日本货，统统丢到茅坑里。

还有一次，有个同学在校园里指手画脚同另一个同学开玩笑，正巧洋人从这里路过，洋人不懂中国话，认定是学生讥笑他。不容分说，将这位同学拉到校长室，用竹板打了几十大板，方才罢休。

当时，邓华曾赶上前去，要找在场的中国老师辩解，也被洋人驱走。他听得那同学被打得哇哇直叫，像是自己也挨了打一样，心情异常沉痛：不平等条约给予中华民族的屈辱，就是这样深深刺痛了中国少年的心。这一天，他在日记里写道："毋忘国耻！"

当他从学习中了解到：帝国主义强迫中国政府签订不平等条约，割地赔款，划出租界，开辟口岸通商，还允许外国人在中国传道布教，开设学校——这新华学校就是这么建立起来的。

联想到平日所见所闻，邓华对这所设施良好、环境优美的学校，顿生厌恶之情，自己置身这里学习，仿佛是一种莫大的耻辱。高小毕业后，邓华发誓再也不读教会学校，决然来到当时湖南省革命活动的中心——长沙。

1925 年的长沙，正是群众革命斗争此起彼伏，工人、农民、学生和市民，不断举行罢工、罢课、罢市和示威游行的一座城市。

15 岁的邓华仿佛感到自己身上的血液在沸腾，他积极参加罢课和游行示威活动。邓华曾在一篇题为《论青年人生观》的作文中写道："嗟乎，天下兴亡，匹夫有责，青年人当舍身报效祖国，挽救国家危亡，解放亿万生灵涂炭！"

特别使邓华痛心疾首的，是黄静源的被害。黄静源，郴县良田人，是郴县最早的共产党员。邓华从进步青年中听到这位革命先驱的许多英雄事迹，十分仰慕。没想到，这年 10 月 16 日，时任安源工人俱乐部主任的黄静源被反动派杀害了。他临难面不改色，高呼“打倒帝国主义”、“工友们联合起来”等口号。

黄静源的遗体运到长沙后，邓华含着满腔悲愤参加了10月26日举行的万人追悼大会。当由16人扛抬的灵柩在面前通过时，他含着眼泪三鞠躬，然后紧握拳头，跟随大队呼喊“黄静源精神不死”，愤怒的口号声久久不息。

次年，随着北伐军入湘，农民运动在湖南境内蓬勃兴起。这一年的寒假，邓华带着北伐军入湘后热火朝天的群众运动激情，回到郴州。他惊异地发现家乡发生了翻天覆地的变化。他的哥哥邓多英、二姐夫何仰之已在激烈的革命斗争中参加了中国共产党。二姐夫何仰之还是永宁乡党的负责人之一。他俩给了邓华《共产党宣言》、《共产主义ABC》、《阶级斗争》以及《新青年》、《向导》等革命书刊，让他阅读，使他大开眼界。

在哥哥和二姐夫的教育引导下，邓华投身到了斗争第一线，他协助农会起草告示，写标语；扛上梭镖，走进农民自卫队行列，清算斗争土豪劣绅。他亲眼看到了农民群众一旦组织起来，有着何等巨大的威力！

斗争实践，使邓华的思想产生了新的飞跃。

回到长沙，邓华为了“要革命必须进一步学习政治，武装头脑”，离开了岳云中学。他以初中二年级肄业程度，考入设有中共党支部、革命气氛浓厚的南华法政学校高中政治班学习。

邓华在南华法政学校学习期间，不仅积极参加省城的各项集会和示威游行活动，而且关心事态的政治发展，认真学习革命理论，肯动脑筋，思考问题。比如，对国民党省党部拼凑的“左社”组织散布的攻击农民运动的言论就很反感，也很担忧。及至中共湘南区委发表《对湖南农民运动的宣言》，驳斥“左社”的谰言，他就说：“驳得及时。”

当时政治班有个叫易蕴的同学，湘潭易家湾人，共产党员。他在自修室与邓华座位相连，接触谈心较多。那时中共湘南区委作出了发展党组织的计划，要求大力发展党员，易蕴便把邓华作为考虑对象。邓华在得知易蕴是共产党员，并且和上级党组织有着密切联系时，便向易蕴表达了埋藏在心底里的愿望——成为一名共产党员。

经过上级党组织审查批准，邓华于1927年3月，在标有“CP”字样的红旗面前，宣誓加入了中国共产党。介绍人是易蕴、查夷平，党证号为22547。

就这样，邓华从一个热爱祖国、追求进步的青年，逐渐成长为一个具有共产主义理想的革命战士。

二、风物长宜放眼量

八一南昌起义后，起义部队按预订计划撤离南昌。1928年1月，朱德、陈毅率领部分起义部队转战到湘东南一带，来到了邓华的家乡。

旧历年关将至，朱德、陈毅率部来到宜章城发起暴动，起义军打开监狱，放出了被捕的革命者和无辜群众；打开粮仓，把粮食分给了穷苦工农，几面绣有镰刀、斧头象征工农革命武装的鲜艳红旗，在县政府和城门楼上徐徐升起，高高飘扬，它宣告宜章年关暴动的胜利。

宜章暴动之后，朱德、陈毅等又相继发动湖南各地起义，革命烈火燃遍湘南，蔓延湘北，1928年2月4日起义部队占领郴州，郴县起义农民立即组建工农革命军第7师。邓华获悉后连夜追赶部队，他先在该师2团工作，不久被调到7师政治部任组织干事。随后，邓华随同湘南起义部队上井冈山，与毛泽东领导的井冈山红军会师，他所在的工农革命军第7师，编为中国工农红军第11师33团。

毛泽东率秋收起义部队创建的井冈山根据地，条件非常艰苦，尤其是粮食供给极为困难。为壮大红军队伍，邓华所在的红33团奉命开往桂东山区打游击，以扩大根据地规模，同时也是为了解决部队的粮食问题。

在开往桂东的途中，水口镇附近大路两边分岔，向西南通往郴州，向东南则去桂东。就在这个岔路口，邓华面临了将决定他今后一生道路的艰难时刻。

邓华所在的红 33 团，主要由暴动农民组成，由于远离家乡，加之生活极其困苦，部队又是新组建不久，在这个时刻，一些人便产生动摇情绪，想回老家去。有些干部也吵吵嚷嚷说，到桂东打游击，不如回郴县打游击。不少人劝邓华一起回乡打游击，说是家乡群众条件好，情况熟悉，有枪有人有组织，能干出名堂。

大家在议论纷纷中开始自由行动，好不容易集结起来的队伍，眼看就形成了各散八方的局面。

在此关键时刻，邓华站了出来，他语重心长地说：“大家不能回去，农民同志家乡观念重，回去会散伙的。”他毫不含糊地说，“湘南暴动时，我们的人、枪还少吗？党的组织还不强大吗？要不是跟着朱毛撤到井冈山，我们恐怕是全军覆没啊！我看还是跟朱毛走吧！”

邓华未能说服所有的人，有些人将信将疑，跟着大队人马往西南方向去了。

邓华回过头一看，岔路口上空荡荡的，除了朱德派来的军事干部和少数地方上来的政工干部，千把人的队伍一下子走光了。大伙儿一商议，桂东去不成了，还是回井冈山去。

不久，从湘南方面传来消息，散回家乡的农军，大部分走散，一部分同

……战斗，但是很快被敌人打散。许多共产党员和干部，不

……流落他乡。有些人则被敌人抓住残酷杀害，陈尸街

……

……，毛泽东得知后，不但没有批评他们，反而

……柱前来迎接他们，并且立即编队，军事干部

……邓华被编入红 31 团 1 营，不久调任红

31团党委组织干事。

关键时刻的生死抉择，决定了邓华一生的前途和命运。

在革命队伍里，邓华也没有忘记在学校受到的教育，他利用各种机会学习知识。红4军31团在赣南闽西一带连日征战，部队短暂休整期间，战士们带着猛烈厮杀后的疲劳，酣然入睡。可邓华却就着马灯的微弱亮光，正在伏案抄写从敌人团部缴来的《孙子兵法》。

热爱军事的邓华，早就盼望着有一本兵法书，今天终于有机会得到了！在征得上级首长同意后，邓华决定连夜抄写下来，缴获的本子明天再交上去。

孙子曰："凡先处战地而待敌者佚，后处战地而趋战者劳。故善战者，致人而不致于人。""敌佚能劳之，饱能饥之，安能动之者，出其所必趋也。"

抄写到这里，邓华搁下毛笔，不由得拍案叫绝："说得多神啊！"刚刚过去的厮杀，不正是这段文字生动的注脚吗？

邓华想到，在白天的战斗中，朱德军长和毛泽东委员选择有利地形，以逸待劳，指挥红军隐蔽集结在两侧大山陡立、密不透风的参天树林之中。在敌人尾追而至时，紧锁口袋，歼敌800人，缴枪800余支，活捉敌团长，这不正是"先处战地而待敌"、"出其所必趋"，正是"攻其无备，出其不意"，达到"致人而不至于人"的目的吗？

团部闹钟的时针指向凌晨3点。《孙子兵法》13篇，邓华已经抄到第6篇《虚实篇》了。他仍然没有丝毫倦意，他沉浸在孙子的博大精深的军事学说之中。

邓华记得中学老师在讲世界近代史时，曾绘声绘色地介绍过19世纪拿破仑横扫欧洲的军事奇迹，别的内容已经记忆模糊了，但拿破仑熟读《孙子兵法》的故事却依然历历在目。

拿破仑向俄国莫斯科进军的途中，随身携带的
特别喜爱的两本书：一本是德国大文豪歌德的
便是法国神父约瑟夫·阿米欧翻译的《孙子

直到凌晨5点钟，5000余字的《孙子兵
轻舒了口气，似乎获得了最大的满足。

过岔口或是宿营住房，则把红一方面军所有番号都亮出来以迷惑敌人。

为使部队走得快，走得好，邓华和师长的战马经常让给病号和受伤战士骑。他俩脚套草鞋，和大伙一道徒步急行军，还不时为战士们扛枪、背背包。

全师上下，始终保持着高昂的士气。

就这样，36 师等部牵着敌人的鼻子，在赣南地区崇山峻岭中盘旋打圈子。待到 8 月底敌人发觉上当时，已经被磨得人困马乏，精疲力竭了。

以逸待劳的红军主力，则抓住敌全线退却的有利战机，勇猛追击，又歼敌 2 万余人，胜利地打破了敌人的第三次“围剿”。

红 36 师部队由于以神速的运动调动了敌人，在此战后被誉为“铁脚板”、“两足机械化部队”。

打破敌第四次“围剿”后，1933 年 6 月，红一方面军在腾田整编，取消军一级建制，由军团直辖师，36 师编入红 1 军团 1 师，邓华改任 1 师 3 团政委。

由于第五次反“围剿”失利，在 1934 年 10 月，邓华自工农红军大学高级指挥科学习毕业，随部队参加长征。

12 月 1 日，红军在湘江之畔奋勇拼杀，在付出了沉重的代价后，终于突破了蒋介石苦心设置的第 4 道封锁线。

邓华此时任红 1 军团 1 师 2 团政委，他正在和团长刘瑞龙一起商议下一步的计划，突然接到师部命令：部队立即向西转移。

在随后的战斗中，刘瑞龙团长率部在前开路，成功突过封锁线。指挥断后的邓华，却遇上从后面和左右方向三面敌军的进逼，他所率领的 3 营只剩下 200 来人，正向前分散冲击。走在队伍最后面的邓华，却被左右两方敌人密集的交叉火力挡住了去路，紧跟在他后面的是一位参谋和一位警卫员。前面的子弹打得尘土飞扬，后面的枪声一阵紧似一阵。三人匍匐在一条田坎边，进也不得，退也不得。

“冲过去！”邓华向参谋和警卫员发出命令。

他随即纵身猫腰起跑，冒着前后左右穿梭的子弹，飞步跨过山丘，翻身滚到田坎下，他回望刚才起跑处，不见参谋和警卫员跟进。

“冲呀！”他再一次发出了命令，仍然不见他俩起步，也没有听到回话或任何回应的示意。这时，前面山包处响起3营同志接应他们的密集机枪声，邓华一个箭步，飞奔到山包边，终于脱险了。而跟随他多年的参谋和警卫员却再也没有回来。

邓华脱险来到团部，同团长刘瑞龙等人会合，然后下去看望部队。那情景，比在战场上惨烈的厮杀还要使人肝胆碎裂。朝夕相处的战友再也回不来了，亲如手足般的伙伴葬身在血泊里了，好端端的一个团由湘江之战前的1700多人，到现在只剩下不足900人。许多干部战士在抱头痛哭，炊事班做好的香喷喷的饭菜，搁在那里原封未动，竟然没有一个人吃。

“这哪里还像个部队！”邓华难过地说道。

他转身走上了一个小山包，朝同志们大声说道：“战友们，我们牺牲了那么多的同志，确实痛心啊！”他的嘴微向左下方抖动，熟知他的人都知道，这是他激动时候特有的表情。但是，他没有眼泪，他立在那里，腰板铁硬，棱角分明的古铜色面庞向着大家伙，凹陷的两眼喷射着严峻的光束。

“但是，”他抬高了嗓音，“我们全团指战员都是铁打的好汉，都是英雄！我们胜利完成了军委赋予的光荣任务！”

接着，他从口袋里拿出一份电报，边念边说：“中央首长所在的红星纵队和红章纵队，已于今日全部渡过湘江，红军大部队都渡过了湘江。同志们流血牺牲，已经粉碎了蒋介石的第4道封锁线，我们已经胜利开辟了西进的道路。”

邓华顿了一下，两眼扫视全场，“同志们，吃饱饭，鼓足劲，迈开你们的双腿，让我们继续西进，去同兄弟的红2、红6军团会合吧！”

他弯腰找来一个搪瓷碗，盛了满满一碗饭，顺手折了两根树枝当筷子，便埋头大口大口地吃起饭了。在这个坡地里的数百名红军指战员，默默而坚定地跟着行动起来，那一桶又一桶的饭菜，一会儿就底朝天了。半小时后，嘹亮的军号声响了。

红1师2团又重整信心，踏着整齐的步伐，向前，向前……

新中国成立后，中国人民志愿军司令员兼政委邓华，在朝鲜战场上再次回忆起这段经历时，心中仍长留着那位警卫员和那位参谋的崇高的形象，他永远不能忘记千千万万牺牲的红军指战员。

四、为将之道

抗日战争的硝烟刚刚散去，解放战争的枪声又响了起来。为了抢夺胜利果实，蒋介石调集军队疯狂扑向东北。1947年4月，时任东北民主联军第7纵队司令员的邓华，与国民党军在东北战场展开激战。

同年9月，为大量歼灭国民党军、扩大解放区，东野发动秋季攻势。27日，东野司命令邓华率7纵辖19、20、21共3个师，挺进到新民、黑山、新立屯一线，担负破坏北宁铁路和阻止敌新6军北返的任务。

新6军名列国民党军五大主力，曾在缅甸大败日军，自然不可小觑，邓华奉命率部分三路向战场进发，克期到达辽吉军区第1分区司令部驻地康平。

在这一带国民党军共部署了3个师：暂编177师驻守法库，虽说是一个师，但不满员，仅有3000多人；暂编57师师部率2个团驻守新立屯，另有一个团驻守彰武；新编22师驻守新民。其中，新编22师属新6军编制，战斗力较强；暂编177师系地方保安队改编，战斗力较弱。

7纵的任务是破路和阻止新6军北返，这就需要越过法库和彰武。新6军是国民党军中少数全副美械的王牌部队之一，与其交手必定是一场恶仗。交手时法库和彰武守敌若出动，将会使7纵处于腹背受敌的威胁。邓华考虑良久后，决定先取法库和彰武。

这个设想是大胆积极的，但东野司并没有向邓华下达此项任务。

纵队其他领导有些担心：分兵法库，有可能影响破路和截击任务的完成，万一法库拿不下来，又延误了阻击新6军的任务，就会犯下不执行军令的错误。

邓华胸有成竹地说："林总我知道，只要打胜仗就行了。再忠实执行命令，打不了胜仗也不行。"

于是，邓华决定先打法库！

邓华命令7纵21师在南下的途中奔袭法库。21师当即改变行军方向，一昼夜强行军180里，于10月1日拂晓突然包围法库。此时驻守在法库的国民党军毫无觉察，还在悠然自得地吹号出操，被打了个猝不及防，仅一个小时就全师覆灭。

正如邓华所料，林彪对那些"擅自决定"但打了胜仗的部队大多是嘉奖的。对于7纵擅自打法库，林彪发来了嘉奖令，表彰7纵机动灵活，迅速攻取法库全歼守敌的胜利。

邓华敢打敢拼，并非一意孤行。他在分兵袭取法库时，仍派出2个师佯动并继续完成破路任务。攻取法库后，发现国民党新6军并无沿北宁路北返的迹象，邓华立即决断趁机继续扩大战果，拿下彰武和新立屯。

当7纵攻下法库后，驻守在彰武和新立屯的国民党军认为7纵不会继续发动攻击，没想到邓华率7纵恰恰就是不顾疲劳连续远距离奔袭。当时天降大雪，国民党军防备更加松懈。7纵一举拿下了彰武，紧接着冒着大雪赶到新立屯，一夜激战又拿了下来。

10天时间里，邓华率7纵长驱700里，横扫大半个辽西，夺占4城，歼敌8000人。

拿下彰武、新立屯后，邓华即在北宁路新民至大虎山一线破路，等待与北返的敌新6军激战。可是连等几日，还是不见新6军的踪迹。

这一天，邓华与参谋长高体乾在棋盘上摆开了战局。邓华安下当头炮，直取对方的卒子，正准备调集双炮，来个重炮将军时，没想到参谋长杀出了连环马，踩掉了邓华的一门炮，还连带着吃掉邓华的一只車。

邓华输棋了。他突然有所感悟，对参谋长道："老哥，咱们还是'牵羊'去吧！"

参谋长笑了，说："我说你怎么又丢炮又失車，原来走神了！"

10月17日，邓华率领7纵主力只用一天时间便一举攻克了辽西著名煤城阜新，歼灭国民党军暂编51师1000余人。同日，7纵21师又攻取了阜新东北的新丘，顺利敲掉了暂编51师师部。

连同先前攻取的4座城市，邓华这次一路"牵羊"共拿下了6座城市，歼敌3个暂编师。若是东野司布置的作战任务，那是责任内的事情，可这连取6城全是野司命令之外的仗，是邓华自作主张打的，而且全打胜了。

果然，林彪再一次下达嘉奖令，表彰了7纵的主动果敢精神。这也验证了邓华那句话："打胜了，林总就高兴，就下令嘉奖。"

1948年3月，7纵和其他部队一起再度攻打四平，这就是史称"四战四平"。攻城于12日8时开始，解放军从5个方向实施突破。到中午时分，7纵与1纵在市中心的中山路会师。下午2点，铁道以西市区之敌被肃清。到第二天早上7点，解放军全部占领了四平市，国民党军近2万人被歼。

在攻克四平的战斗中，7纵俘获了国民党71军的京剧队。著名的京剧裘派传人方荣翔就在这个京剧队里。方荣翔自幼拜尚小云为师学唱京戏，受艺于裘盛戎，后成为一代名家。年轻时因生活所迫，流落到东北卖艺为生，投奔国民党71军88师，成为该师的京剧队成员。

解放四平后，邓华闻讯派人寻找71军这个京剧队，当得知京剧队流落街头卖艺为生时，邓华指示纵队司令部和政治部派人看望方荣翔，并争取吸收其参军。

3月的四平，仍然是冰天雪地，方荣翔一家人在寒风中冻得直发抖。解放军战士见了，主动脱下自己的大衣，披在怀抱孩子的方荣翔妻子和母亲身上。饱尝旧社会苦难的方荣翔，此时心情激动，泪水不由潸潸而下。这一天，方荣翔决定参加中国人民解放军。

不久，邓华纵队成立了以方荣翔为主要演员的京剧团。邓华虽然是一军之长，但他一贯平易近人、性格开朗活泼，很快邓华就和年轻的方荣翔成了亲密无间的朋友和战友。

此后，邓华成了方荣翔家中的座上客，他常常到方荣翔家去串门子，一进门就盘腿坐在床上，海阔天空地闲聊。邓华更多的是讲述他学唱京剧的趣事，兴之所至，邓华就唱上两句，然后向方荣翔请教。有趣的是，因为受邓华的感染，纵队其他领导也渐渐都成了京剧爱好者。

众所周知，林彪为人沉闷，在军事之外从没什么爱好，于是东野司指示7纵将京剧团移交地方政府，邓华明里答应了，却一直没执行，7纵走到哪里，京剧团也就跟到哪里，一直保留到全国解放。再后来，邓华去了朝鲜，有趣的是这个京剧团居然也赴朝“参战”了，成为了中国人民志愿军京剧团。

五、天津之战

东北野战军入关后，与华北野战军一同迅速包围了天津、新保安、张家口等地的国民党军。邓华受命指挥东野的第7、第2、第9纵队夺取塘沽，切断平津蒋军经塘沽出海南逃的退路。

当时毛泽东和中央军委认为塘沽最重要，说“只要塘沽、新保安两点攻克，就全局皆活了”。

1948年12月16日，邓华率部队来到了塘沽以北40里的北塘，建立攻塘前线指挥部。

然而，当他来到了北塘，展现在眼前的是纵横交错的盐滩堤坝和一望无垠的海面，他原本激昂的心一下子揪紧了。

塘沽的地形对进攻作战十分不利。

防守塘沽的国民党军充分利用了地利，他们在盐滩地上设立了层层防御阵地，以海军舰炮作支援火力，整个防御体系完整、稳固。

我军进攻时可以利用盐堤作掩护集结部队，但发起攻击后就进入了平坦的盐滩，没有遮蔽物，整个部队暴露在敌人密集火力之下，伤亡肯定要大。如果我军攻击猛烈了，国民党军就会向海上逃跑，国民党军第17兵团的司令部已经搬到了军舰上，随时可以溜走。这样，我军进攻很难全歼敌人。

就在邓华焦虑之时，中央军委又来电指示："我军应不惜疲劳，争取于尽可能迅速的时间内歼灭塘沽敌人。"

22日，邓华决定作一次试探性进攻，动用了1个营的兵力。发起攻击后占领了一段盐滩地，但伤亡高达400多人。邓华立即命令停止攻击。

"这个仗怎么能打呢？不能打的，不能打！"邓华对纵队其他领导说道。

众人一时无语。

从现实看不能打，可是毛泽东和中央军委的指示是打塘沽"最重要"，应"尽可能迅速"地打。军令如山，怎么能说"不能打"呢？

这些以坚决执行命令为天职的军人，此时此刻能向司令员说些什么呢？

与邓华共事多年的参谋长高体乾，深深了解邓华决不盲从的性格，他终于打破作战室里的沉默，对邓华说："你看怎么办？"

邓华面对墙上的大幅作战地图，凝思了一会儿，用手在地图上拍了一下，说："强攻塘沽伤亡太大，打急了敌人还会从海上逃跑；如果我们先打天津呢……"他像是在问自己，又像是问其他人，说道："拿下了天津，同样可以封锁敌人出海南逃的通路。"

高体乾赞同邓华的意见，但还有点顾虑："怎样向上面提这个问题呢？"

邓华说："把塘沽不好打的问题说清楚了，我想总部会审时度势的。"

也就在这时候，华北野战军对新保安守敌发动攻击，激战11小时，全歼了傅作义的王牌军第35军。新保安被攻克，中央军委的注意力又转到塘沽方向上来，再次电示尽快拿下塘沽。形势逼人。

事关重大，邓华再次了解了敌情，勘察了地形。回来后，邓华的心情愈加沉重。他把自己想改变战役攻击方向的意见对两位纵队司令员说了，2 纵司令员和 9 纵司令员均有相同看法。于是邓华说道："那我就给野司发封请示电。"

在这个关键时刻，对如此重大的战略部署提出不同意见，是要承担风险的。邓华决定独自承担责任。两天后，由他单独签名的电报发了出去。

当邓华反映攻打塘沽困难的电报送到林彪手中后，确实也给林彪出了一道难题。毛泽东的指示是先打塘沽，后取天津，而且要快打塘沽；邓华报告说塘沽地形复杂，难以展开兵力，难以全歼敌人，建议慎重从事。

打不打塘沽呢？是早打还是晚打？

冀东大地的子夜，寒风呼啸，黑沉沉的天空飘落着大雪。平津前线司令部的灯火彻夜通明，林彪、罗荣桓、刘亚楼难以入眠。

最后，刘亚楼说道："我再到塘沽前线看一看地形，与邓华他们进一步研究一下，看到底有没有办法拿下塘沽！"

12 月 26 日，刘亚楼带着特种兵司令员萧华、作战处长等人到达 7 纵司令部。

进了作战室，听完邓华的汇报后，刘亚楼一行又冒着风雪察看地形。

看完了地形，刘亚楼、萧华的眉头也都紧锁起来，迈着沉重的步子回到 7 纵司令部。

吃晚饭时，刘亚楼以慎重的口气对邓华说："军委要我们先打塘沽，一是为了控制海口，防止平津守敌从海上逃跑；二是歼灭小的，孤立大的，做出个样子，迫使平、津守敌放下武器。但是现在看来，攻占塘沽有把握，全歼敌人则不可能，我军伤亡还会很大，确实不合算。"他停顿了一下，又说，"先打天津，同时也不放弃对塘沽的包围，即使这 5 万敌人跑了，我看也无关大局，扭转不了傅作义集团覆灭的命运。"

邓华听罢一拍大腿，叫道："对啊！先打塘沽得不偿失，先取天津是有把握的！"

吃过饭，众人进一步仔细商议，然后共同签署了给林彪的电报，详细陈述塘沽的地形和蒋军守备情况，认定还是先打天津后打塘沽好。

第二天，刘亚楼启程赶回平津前线指挥部，向林彪详细地报告了塘沽前线的地形和敌情，说明缓攻塘沽、先取天津的道理。林彪这时也定下了决心：先取天津。他让刘亚楼起草给中央军委的请示电。

当日，中央军委就复电给林彪："放弃攻击塘沽计划，集中5个纵队准备夺取天津是完全正确的。"

平津前线司令部随即成立了天津前线指挥部，由刘亚楼任总指挥。

邓华指挥7纵立即指向天津。

1949年1月14日，总攻天津打响。邓华指挥7纵和8纵由东向西推进，进展顺利。到15日下午3点，天津完全解放。天津之战的胜利，不仅歼灭了国民党军重兵集团，而且一举切断了北平之敌出海南逃的通路，使傅作义集团成为瓮中之鳖。

六、从白山黑水到天涯海角

当日后人们谈及海南岛战役的时候，邓华总是涌起掩饰不住的自豪，是啊，从白山黑水，打到了天涯海角，这几乎是一个现代中国军人能拥有的最大骄傲。

1949年4月，第四野战军组建第15兵团，邓华出任兵团司令员，辖第43、第44、第48军。5月，邓华率15兵团南下，与兄弟部队一起，先后参加湘赣战役、广东战役。11月9日，邓华兼任广东军区第一副司令员。这年12月，邓华受命统一指挥40、43军，准备在琼崖纵队配合下，解放海南岛。他的第15兵团指挥部成了渡海兵团的指挥班子。

渡海作战，这对人民解放军来说是一个全新的课题。面对茫茫大海，解放军参战部队一无渡海作战经验，而且战士大部分是北方人，不识水性；二无机械化渡海工具；三无空军海军支援。

渡海作战与陆地作战不同，搞不好，就有全军覆灭的危险。金门渡海作战失利便是前车之鉴。而且，海南守敌有 5 个军之多，连同地方武装共约 10 万余人，附有大小舰艇 50 多艘，飞机 30 多架，组成了所谓的陆海空立体防御“体系”，与金门相比较，有过之而无不及，很多人甚至产生了畏难情绪。

对此，邓华反复强调指出：必须毫不动摇，坚决执行中央军委的指示，在春夏之交完成解放海南岛任务；但是，必须慎重从事，既要英勇果敢，又要稳扎稳打；必须实事求是，因时因地制宜采取得力措施，克服敌机敌舰和茫茫大海的阻拦，与坚持海南斗争的琼崖纵队紧密配合，才有可能使部队顺利登陆，胜利完成作战任务。

在广州海南战役会议上，叶剑英和邓华及兵团领导人一起商讨作战问题，决定采取“积极偷渡、分批小渡与最后登陆相结合的战役指导方针”。即在大规模登陆前，首先以小部队分批偷渡，到达海南后与琼崖纵队会合，逐步改变岛上形势，加强岛上我军接应的力量，创造大举登陆的有利条件；尔后主力在琼崖纵队及先期登陆部队接应下登陆。

计划上报第四野战军前委，前委立即同意并报军委，毛泽东复电：“此种办法如有效，即可提前解放海南岛。”

在准备渡海作战的过程中，邓华总结登陆战斗的经验，向各参战部队发出电报指示：“必须教育全体指战员，坚决向敌舰展开斗争，只有勇敢地向敌舰进击，才能将敌舰威风打下去，才能缩小敌舰活动范围，争取我在海上的行动自由。”当时，邓华有一句在部队普遍传诵的名言：“遇上敌舰，要横下一条心：打！木船即使被打坏，抱着木头我们也要游到海南岛登陆！”

1950 年 3 月，渡海作战部队先后两批四次偷渡成功，使岛上我军增加了近一个师的兵力，大大加强了岛上的接应力量，坚定了广大指战员用木船战胜敌舰、胜利跨越天险的勇气和决心。

邓华于是加快了对进攻海南岛的战役运筹。兵团指挥部由赤坎迁到东山，又迁到了雷州半岛最南端的徐闻。4月10日，邓华和两军首长研究后，定下了以主力实施大举渡海登陆作战的决心。决定在琼州海峡实施宽大正面强行登陆，与敌决战以求迅速解放海南岛。

4月16日，40军和43军共8个团2万人，分乘350只木帆船和机帆船，从雷州半岛南端并肩起航。途中，经与敌机敌舰彻夜激战，突破敌海空封锁，于次日2时至6时，先后强行登上海南岛，与前来接应的两批偷渡登陆部队和琼崖纵队胜利会师。

第15兵团主力登陆后，邓华不失时机地迅速组织了美亭决战，粉碎了敌人企图乘我登陆部队立足未稳之际进行围歼的阴谋。尔后，他又指挥兵团主力分东、中、西三路，乘胜向全线崩溃的敌军猛烈追击，5月1日解放海南岛全境。整个战役歼敌3万3千余人，击毁敌机2架，击伤敌舰5艘，击沉敌舰1艘。

从1949年12月底开始战役准备，仅历时4个月，邓华和海南岛战役的其他指挥员一道，在没有海空军支援的情况下，指挥人民解放军木制船队，战胜拥有海空军优势的敌人，渡过琼州海峡，解放海南岛，创造了战争史上的奇迹，开创了人民解放军胜利渡海作战的先例。被赞誉为“出色地完成了中央军委和毛主席赋予的光荣作战任务”。

七、三千里江山上的光辉

朝鲜战争爆发后，中国中央军委决定组建东北边防军，保卫边境安全，并随时准备渡江支援朝鲜人民军作战。这支刚刚组建的东北边防军，是以四野的13兵团为骨干力量，邓华任13兵团司令员。

为了跟邓华交底，毛泽东在北京中南海亲自召见了他。

邓华坐下后，毛泽东递给他一支烟，说："你们的任务是保卫东北边防，但要准备同美国人打仗，要准备打前所未有的大仗，要准备他们打原子弹。他打原子弹，我们打手榴弹，抓住他的弱点，跟着他，最后打败他。"

邓华停止笔记，兴奋地说道："是的，抓住他的弱点，跟着打，美军的武器装备好，火力组织也好，从正面攻击不容易奏效。我军可以从侧翼和侧后迂回、渗透、穿插、包围，打近战、夜战。他打他的优势，我们打我们的优势。"

毛泽东脸上露出了欣慰之色，邓华把他的同美军作战的指导思想，发挥得这样具体明确，无疑是认真研究过同美军作战的战术问题的。毛泽东微微点头，又说："你的报告说美军可能在朝鲜东西海岸中腰部实施登陆作战，很有见地。

9月15日，"联合国军"在仁川登陆成功，28日即占领了汉城，随后迅速北进。10月1日李承晚军首先越过三八线，10月7日，美军也越过了三八线，与李承晚军一同进攻平壤。随着美韩军战果的扩大，麦克阿瑟被胜利冲昏了头脑，10月17日他下达了第4号作战命令，取消原定的两支部队在元山蜂腰部会合的计划，命令这两支部队继续前进，直到中朝边境的鸭绿江。

唇亡齿寒，中国人民不能眼见战火烧到自己的领土上。东北边防军13兵团所部4个军、3个炮兵师、1个高射炮团迅速集结在鸭绿江畔，只待一声令下，立即奔赴朝鲜战场。

在中国人民志愿军出国作战前，志愿军司令员彭德怀在沈阳召开了首批志愿军军以上干部会议。这次会议，主要传达中共中央关于志愿军入朝作战的决策，确定入朝作战的指导方针。

会议结束已是深夜了，邓华、洪学智等13兵团领导人仍在一起商讨着，因为有一件大事牵挂在心头：入朝初战的兵力有些不足，必须具备优势兵力才能取得初战胜利。

按原定的作战部署，志愿军先派两个军过江，两个军约 12 万人，而此时的联合国军总兵力已达 42 万人，地面部队拥有 5 个军，其中美军为 3 个军。除了地面部队外，“联合国军”还拥有作战飞机 1000 多架，各型军舰 300 多艘。且不说对方的海空军优势，仅同它的地面部队相比，我军仅出动 2 个军，也不具备优势。

邓华和洪学智决定面呈彭德怀。

彭德怀见邓华和洪学智深夜叩门，知道必有要事，便说：“军中无禁忌，只管说。”

邓华直言道：“先过去两个军兵力太少，形不成优势，是不是考虑 4 个军一起过江？”

洪学智接着补充道：“美军飞机已经发现我军在边境集结，一旦他们把鸭绿江桥炸了，我们部队再过江就困难了。”

彭德怀听罢点点头，说：“这个意见很好，我立即向毛主席和中央军委报告。”

第二天，彭德怀即致电中央军委，建议志愿军部队全部过江。

毛泽东随即复电同意，并紧急调遣驻扎在天津的第 66 军加入志愿军序列。11 月份，又调第 9 兵团 3 个军入朝参战。

这样，我军入朝参战兵力达到 8 个军，为第一次、第二次战役的胜利奠定了基础。

当时参加过抗美援朝的老同志曾说，邓华在朝鲜战场上是“两头冒尖”。

在朝鲜的前期“冒尖”，是指邓华领导的 13 兵团部直接改为中国人民志愿军司令部，邓华一跃成为志愿军第一副司令员。后期“冒尖”，是指朝鲜战争结束前邓华任志愿军代司令员，指挥打好了最后一仗。

1953 年 6 月，朝鲜停战谈判的各项议程全部达成协议。6 月 15 日，中朝联军司令部向部队发出命令：从 6 月 16 日起，一律停止主动向敌人攻击。6 月 16 日，交战双方参谋人员按照实际接触线重新划定了军事分界线。双方的文字专家也在逐字逐段地最后审定停战协定的文本。

为即将到来的和平，在朝鲜战场鏖战了 3 年的邓华心中是欢欣的。6 月 16 日晚上，他特意吩咐食堂加菜，拿出了茅台酒，与志愿军其他领导人同庆。

然而，6 月 17 日深夜，李承晚当局却以“就地释放”为名，在李承晚军的训练中心“就地释放”了 2.7 万名朝鲜人民军被俘人员。按照停战协议，双方战俘都需交还对方。李承晚当局“就地释放”，实际上是扣留战俘，蓄意挑起事端，明目张胆地破坏停战协议。

消息传到志愿军总部，邓华拍案而起，对李承晚当局的猖狂行径极其愤怒，他对身旁的副司令员杨得志说道:“看样子还得给李承晚点苦头吃才行！”

考虑了一会儿，他在巨幅作战图上拍了一下，对杨得志说：“我们在这里狠狠给他一刀！”

邓华巴掌拍击的位置，是李承晚军队当时占据的一个突出部。它位于金城以南，向朝中一方伸出宽达 25 公里、纵深 12 公里。李承晚军在此配置了几个师的兵力。从军事角度看，这个突出部对中朝一方威胁较大，而打掉这个突出部，则能将双方实际停火线拉直。

6 月 20 日，准备赴开城办理停战协定签字的彭德怀，从北京抵达平壤，在听取了邓华的作战设想后，立即于当天夜里给毛泽东发去电报，请示打击李承晚军一事。

第二天，毛泽东回电彭德怀，表示同意打击李承晚集团。毛泽东说道:“再歼灭伪军万余人极为必要。”

已经准备和平签字的邓华和志愿军将士们再一次进入紧张的临战状态。

志愿军当时在金城地区有 4 个军的兵力，为了保证我军兵力和火力上的优势，邓华决定再增加一个军，并增调 3 个炮兵团。这样，志愿军无论在兵力上还是在火力上都优于对方了。

7 月 13 日 21 时，金城前线乌云密布，大雨欲来。就在这时，金城反击战打响了，志愿军 1000 多门火炮突然发起猛烈轰击，顷刻间李承晚军的防线山崩地裂，成为一片火海。志愿军 6 个军同时向李承晚军 4 个师 25 公里正面发起攻击，一小时内即全部突破其前沿阵地。

在作战室里密切注视前线情况的邓华，此刻是心潮澎湃，激动不已。同时对敌人 4 个师宽大正面进行战役反击，这真是大仗硬仗啊！这是何等巨大的变化啊！拿火炮来说，解放战争中天津攻坚战我军发炮 7 万发，在中国人民解放军历史上是空前的；随后进行的淮海战役，我军一共发炮 20 多万发。

到了朝鲜战场的上甘岭战役，志愿军一共发射了 40 多万发炮弹，令许多老战士难以想象。而现在的金城反击战，志愿军一下子集中了 1000 多门火炮，准备了 70 万发炮弹，不到 3 年时间，中国人民志愿军强大起来了，可以硬碰硬地压制敌手了。

邓华真想跑出隐蔽部，去看看那满天的红火。

经过 3 天激战，志愿军在金城地区将战线向南推进了 15 公里，歼灭李承晚 4 个师大部，活捉敌“首都”师副师长；接着又击退敌大小反扑 1000 余次，至 7 月 27 日，金城战役歼敌 5 万人，向南收复了 170 多平方公里的地域，打掉了突出部，拉直了战线。

7 月 27 日，朝鲜停战协定正式签字生效。历时 3 年零 33 天的朝鲜战争以朝中人民的胜利宣告结束，和平降临朝鲜大地。

停战协定签字后，彭德怀回国继续主持中央军委日常工作。邓华被任命为中国人民志愿军司令员兼政治委员。

为了表彰邓华在抗美援朝战争中的卓越功勋，1953 年 10 月 27 日，朝鲜最高人民会议再次授予邓华共和国最高勋章——一级国旗勋章。至此，朝鲜方面已授予邓华一级国旗勋章 3 枚，一级自由独立勋章 3 枚。从此，邓华在朝鲜那美丽的三千里江山上永远留下了他的光辉。

八、老而弥坚

1955年3月，邓华被任命为第一任沈阳军区司令员。不久后，他又升任为中国人民解放军副总参谋长。

在主持沈阳军区工作期间，邓华强调部队必须以军事训练为主，他要求全体指战员要以最大的努力来学习与掌握现代技术装备和各军兵种协同战术。邓华在指导部队训练工作中时说道："各级领导干部和机关干部不要为会议、文牍、行政事务所纠缠，而应以大部人力、主要精力和时间用到军事训练和自己的（军事）学习上去。"

即使在所谓"大跃进"的年代，大炼钢铁高潮的时候，邓华对战备训练也毫不含糊。一次，邓华带参谋长曾思玉等人，驱车行进在东北大地上，下部队检查工作。他们来到一个师的营区，只见山脚下一座小高炉平地拔起，烈焰冲天。邓华立即叫停车前往察看，成百的战士正忙作一团，许多人衣服又脏又破，脸膛乌黑，眼里布满血丝。

邓华拉住一个战士问道："你们矿石从哪儿来？"

"湾头角落去捡，各家各户去收，废钢废铁还好炼一些，杂质少，含硫量低。"战士强作精神答道。

"那你们放了'卫星'了啰！"曾思玉参谋长顺着对方的意思说道。

"那还用说，首长讲了，要放一个特大'卫星'，向省政府和军区报喜。"又拢来了几个战士，他们争相回答。

"你们辛苦了啊！"邓华不愿冷落战士们的热情，连忙抚慰道，"要劳逸结合啊！你们有几天没休息了？”

“四天四宿没合眼了。政委说，放了特大‘卫星’后，轮班休息。”无须再问了。邓华随即命令驱车到军部去。

军政委见邓华表情严肃，以为是对他们人炼钢铁的成绩不满，急忙拿出材料，列举数字，说得有声有色。邓华越听眉头拧得越紧，突然，一摆手，打断他的汇报，问道：“你们的军事计划实施得怎样？”那个军政委支支吾吾答不上来。

邓华随即严肃指出：“部队要以训练为主，你们把战士搞得这样疲劳，把训练计划撂在一边，这样干不行！”

不仅对待大炼钢铁如此，对于当时曾被当作头等大事来抓的其他一些工作，也是如此。比如，他在部署工作时曾说道：“有些工作如除四害、讲卫生，挖中药、劳卫制等等就不能要先进指标，甚至不一定要指标，只有一个工作要求就行了。因为军事训练是我们平时的中心工作，军事工程施工是我们保卫国防的重要战略措施。”

当“大跃进”的浪潮也影响到军事训练之时，许多部队提出了不符合实际的训练跃进指标，邓华却强调训练质量，强调量力而行，“砍杀”了不少不切实际的指标和项目。他说：要“因地制宜地，有计划地，在物资器材许可和不打乱原有的整个工作规划。和提高训练质量的条件下，展开战斗训练的大跃进”。

邓华一再叮嘱：“所谓跃进，不仅是靠数量上的跃进，而且要求质量上的提高。”“在训练中要特别注意质量，不要走过场，防止形式主义。”

在邓华的领导下，沈阳军区的军事训练始终抓得很紧，特别是在多兵种合成训练中成绩显著，这甚至在日后的中苏边境冲突中，也起到了重要的作用和影响。

1959 年庐山会议后，邓华受到彭德怀案株连，被撤销职务，调离军队。

次年夏，中央决定任命邓华为四川省副省长，省里安排他分管农业机械工作。上有主管农业的省委书记，下有身为省委常委的农业机械厅厅长，邓华的职位实际上是形同虚设。

有好心人来劝导他："你不过是个挂名的副省长，还是少管点事，养养身体吧。"

甚至还有人说："现在是'困难时期'，搞不好又会飞来横祸，你就睁只眼闭只眼过日子吧。"

而邓华回答说："我拿人民的钱，吃人民的饭，就得为人民办事。除此之外，别的我什么也不考虑。"

从1960年7月到1965年底邓华在川工作期间，除身体条件不能远出外，大都活动在基层。

几年之中，他下乡下厂，深入调查研究，足迹遍及巴山蜀水。每次下厂下乡归来，他都要书面或口头向省委领导汇报，反映工作情况，也提出自己的意见。

在视察阿坝、甘孜两个藏族自治州时，他特地重访了当年红军长征故道，在草地徘徊，上泸定桥漫步。当他了解到由于工作失误，当年红军战斗宿营过的这些地方，生产下降，人民生活仍然很苦，一些农牧民连煮饭的锅子都没有，不得不用洗脸盆代替，有的两家共用一口锅，轮流使用……这一切使一个老红军、老共产党员的心情十分沉重。

邓华沉痛地说："解放这么多年了，人民生活还很苦，我们有责任啊！"回到成都，他亲自执笔把所看到的情况和问题，如实向省委报告。

据不完全统计，邓华先后跑了170多个县市，几百个县属以上的农机修造厂，上千个农村社队。连一些地、县领导都未涉足过的边远山区和少数民族村寨都走访了。以至当时四川省委主要负责人在一次会议上当众赞扬道："邓华同志来川不久，跑的地方最多，接触面很广，了解情况深、细，是一个很有发言权的同志。”

由于身心连受打击，承受了过多的精神痛苦，邓华体弱多病。他身患哮喘性气管炎、肺气肿、甲状腺功能亢进等。有时出外了解情况，途中突然发病，躺在床上还把人找来问东问西。

1963 年，邓华因甲状腺功能亢进在重庆住院一年多。病愈回到成都，他又立即投入到了工作当中。有些同志劝他少管事、以保养身体为主，邓华只回答说：“只要我还有一口气，我就要为人民工作。”

邓华在四川工作十几年，不顾自己在政治上处于十分困难的境地，也不顾自己体弱多病的身子，尽职尽责地为人民工作，真正实现了他少年时曾在党旗下发出的誓言。

九、最后的时光

由于受到彭德怀错案的株连，邓华被强加了许多莫须有的罪名，受到批判斗争。以致后来的“文化大革命”期间，邓华多次遭到关押、批斗。1968 年 4 月，江青、康生公开点名“邓华是坏人”后，对邓华的迫害迅速升级：拘留地转到城北临时监狱，囚室有岗哨把守，大小便时有人押着，裤带被搜走，夜晚不准熄灯，睡觉不许面朝墙壁，等等。对他的审讯、批斗越来越频繁，拷打和人格侮辱几乎成了家常便饭。

一次，在非法审讯中，审讯者蛮横地说：“邓华，交代你的罪行！”

“我没有做对不起人民的事，没什么可交代的。”

“胡说，交代你跟彭德怀的黑关系！”

“我的问题早处理了，毛主席、党中央都知道。来四川后，我和彭德怀没有见过面。”

“那么，交代你怎样勾结贺龙准备搞二月兵变的。”

“我早就没有一兵一卒了，还能搞什么兵变！”

一记耳光打在邓华脸上，鲜血从嘴角流出。

“你胆敢反对毛主席，就交代你如何反对毛主席的吧！”

邓华气得浑身发抖，霍地站立起来大吼：“我从 18 岁就跟着毛主席干革命，把我的骨头烧成灰，也找不到我反对毛主席的问题。”

顿时，巴掌拳头像冰雹般落在邓华身上，头上青包累累，肋骨损伤一根。

对于无穷无尽的审讯，数不清的游街批斗，邓华的心情十分沉痛，对党和国家的前途十分忧虑。但他相信党、相信人民，多次对他的夫人李玉芝说：“公道自在人心！历史将会做出结论。”

1968 年 10 月，经毛泽东指名，邓华被宣布“解放”，到北京参加了中共中央八届十二中全会。

全会期间，有人对邓华说：“林总现在是副统帅了，黄永胜也是总参谋长了，他们一个是你的老上级，一个是你的老战友，你是不是去看看他们？”

邓华回答说：“不去。我不抱任何幻想。”

这时，黄永胜正通过成都军区司令员向邓华传话：要他在北京京西宾馆住一个时期。对黄永胜，他是非常了解的。对林彪，在东北战场就有所认识；1959 年庐山会议之后又深有领教。邓华坚决不同他们拉扯到一起！全会结束后，邓华立即返回四川。

邓华回到成都，不少人来看望他，其中也有来拉关系的，要求他公开支持某一派，许以结合他在省革命委员会当副主任。不久，四川省党员代表大会在成都举行，邓华被安排作为“解放干部”在会上发言“亮相”。岂料他登台讲话，根本不谈支持哪一派的问题，而是强调团结两个百分之九十五，讲大联合，要求抓革命，促生产。这使台上台下那些指望他表态支持的人，大失所望。

粉碎“四人帮”反革命集团之后，中共中央任命邓华为中央军委委员、中国人民解放军军事科学院副院长。

邓华从被赶出部队到重返部队，经历了18个年头。在这漫长的历程中，他虽然付出了沉重的代价，但是，他昂着头，无愧于共产主义事业，无愧于人民群众，胜利地走过来了。

邓华这时候已是67岁高龄，但为了好好干一场，他断然把吸了50年的烟戒掉了。

邓华雄风不减当年，他下部队深入了解各方面情况，努力填补被迫离开部队这段时间军事知识的空白。他还深入到华北、华南一些地方，视察边防、海防，并着手研究写作《关于我军装备现代化问题》一文。

他在阔别近20年的军委会议上，就人民解放军装备现代化问题慷慨陈词，重申20多年前在总结抗美援朝战争经验时说过的观点：物质基础与技术条件对战争是极为重要的。他说：“国防现代化，首先是军事装备现代化。因为军事装备的发展，决定战略、战术原则，决定军队的编制和训练，以及战场准备等等，一句话它是战争胜利的基础。”

邓华建议人民解放军一方面积极改造现有装备，另一方面要有重点地积极发展新装备。他还在会上表示，准备就我军装备现代化问题以及未来反侵略战争和国防建设，继续进行专题研究，并向军委撰写报告。

然而，18年的逆境生活，身体上摧残，精神上折磨，使邓华的身心受到严重的伤害。重返部队后，他曾两度因病住院治疗。但即使是在病床上，他也在着手撰写《关于未来反侵略战争和国防建设的几个问题》。

1979年10月，邓华的身体更差了，他从北京去到广州，本意是到南方休养治病，但邓华仍然抓紧时间搜集海南岛作战资料，找人开座谈会共同回忆。经过几个月努力，他写成了纪念海南岛解放30周年的长文：《雄师飞渡天险，踏破伯陵防线》，发表在《军事学术》和有关报刊上。

1980年5月，邓华离开广州，原计划取道上海回北京。谁知到上海不久，邓华病情突然恶化，有时竟至昏迷不醒。

1980 年 7 月 3 日，弥留之际的邓华，断断续续地说道："我打了几十年仗，人民是了解我的。"

"将来打仗，我有我的想法，要和同志们一起研究，流血的经验是有用的。"

"多想为党、为军队建设再做点工作呀！可惜……可惜……来不及了！"

★NENGMOUSHANZHAN HUAQIAOSHANGJIANG YEFEI★

能谋善战，华侨上将
——叶　飞

叶飞出生于菲律宾，生母是菲律宾人，是开国上将中唯一的归国华侨。抗战时期，叶飞率领新四军游击队活跃在江南水乡，其事迹被京剧《沙家浜》和电影《东进序曲》演绎流传，更曾被粟裕称赞说："儒将叶飞，在车桥战役立了第一功。"出任福州军区司令员后，叶飞亲自组织指挥了著名的金门炮战，在中外战争史上永远留下了自己的名字。

叶飞档案

姓名字号：叶飞，原名叶启亨，曾用名叶英、小叶，菲律宾名西思托·麦尔卡托·迪翁戈

籍　　贯：生于菲律宾吕宋岛奎松省，祖籍福建省南安县

生卒年月：1914年5月7日—1999年4月18日，享年85岁

最高职务：福州军区司令员兼政委、交通部部长、解放军海军第一政委、海军司令员、全国人大常委会副委员长

叶飞简历

1914 年——5 月，出生于菲律宾奎松省。

1926 年——在福建厦门中学读书。

1932 年——3 月，加入中国共产党。

1934 年——任中共闽东特委委员、闽东军政委员会主席。参加了南方三年游击战争。

1935 年——任中共闽东特委书记、闽东军政委员会主席兼闽东独立师政委、独立师师长，闽东苏维埃政府主席。

1938 年——任新四军第 3 支队 6 团团长。

1940 年——7 月起任新四军苏北指挥部第 1 纵队司令员兼政委。

1941 年——6 月，第 1 师第 1 旅旅长、政委。11 月，任新四军第 1 师副师长兼第 1 师第 1 旅旅长、政委。

1942 年——12 月，任中共苏中区第三地委书记、苏中军区副司令员。

1944 年——12 月，任苏中区党委书记、苏中军区司令员。

1945 年——4 月，任苏浙军区副司令员。8 月，任中共中央华中局委员。

1946 年——任山东野战军第一纵队司令员，华东野战军 1 纵队司令员兼政委、第 1 兵团副司令员兼第 1 纵队司令员。

1949 年——2 月，任第 3 野战军第 10 兵团司令员。8 月，任福建省人民政府副主席。12 月，任华东军政委员会委员、华东行政委员会委员。

1954 年——3 月，任南京军区副司令员。10 月，任中共福建省委第一书记、福建省人民政府代主席、福建省省长。

1956 年——8 月，任福州军区司令员兼政委。

1957 年——9 月，任福州军区政委。

1959 年——2 月，任福建省政协主席。

1961 年——2 月至 1966 年冬，任中共中央华东局书记处书记。“文化大革命”中受迫害。

1975 年——1 月，任交通部部长、党组书记。

1979 年——2 月至 1980 年 1 月，任海军第一政治委员。

1980 年——1 月至 1982 年 8 月，任海军司令员。

1983 年——6 月，当选为第六届全国人大常委会副委员长。

1988 年——4 月，当选为第七届全国人大常委会副委员长。

1999 年——4 月 18 日，在北京逝世。

一、16岁的“共产党嫌疑犯”

在开国将领中，叶飞的身世比较特别，他是菲律宾归国华侨，于1914年5月6日出生在菲律宾奎松省一个叫迪阿旺的山区小镇上。

叶飞的父亲叶孙卫，原是福建省南安县的贫苦农民，当时福建人有闯南洋的习俗，叶孙卫像无数“唐山客”一样，结婚数月后便跟随同乡漂洋过海去了菲律宾做苦工，略有积蓄后，叶孙卫开始做点小买卖。因为归国无期，叶孙卫在异国他乡再次娶妻，先后生下六男两女，第二个儿子取名叶启亨，就是后来的叶飞。

叶飞满5岁时，父亲把他和大他2岁的哥哥启存带回祖国读书。临行前，叶孙卫对叶飞兄弟说：“中国人在海外受欺侮，就是因为国家太腐败，所以你们自己要争气。”这位一向老实巴交的父亲，一再叮嘱他们不要忘记祖国，不要丢掉中华民族的传统。

1919年，叶孙卫带着启存和启亨，回到了故乡，不料叶孙卫刚刚回到家乡一个月，就被误听闻叶家发财归国的土匪绑了票，好不容易赎回来，叶孙卫吓得匆忙离乡，去了菲律宾以后再不敢回来。从此，叶飞兄弟俩就由家乡的大母抚养。

海外一个生母，国内一位大母，这肯定是违反婚姻法的，却是当年海外华侨的普遍现象，中国人强调“不孝有三，无后为大”。家乡的大母姓谢，她和那个时代的侨乡女性一样，在故乡收了一个养子，在老家苦撑家业，待叶飞和启存回到家乡，她又像亲生儿子一样来抚养他们。

叶飞兄弟俩回乡后，先是去读村里的私塾，那时他俩只懂菲律宾语，不会家乡的闽南话，上课时什么也听不懂。只见教书先生摇头晃脑，抑扬顿挫，口中念念有词，不禁嘻嘻笑起来。在回国的第一年，他们可没少被先生拿着竹板戒尺打手心。

好在小孩学说话很容易，大约两三个月时间，他俩就学会了家乡话，还学会读写一些汉字。第二年，他们进入当地小学读书。当地的小学离村子很远，叶飞兄弟俩便带着两块红薯做午饭，沿着山间小路去上学，走累了就在半路上的大尖石上休息。

兄弟俩啃着红薯念完了小学后，又在数学教师叶骥才的帮助下，准备去厦门读中学。

叶骥才是叶飞革命思想的启蒙人。那时正是中国大革命的高潮时期，叶老师是国民党左派，经常给学生们灌输一点进步思想。1925 年叶飞兄弟高小毕业时，由于国际资本主义世界经济危机，叶孙卫陷入经济困境，他告诉叶飞兄弟俩：只能供一人继续升学读书，另一人回到菲律宾帮他经商。

叶骥才老师闻讯后去信劝说他：你两个儿子都是高才生，中途辍学太可惜了。

叶孙卫这才终于让兄弟俩一起去了厦门上中学。

厦门是个海滨城市，在鸦片战争后就是“五口通商”的港口之一，是中外交往较多的城市，当时有定期班轮到上海、香港。交通便利，思想活跃，文化教育也很发达。叶飞在这里读中学的时候，正是大革命时期，各种思潮涌进这个小岛，革命气氛很浓厚。

在厦门中学，兄弟俩要好的同学、朋友都是倾向左派的，还有叶老师介绍的左派“大朋友”，也经常给他们讲一些革命道理。兄弟俩还和同学们经常传看一些革命的书刊，开始初步接触到了马克思主义。

当时《新青年》、《向导》是叶飞最喜欢看的刊物，他也看了《共产党宣言》等共产主义运动的普及读物，不过他当时还看不懂这些，比较易懂的是布哈林写的《共产主义 ABC》，无政府主义的书也读过一点。

虽然这时叶飞对共产主义思想的认识还是模糊的，但是，蒋介石国民党的叛变革命，大肆捕杀共产党人，反而使他认清了国民党蒋介石的反动面目，认识了共产党才是真正革命的。

当时被国民党杀害的共产党人中，有很多人都是叶飞认识的，他们都是很纯洁、正直的年轻人，正因为这些被叶飞当大哥看待的革命青年坚持真理、无畏牺牲，让叶飞下定决心走向革命的路。那年，叶飞 14 岁。

四一二蒋介石反革命政变后，厦门党团组织遭到破坏，但火种依然存在，革命活动转入地下。叶飞也开始参加一些秘密活动，由于他年纪太小，还不到入团的年龄，只能算是外围成员，他经常跟着团员们一起出去散发传单，贴标语……

1928 年下半年，福州、厦门的党团组织开始恢复。这年叶飞 15 岁，勉强到了够入团的年龄。厦门的团市委书记叶贵煌找叶飞谈话，介绍他加入“CY”（即共青团的简称），并交给他入团后的第一个任务：在十三中学发展团员，建立团支部。

很快叶飞就介绍了二哥启存和一位姓郭的同学入团，并建立了支部，担任支部书记。这个团支部主要是做学生工作，组织读书会，团结进步青年。

这年冬天，团市委书记叶贵煌再次找叶飞谈话，问他中学毕业后的打算。叶贵煌告诉他：根据你的工作表现和个人素质，组织上打算培养你，但这就要脱离学校，脱离家庭，放弃升学，完全转入地下。他问叶飞有什么想法。

叶飞当时满腔革命热忱，完全没有什么个人打算，他马上回答说：只要是组织需要，干什么都可以。于是叶飞下定决心，并说服了二哥，不参加即将来临的毕业考试，而且不要文凭，他给家乡和国外的父母去信说：中学毕业了，他要和朋友到日本留学，由朋友负担学费，家里就不要再寄钱了。这当然都是假的，只是叶飞想以此为借口断绝与家庭的关系。

1930 年 7 月，代理共青团福建省委书记的叶飞在厦门被国民党反动当局逮捕。这次被捕与当年轰动一时的“厦门劫狱”事件有关。

这一年的 5 月，由中共福建省委军事部长陶铸率领特工队冲入厦门监狱，救出被关押的共产党干部40余人。这次劫狱干脆利落，前后只用了20分钟，等到大批军警赶到，陶铸等人早已扬帆远去。

国民党当局因此事恼羞成怒，大肆搜捕，把刚从福州归来的叶飞等3人，作为城门失火的池鱼捉去了。叶飞被捕后，先关押在厦门警备司令部的军法处，由于搜查时没有搜到任何证据，3人又一口咬定是到厦门来读书的外地学生，军法处只好把他们移解地方法院，以“共产党嫌疑犯”，按“危害民国治安罪”投入囚牢监禁。

狱中的生活是十分艰苦的，拥挤阴湿的牢房，石板地铺上稻草就是床，吃的是霉米烂菜，3人的身体便一天天虚弱下去。叶飞只能设法给家里人写了一封信说：他到日本留学两年，回到厦门后因参加爱国活动，被当作政治犯逮捕，关在监狱。家中得讯后，二哥启存专门从菲律宾赶回厦门来探望。

二哥来探监，使叶飞3人终于和组织有了联系。叶家父母每月从菲律宾都寄一些钱来，二哥每星期都要来探视一次，这给他们解决了大问题。

终于，叶飞熬过了一年半的狱中生活，这对叶飞来说，是他参加革命后的第一次严峻的考验和磨炼。由于在狱中和组织接上了关系，所以叶飞出狱那天，组织上派叶飞的二哥接他们到机关去住，一星期后，叶飞因在厦门已经“红”了，不宜再在厦门工作，组织上便调他去福州担任团市委书记。

二、死里逃生

1932年下半年，叶飞奉命到闽东地区领导武装斗争，并参与创建了闽东革命根据地和工农红军。

当时，闽东的革命斗争正处在非常困难、非常艰苦的时期，叶飞率游击队来到闽东福安县。福安县有个叫狮子头的码头，距县城60余里，是个渡口，为福安县东、南两侧进城的必经之地。

这里有家客店，名叫狮子头客栈，是一座孤零零的上下两层木头房，来来往往的摆渡人多数要在这里休息、吃饭，然后再上路。因为交通要道往来人员很多，地下党的同志在这里接头，不容易引起其他人注意，这个店也就成了闽东地下党的一个交通站。

一天，叶飞约一个同志中午12时到客栈接头。早上，叶飞扮成一名商人，从游击队驻地一处隐蔽的山林中悄悄来到客店。接头的同志未到，叶飞先在楼下坐一坐。中午时分，店主把叶飞带到楼上吃饭，楼上就是他们接头的地方，只有叶飞一人在吃饭。

他刚刚端起碗来，就听到楼梯"噔噔"作响，有人上楼。叶飞以为是接头的人到了，不料回头一看，上来的3个人均不认识，他不禁大吃一惊。果然，那3个人面露杀气，直扑过来，叶飞来不及掏枪，就被按倒了。来人随即朝叶飞开枪，叶飞头部中弹，立即倒在楼板上。这3个人迅速搜去叶飞身上的手枪和笔记本，旋即撒腿跑了。

叶飞脑子还清醒，听到他们下楼的声音，便抬头一看。不看则罢，这一看又坏事了。原来这3个家伙只下去了两个，其余一个正在看着叶飞是否真的死了。此人一看叶飞还在动弹，忙大叫："还没死！还没死！"又对着叶飞连开3枪，一枪击中头部，一枪击中手臂，一枪打飞了。

叶飞真是命大！连中数弹，居然未死。他接受了第一次的教训，躺在那里，一动不动。

不一会儿，听到楼下哨声响，接着又听到有人喊："快走！快走！"

过了好久，叶飞认为其周围已经确确实实没人了，稍稍松了口气，顿时感到一阵剧烈的疼痛和晕眩。他的头部中了弹，胸部与左臂各中一弹，躺的地方一片血迹，鲜血从楼板缝滴下，甚至能听到"滴答滴答"的声音，他不由想到这一次必死无疑了。

叶飞的血流得太多，他几度努力想站起来，都失败了。叶飞拼着最后一点力气，慢慢地爬到楼梯口，歇口气，稳稳神，憋足劲，又顺着楼梯慢慢地一级一级地往下爬。这时候如果栽下去，那就非断气不可。所幸还好，叶飞终于爬了下去。一直爬到客店后面一个小水沟边上，他再也没有力气了，就昏了过去。

当他醒过来的时候，发现自己躺在一间屋子的一张床上，已是深夜12点了。

原来，距狮子头码头不远处，还有一个狮子头村，是我党较早开辟的基本村，有党支部和农会组织。听到客店响枪声，村里同志就知道有情况，但在大白天，一时不敢来。好在正是冬天，天黑得早，下午4点多钟已近黄昏，路无行人了。党支部立即派人查看，发现叶飞昏死在客店门口的路上，赶紧把他抬回村子，随即请镇上的医生给他治伤。

叶飞身上的棉衣、毛衣，全被凝结的血粘住，脱不下来，医生用剪刀一层一层地剪开，把伤口用药水清洗干净。因条件有限，一时无法取出头部和胸部的子弹，便上些药，包扎起来。叶飞是中午12点左右遭敌枪击的，直到晚上10点多才醒过来，整整昏迷了十多个小时。

刺杀叶飞的是福安县国民党派出的特务队，由于狮子头一带游击队力量比较强，活动也较频繁，特务不敢久留，刺杀叶飞后，匆忙赶回县城。县城特务头子一看叶飞的手枪和笔记本，知道被杀的是共产党的游击队队长，大喜过望，立即又派特务回来，要砍下叶飞的脑袋去邀功。可是，客店里早已空空如也，连老板也找不到了。特务仍不甘心，四处搜查，始终未见叶飞踪影。

第二天，敌人把狮子头四周十几里的村子全包围起来，到处搜寻。但狮子头村的干部群众，保密好，配合好，掩护更好。敌人折腾了一个多星期毫无结果。转眼又过去了20多天，敌人的警戒渐渐放松了，哨卡也撤了。封锁一撤，同志们就把叶飞乔装打扮护送回山，叶飞终于死里逃生，回到了游击队的根据地。

三、闽东三年

1933 年 11 月 20 日，曾在上海抗日的 19 路军将领在福州打出了抗日反蒋的旗号，成立人民革命政府，即所谓“福建事变”。

一处点火，四处开花，不到 40 天，福安全县农村红成一片。过去斗争失败的区域，都公开起来收缴反动武装，组织赤卫队，打土豪，肃清反革命。邻近各区也随之响应，1934 年 1 月，闽东革命委员会在赛岐成立。2 月，闽东苏维埃政府在柏柱洋成立。同年 8 月，红军北上抗日先遣队逼近福州北郊的大小北岭，袭击城郊王庄机场，威逼福州。

经过一昼夜的强攻，红军占领了敌军一些阵地和城西关的主要街道，但未能攻克福州，遂向闽东转移。

抗日先遣队进入闽东地区后，在连江独立 13 团配合下，打开罗源县城，继续北趋宁德。这个时候，正好叶飞带闽东独立 2 团赶到了赤溪，与他们胜利会师。

在军团部，叶飞见到了中央代表曾洪易（后叛变），还见到了军团长寻淮洲、政治委员乐少华、参谋长粟裕、政治部主任刘英等同志。

寻军团长他们听取了叶飞汇报闽东情况后表示赞许，并提出：闽东的党政工作已有统一领导，应该建立一支主力。

当叶飞问军团长有什么困难需要闽东党组织帮助解决时，军团长告诉叶飞：离开根据地，长途跋涉转战千里，兵员补充缺乏来源，伤病员也无法安置，确有很大困难。

叶飞便主动问道：“你们要不要补充新兵？”

军团长颇为吃惊地问叶飞：“你们有办法吗？”

叶飞说：“别的办法没有。苏区嘛，群众起来了嘛，这个行。你们要补多少新兵？”

军团长考虑了一下问：“300行不行？”

叶飞说：“行，你们是有枪没有人，不像我们是有人没有枪。”

军团长又考虑一下问道：“500行不行？最好能有1000，能不能在3天之内动员好送到部队？”

叶飞说：“行，不要说1000，3000也行。就是时间要长一点，总要一个星期吧。”

随后，闽东独立2团配合北上抗日先遣队打开了穆阳城，筹集了3万现洋和50担烟土。停留3天后，红7军团接收了动员来的1000多翻身农民参军。

此时，因为敌47师尾随追来，北上抗日先遣队随即离开穆阳向闽浙边境政和、庆元方向转移。

红7军团北去后，还有1000多翻身农民已经集中，参加红军的热情很高，却追赶不上他们了。闽东特委认为：既然把新兵动员起来了，解散回家是要泄气的，不如根据寻军团长建议，将其补充到部队，建立一支主力部队。

红7军团离开时，留下了100多名伤病员，里面团、营、连、排干部都有，这是一笔宝贵财富；又将罗源战斗所缴获枪支交给连江独立13团，多余的百余支步枪交给闽东独立2团。有枪有兵有干部，闽东成立主力部队的条件已经具备了。

9月，叶飞亲自到连江带领独立13团到达宁德桃花溪地区，随后福安的独立2团、寿宁独立营也开到桃花溪集中。在宁德桃花溪地区著名古刹天柱寺，上级宣布成立中国工农红军闽东独立师，辖3个团，以福安独立团为第1团，以连江独立团为第2团，以寿宁独立营为第3团。师长冯晶泰，副师长赖金标，叶飞任政治委员。

独立师成立后，立即向咸村周宁挺进。在半个月中，消灭民团数处，缴枪200余支，开辟了周宁、寿宁、政和边界的新苏区，在闽东掀起了一轮新的革命热潮。

1935年1月，敌人以5个师兵力分四路向闽东苏区进行“围剿”，这是闽东地区坚持三年游击战争的开始。由于一直没有和党中央取得联系，闽东不了解中央红军长征和北上抗日先遣队失败的情况，因而对战局变化没有准备，直到敌人部署就绪，闽东特委和独立师已经陷入敌军重重包围之中，才在福安洋面山上召开了紧急会议讨论对策。

闽东独立师政治委员叶飞主持了这次会议，出席的领导人为代理特委书记詹寅、闽东苏维埃主席马立峰、独立师师长冯晶泰、副师长赖金彪、政治部主任叶秀藩等，闽东地区从未经受过规模如此之大的敌人“围剿”，缺乏经验，会上发生了激烈的争论。

一种意见是詹寅等地方同志提出的，主张坚决保卫苏区，“和苏区共存亡，与敌人决一死战”；另外一种主要是独立师领导同志的意见，他们反对与敌纠缠，更反对与敌硬拼，认为和敌人硬拼一定会失败。

在最后抉择的关键时刻，叶飞当机立断地提出了自己的看法，他肯定保卫苏区的想法，没有苏区就没有立足之地，但硬拼“决一死战”是错误的；肯定独立师负责同志基本点是对的，但理由不充分。

叶飞总结闽东地区两年来的基本经验，即一个县只要有一支服从党的领导、斗争坚决、纪律好的红色武装，就可以支持一个县的革命斗争，即使这个县被敌人镇压下去了，总可以恢复。

叶飞认为：只有保存了有生力量，保存了独立师，才能坚持斗争；如果独立师被消灭了，闽东苏区也就垮了。“留得青山在，不怕没柴烧。”

他的这番道理，终于被与会同志所接受。

于是，叶飞提出了三条意见：一、把闽东苏区变成游击区，从此转入游击战争；二、独立师要跳出包围圈，但要打一仗再走，不打就走，不仅地方干部和群众思想不通，就是独立师的战士（基本上都是本地人）也想不通；三、如何打，要好好研究，不能硬拼，也不要纠缠，给敌人一个打击就行。

紧急会议结束，天也快亮了，特委负责同志詹寅、马立峰等立即分赴各地传达、部署。

第二天，独立师即在洋面山后面的彭家山与敌新 10 师展开作战，由彭家山一直打到堵坪。激战终日，敌人伤亡很大，我军伤亡也不小。

这是独立师成立以后进行的最大的一次战斗，是一个消耗战。但这一仗给了叫嚣彻底剿灭苏区的敌人一个迎头痛击，对于以后坚持闽东三年游击战争是有意义、有作用的。

当晚，独立师开始紧急转移，在到达寿宁三岔岭时，独立师遭到敌军伏击，副师长赖金彪不幸牺牲。当晚独立师突破包围，退往政和，旋又转到周墩，最后转移到了宁德的杨梅岔。

这时，独立师虽然只剩下 500 多人，但保存下了一部分主力，在为牺牲了的同志举行了简单的葬礼后，他们跳到苏区外围定（德）屏（南）古（田）边区，从此开始了长达三年的闽东游击战争。

四、东进序曲

抗日战争爆发后，叶飞所率部队改编为新四军第 3 支队第 6 团，叶飞为团长，阮英平为副团长，全团共 1300 余人，在江苏省东路地区活动，属陈毅指挥。所谓东路地区，是指常州以东京沪铁路两侧的长江三角洲地带，南起太湖、北至长江、东接上海，它交通方便，经济文化发达，战略位置十分重要。

1939 年 5 月，陈毅命令叶飞率 6 团以“江南抗日义勇军”（简称“江抗”）的名义深入敌后东路地区打击日军，相机建立抗日根据地。

6月24日深夜，叶飞率部打响了挺进东路地区的第一仗，即偷袭浒墅关火车站，此次战斗使铁路被迫停驶3天，上海、香港各报都刊登了这条消息，还刊发了美国著名记者史沫特莱关于这次战斗的通讯。从此，“江抗”的旗帜打出了名声，日军大为震惊，广大人民欢欣鼓舞。

浒墅关战斗后，“江抗”乘胜向东发展，进入常熟境内。叶飞与常熟党组织及其所领导的“民抗”部队取得联系后，在阳澄湖边的东塘寺一带初步建立了根据地。

7月的阳澄湖，苇叶青青，稻谷飘香，是鱼虾正肥的季节，渔民的汽船、木船在湖面上往来不断。但叶飞所注意的却是无边无沿的芦苇荡。这儿港汊星罗，水网密布，颇像《水浒》里描写的梁山泊。芦苇荡里的地形十分复杂，没有人带路根本进不去，就是进去了也出不来。

在这里，行军作战都是坐船，一只汽船能拖十几条木船。河汊四通八达，两边都是芦苇荡，在岸上一般看不见，十分隐蔽。叶飞觉得阳澄湖及其周围地区是一个建立东路抗日根据地的好地方。

在这里，叶飞率部队深入到各个埠港村浜，他们每天宣传抗日，扩大抗日武装，组织抗日团体。在不长的时间内，各乡各县都很快建立起自卫队、农救会、青救会和妇救会。这些组织都是抗日的骨干，他们配合6团反击日军的“扫荡”，打击和袭扰敌人，传递情报，救护伤病员，十分活跃。在长江三角洲的水网地带，新四军的活动如鱼得水，进退自如。

后来，根据形势的发展，叶飞率部队离开了这里，部队撤走后，作战处长夏光率30名伤员在此养伤。这时环境日趋险恶，梅光迪叛变当了汉奸。日军一次次进行野蛮“扫荡”，夏光在群众的掩护下，不但养好了伤，还以这些伤员为骨干，组建了一支新的“江抗”，继续在苏常太地区坚持斗争，巩固和发展了东路抗日根据地，著名京剧《沙家浜》就是根据他们的事迹编写的。

1941年皖南事变后，东路抗日武装改编为新四军第6师第18旅。这支沙家浜游击队后来成为叶飞的第20军主力部队，“沙家浜部队”的称号一直被保留了下来。

1939年10月，叶飞率“江抗”主力撤到苏北，与管文蔚部合编为新四军挺进纵队，次年5月，根据新四军江南指挥部总指挥陈毅的指示，叶飞率领挺进纵队1团和4团撤出吴家桥战斗，跃过通扬河，到达了北面的郭村。

郭村是个三角边区，西边10里是日军的高邮、邵伯据点，北面10里是国民党江苏省主席韩德勤的保安三旅张星炳部，南边就是李明扬、李长江的部队。这里正好是三股势力结合部，地区形势极为复杂。

陈毅根据中央指示和对苏北力量对比的分析，向叶飞提出了“击敌、联李、孤韩”发展苏北的战略方针，并要求叶飞，在采取具体作战行动时，要服从这个总的战略方针。中共中原局领导刘少奇也指示叶飞，新四军在苏北的任务是在冲突前争取政治上的优势，力求与顽固派合作打击日军，要尽量避免与“二李”冲突。

5月19日,叶飞率领挺进纵队进驻郭村。但李长江却拒绝与新四军合作，6月28日拂晓，李长江率部向驻守郭村的叶飞部队猛扑过来，包围了叶飞所部，情况非常危急，叶飞急令部队奉命还击。

7月1日，即战斗的第4天，叶飞利用现有7个营的兵力，抽出一部分兵力进行局部反击，打破被包围的局面。他指挥1团团长乔信明、政委刘先胜率两个营，向扬泰线出击，趁李长江后方空虚，直取宜陵，打通与吴家桥地区的联系。1团的两个营连夜出击，插入李军之后，一举攻下重镇宜陵，歼灭李长江3个支队（团）。

这时，在挺进纵队4团接应下，陈玉生率部起义获得成功。这样，叶飞手中就有了5个团的兵力，不但打破了李长江的包围，而且为江南主力渡江北上创造了有利条件。

李长江损兵折将，头破血流，恼羞成怒。7月2日，李长江亲自督阵，组织指挥对郭村最疯狂的一次进攻，在叶飞的指挥下，李长江亲自指挥的进攻很快被粉碎了。

李长江围攻郭村，在战场上被全歼3个团，被击溃10个团。此时，战局大变，攻守变势，我军5个团全部结集在郭村、宜陵一线。

7月3日，陈毅从新老洲赶到郭村，一边与叶飞握手，一边说："我本来是来骂你们的，一个多团与这么多顽固派乱揪。现在，你们打了大胜仗，我还有什么好讲的？"

受到了陈毅的赞许和肯定，叶飞决定一不做二不休，顺势扩大战果，打下塘头。

陈毅说："很好，就这么办。不过，不准打进泰州城，要留有余地，我们还是要'灭敌、联李、孤韩'，这是我们的总方针。'二李'是地方势力，争取他们中立是完全可能的。"

拿下塘头后，陈毅立即派出新四军服务团团长朱克靖赴泰州与"二李"谈判。朱克靖北伐时是国民革命军第3军党代表，李明扬是该军副军长，两人交谊颇深。李明扬特地从兴化赶回，接待朱克靖。朱克靖代表陈毅表明诚意，"不打泰州城是尊重友军，特别是尊重老前辈"，希望"二李"以"互助互让共同发展"8个字来推动抗战。陈毅又亲自打电话给李明扬，再次表示新四军为了团结抗日，愿与他重修旧好。

李明扬求之不得，他私下里给朱克靖看了韩德勤6月27日上午发的绝密电报："着李总指挥（明扬）指挥所部及张星炳、何克谦、张少华各部队，并泰州常备旅迅速将江都、泰县境内各匪军一鼓而歼之！"此事说明，李明扬部进攻郭村，实际上是韩德勤逼的。同时，李明扬还释放了挺进纵队谈判代表陈同生、周山，并赔礼道歉，派专人护送回挺进纵队。

接着，陈毅应李明扬的要求，释放了李军700多名俘虏并发还了部分缴获的枪支弹药，同时，也要求李明扬团结抗日，如果以后韩德勤进攻新四军，"二李"应保持中立，李明扬对天发誓，满口答应。

郭村战斗结束后，陈毅于7月9日致电党中央称："此次战斗证明，历来对两李上层争取，积极发展其中、下层的路线是正确的。在8天战斗中，两李以强大兵力企图歼灭我军，管叶部以攻势防御，采取各个击破的战略，得到大的成功。目前，江南1支队已渡江会合，江南指挥部已陆续渡江，造成我军争取苏北发展的良好环境。”

在叶飞看来，当时的战略任务是发展苏北，任何战役战斗必须服从这个战略任务。如果没有郭村战斗的胜利，江南部队过江以后，光是吴家桥弹丸之地，无法集结，无法休整，给养困难，很难立脚。郭村战斗打赢了，打开了局面，从宜陵到塘头都占领了，把郭村地区和吴家桥地区连成一片，陈毅称之为“我军对苏北之进攻出发地”，“奠定了站稳苏北脚跟的开始”。

事实证明，郭村战斗是东进序曲，是黄桥决战的前奏。新中国成立后，叶飞所部进行的郭村保卫战拍成了电影《东进序曲》，刘少奇称赞说：“这是共产党正确运用斗争策略的好例子。”

五、决战黄桥

郭村保卫战胜利以后，面临的问题就是如何解决苏北问题了。

1940 年 7 月 8 日，粟裕率江南指挥部渡江北上，到达吴家桥地区。遵照中共中央指示，将江南指挥部改为苏北指挥部，陈毅、粟裕分别任正、副指挥。部队整编为 3 个纵队，叶飞任第 1 纵队司令员兼政委。

江南主力北上以后，苏北斗争进入了新的阶段。蒋介石、韩德勤当然不会允许我军在苏北敌后建立和发展抗日根据地，陈毅料定敌我之间必有一次决战，7 月 14 日，他致电新四军军部转报中央和重庆周恩来同志，决定向东挺进，以黄桥为中心，在泰兴、如皋、南通建立根据地。

陈毅说，这次东进，是破釜沉舟，背水一战，必须争取胜利。如若失败了，就只好下长江喝水；只有胜利了，整个苏北的局面才能打开。大家要下最大的决心，必须打败敌人。当时，形势确实十分险恶，整编后的苏北指挥部 7000 多人面对敌伪和 10 万顽军，而且宜陵、塘头又交给了两李，根本不能西返，只能背水一战。

7 月 25 日新四军出发东进，26 日、27 日叶飞部通过口（岸）泰（兴）线上的寺巷口、缪湾两李防区时，李军如约让路，并朝天鸣枪以掩盖韩德勤耳目，叶飞率部佯作夺路而过。

韩德勤接到保 4 旅何克谦的报告：发现“新四军自宣家堡东侵，张公任部已撤走。”韩德勤亲自打电话给李明扬，问是否有新四军大举东进？人数多少？为什么不加阻拦？

李明扬回电：有此事，缪湾一带正在激战，据报新四军“伤亡惨重”，一部绕道东去，等等。并请求“副总座”即予补充弹药。

韩德勤绝没有料到新四军会放弃既得地区而全师东进，就命令何克谦保 4 旅由黄桥及其以南地区向北攻击，同时命令陈泰运税警总团由曲塘南下至北新街一带，妄图南北夹击，消灭新四军部于运动中。

我军对何克谦、陈泰运两部决定采取不同对策。对陈泰运予以惩戒，目的在于警告他不要跟着韩德勤制造摩擦打内战，应该团结抗日；对何克谦则予以歼灭。遂以第 2 纵队为左路，保障侧翼；第 3 纵队迂回，断敌退路；第 1 纵队为右路，直取黄桥。

第 2 纵队行至北新街以南时，陈泰运部已进到薛家垡、北新街一带。指挥部命令 2 纵队掉头北上，击溃陈泰运两个团，歼其 1 个多营。战后，我方如数遣返了俘虏，还主动送还了部分枪支，陈泰运不由得大喜过望。

这个陈泰运，刚刚由国民党战地党政委员会苏鲁战区设计委员、北伐时代的老共产党员黄逸峰同志从兴化软禁中营救出来，他“奉命用兵”碰得头破血流后，自然表示愿与我军共同抗日。而对我军来说，陈泰运驻曲塘，在黄桥以北，正好作为与韩德勤之间的缓冲地带，便于我军集中全力歼灭何克谦部。

何克谦不知死活杀向前来，正好是你来打我，我师出有名。2 纵攻击黄桥以北的蒋垛、古溪、营溪；3 纵迂回，攻取搬经，截断何克谦退路。

这时，叶飞率第 1 纵队直捣黄桥，攻击该镇及其以南地区。叶飞要求部队，打仗要积极主动，哪里枪炮声密集，就冲到哪里去，协助 2 纵或 3 纵的战友歼灭敌人。

经 7 月 28 日一夜激战，各部胜利完成了任务，我军于 29 日凌晨解放黄桥。此战歼灭何克谦主力 2000 余人，何部特务团 400 余人也在陈宗保率领下起义，编为新 4 旅第 1 团。

韩德勤对我军创建以黄桥为中心的抗日根据地以及部队迅猛发展、群众运动轰轰烈烈，感到莫大的威胁。于是，在蒋介石、顾祝同的命令下，他开始了新一步的军事行动。

陈毅、粟裕根据党中央、中原局的指示，决心集中兵力于黄桥附近，在八路军南下的战略配合下，作独立迎战韩德勤部的准备。

这是抗战以来，全国规模最大的一次反摩擦战斗，如何对付顽固派如此规模的进攻呢？当时有 3 种作战方案：一是给予韩军重大杀伤后，暂时撤出黄桥，乘顽军追击时，再集中兵力歼灭其一路。二是全力死守黄桥，待韩军进攻失败后再出击。三是以黄桥为中心，诱敌深入，各个击破。

陈毅主张第三种方案，他诙谐地说："如果战胜了，苏北大局就定了，我们就可大发展；如果失败了，那就算了。"但陈毅是充满必胜信心的，最后粟裕、叶飞都同意了这个方案。战后，被俘获的敌 117 师参谋长称："真是出其意外！"

10 月 3 日，韩德勤集中全部兵力 26 个团约 3 万人分 3 路向黄桥进攻，当时我军只有 7000 余人，力量相差悬殊，而二李及陈泰运部的右路军 1 万余人按兵不动，情况十分危急。

敌 89 军首先扑上来了，翁达率领他的独立旅 3000 多人向黄桥进攻。陈毅冷静应战，以黄桥为轴心，诱敌来攻，各个击破。粟裕立即将指挥的重点放在北门城外。能否歼灭翁达旅，关键的关键，核心的核心，就是要把握好出击时间。

4 日下午，叶飞冒雨到阵地上巡视，此时正是青纱帐起，对翁达独立旅的行动，看得清清楚楚。翁部成一路纵队前进，每人一顶笠帽，完全是一种旅游式行军的架势，毫无战斗准备。前头部队已经过去了，接着翁达和几个高级幕僚骑着几匹高头大马，在大批人员簇拥下缓缓而来。

叶飞立即电话报告陈毅："独立6旅在我枪口下踽踽而行，毫无戒备，正是攻打的最好时机。"

就在这个时候，陈毅、粟裕向叶飞下达了"立即分多路出击"的命令，同时命令王必成协助1纵，歼灭敌独立6旅。

埋伏在青纱帐里的1纵指战员们，听到叶飞一声令下："出击！"战士们一个个憋足了劲，分4路冲了出去，势同猛虎下山，青纱帐里里外外杀声震天！敌独立旅一下子给打蒙了，一字长蛇的躯体，立马被斩成几段。独立旅局部被歼，收缩到土墩和独立屋固守，其后卫团还拼命猛扑高桥，企图打开退路。1纵第5团早已占领高桥，一场血战，硬是把敌后卫团压了下去。

激战中，1纵1团团长乔信明看准有一批身挎皮包、手拎箱子的军官，拥着骑马的头头奔跑，断定是翁达旅旅部，便亲自率领1营立即扑了上去。1团向叶飞报告说：发现一具倒在血泊中的尸体，看来是自杀的，身边有一件印有"翁达"名字的风雨衣。

接着2营、3营分别包围了一股敌人，把敌第18团分成3块，翁达旅首、腹、尾同时受到突然攻击，展开不及，乱成一团，不是投降就是被歼，极少逃脱。

10月5日，李守维在逃窜中，连人带马淹死在河沟里，宣告了敌89军被歼。其余如保安10旅、保安3旅、保安5旅之大部也被我军消灭。

黄桥决战共歼灭顽军12个团计1.1万人，叶飞的1纵在此次战役中发挥了重大作用，首先迅速歼灭韩军主力独立第6旅，在野屋基战斗中消灭敌89军军部和349旅，89军军长李守维、独立旅旅长翁达均在此役中毙命。

黄桥决战，叶飞在陈、粟领导下立下了赫赫战功，更几乎是其军事生涯中的巅峰之作。

六、红旗插上鼓浪屿

1947年8月下旬，叶飞率3野10兵团取得了福州战役的胜利。3野总部命令叶飞，率领第10兵团在新中国成立之前解放厦门。

厦门是中国东南沿海的重要门户之一，面积128平方公里，东与金门隔海相望；西、南、北三面被大陆环绕，西南与小岛鼓浪屿邻近。

国民党军以北半部为防御重点，配置了55军的2个师，齐装满员的74师位于岛西北部的东渡、石湖山、高崎、钟宅一带，181师位于岛东北部的坂美、五通道；29师2个团防守鼓浪屿，该师另一个团和要塞守备总队驻守厦门市区；5军166师防守岛东南部的石胄头。

国民党军在岛上构筑了以钢筋混凝土永备工事为骨干、以野战工事和障碍物相结合的多层次的坚固防御阵地。岛上有坦克、雷达和大口径火炮，并有海、空军火力支援，形成要塞式环形防御体系。

9月26日，叶飞率领第10兵团的军、师主要指挥员在泉州召开作战会议，决定对厦门、金门同时发起攻击。

10月上旬，叶飞对进攻方案作最后检查，发现29、31军只有3个团的船，而28军只有1个团的船。叶飞决心改变原定方案，先攻取厦门，后攻取金门。

此方案得到了野司首长的同意。

10月15日黄昏，叶飞一声令下，攻厦战斗从鼓浪屿拉开序幕。

鼓浪屿弹丸之地，由于风景优美如画，素有“海上花园”之称。鸦片战争后，帝国主义列强纷至沓来，争相在这里划租界、开洋行、建教堂、设领事馆，成了“万国租界”。正因为如此，国民党军以两个团的兵力防守此处。

31 军按照叶飞的命令提早 30 分钟开始破坏性射击。18 时，叶飞命令 31 军两个主攻团，91 师 271 团和 93 师 277 团作为第一梯队，扬帆鼓桨，从海沧湾、沙坛湾鱼贯而出，逆风行舟，分别驶向鼓浪屿。

叶飞看到，船队出江口入海湾后，东北风越刮越猛，波涛汹涌。战士和船工协力搏风击浪，一会儿波峰，一会儿浪谷，缆绳拉断，桅杆打折，力挽狂澜，奋勇前进。船队航至距岸 200 米左右，鼓浪屿国民党守军开始以猛烈的火力拦阻。

此次攻击厦门，叶飞采用了声东击西的打法。他判断敌人反击部队集中在厦门岛腰部。渡海登陆，佯攻鼓浪屿，造成敌人错觉，调动敌人纵深机动部队南调援救，这是佯攻方向；主攻方向放在厦门岛北部的高崎。首先渡海登陆强攻鼓浪屿，这是调动敌人很重要的一着棋，然而采取主力突然向西突围的战法，这是一个险招。

9 时 30 分后，突击船队开始单船零星抵滩登陆。因为风浪大，部分船只被风漂回，大部分船只也没能在预定的突破口抵滩，整个登陆部队在滩头遭到重大杀伤。攻击船队被风吹散后，部队英勇地进行单船攻击，因而只有为数很少的部队登上岛岸，最后又与后方失去联系。

攻击鼓浪屿的浴血苦战是以失利结束的。叶飞命令 31 军 91 师暂停攻击，总结经验，准备再战。强攻鼓浪屿的战斗由于准备工作不够充分，没有完全掌握潮汐、风向等自然规律，结果失利了，但这次战斗牵制了厦门岛腰部的国民党军机动部队，为我军在厦门北半部海岸偷袭登陆创造了有利条件。

战士们英勇顽强的战斗，果然造成了汤恩伯的判断错误，误认为鼓浪屿是我军的主攻方向，以为我军夺取鼓浪屿后，从鼓浪屿直攻厦门市区，立即将他掌握的预备队一个师投入鼓浪屿，包围了我军登陆部队，并将其控制于厦门腰部的机动部队南调，战斗更为激烈。我军将士顽强战斗，直至全部壮烈捐躯，终于牵制了敌人，震慑了敌胆。战士们洒满鲜血的阵地，以后命名为“英雄烈士山”。解放后叶飞每次去鼓浪屿，总要去凭吊一番，向烈士们致敬。

登上鼓浪屿的部队以全部顽强战死的代价，牵动了国民党守军，为当天晚上在厦门本岛北部偷袭成功创造了重要条件。当天黄昏，第 31 军和第 29 军抽出的 5 个主力团突击部队登船起航，几百艘木船在夜幕掩护下迅速驶向预定地点。待国民党守军发现解放军的船队时，第 31 军的大部队已经在厦门岛北部抢滩登陆。大陆岸上的炮兵也在这时猛烈开火，摧毁了国民党军在海边的许多堡垒和工事。

第 92 师一个突击营的船只在上千米宽的泥泞淤滩前靠岸，部队在敌人火力下艰难地涉过淤泥，伤亡很大，仍奋勇向前。有的部队登陆时失去了上级指挥，就自己组织攻击突入守军的前沿阵地。有的战士抢滩后被敌人打散，但都独立战斗拼到最后。

经过了艰苦奋战，16 日清晨，从厦门岛北部登陆的部队终于占领了第一线阵地。叶飞随即命令 10 兵团的突击部队在十多公里宽的正面上，全线突击厦门北半部国民党守军的一线防御，建立稳固的登陆场。突击部队乘胜向纵深猛插，后续部队源源不断地从各突破口上陆。16 日午后，突击部队全部推进到岛腰部的仙洞山、松柏山、园山和薛岭山一带高地，控制了整个北半部，并以此为依托向南半部推进。

这时，国民党军才醒悟到解放军的主攻方向是在北面。于是，汤恩伯和 8 兵团司令官刘汝明慌忙收罗残部，调集机动部队向北反扑。叶飞命令已上岛的部队，迅速抢占岛腰部的一线高地，打退国民党军 1 个团兵力在飞机掩护下的 5 次反冲击。16 日黄昏，国民党军向北反扑的计划彻底失败，我军就像下山虎一样，勇猛追击逃敌。

汤恩伯知大势已去，带了一部分人逃向台湾，用报话机直接呼叫兵舰放下小艇接应。这时，适逢退潮，艇只难以靠岸，急得他在海滩上团团转，直跺脚。这些情况，我军从监听的报话机中都收听到了，而且听得非常清楚。

叶飞也使用报话机，命令追击部队迅速向厦门港追击，活捉汤恩伯。但是，与我军追击部队报话机呼叫数次一直叫不通。汤恩伯在海滩上足足停了 1 个小时才喊到小艇，夺路而逃。由于我军在追击中不注意通信联络，汤恩伯才侥幸逃脱，真是可惜！

10月17日上午11时，274团3营和275团1营将企图下海逃窜的国民党军压缩在厦门岛屿南端的白石炮台附近，将其全歼，至此，厦门岛战斗结束。厦门岛和鼓浪屿全部解放，宣告了16世纪中叶以来，西方殖民者和帝国主义列强任意蹂躏厦门的岁月一去不复返了，驰名中外的“海上花园”从此回到了人民的怀抱。

七、金门炮战留美名

新中国成立后，中国与美国的直接较量就是朝鲜战争。按照毛泽东的设想，在抗美援朝战争胜利后，中国急需创造一个良好的国际环境进行大规模的经济建设，改变中国穷困落后的面貌，但美国却以强欺弱，处处与中国为敌，它不仅在政治上孤立、经济上封锁、军事上威胁中国，而且还蛮横地把第7舰队摆在台湾海峡，在中国的家门口炫耀武力。

为了反击所谓的美蒋“共同防御条约”，显示中国人民对美国侵略者的斗争意志和决心，我海陆空军于1955年1月18日发起一江山岛战役，迫使美军撤走了他们的舰队，2月13日进占大陈岛及其外围的岛屿，拔除了国民党军队在浙江沿海进行骚扰破坏的据点。

1956年，中央军委决定增设福州军区，任命叶飞为福州军区首任司令员。

1957年，美国极力鼓动蒋介石集团“反攻大陆”，对中国主权和领土完整公然进行战争挑衅，毛泽东从国际战略高度和解决台湾问题根本目的出发，敏锐察觉台湾局势的严峻性。为了严惩台湾蒋介石集团的猖狂活动，打击美国在国际事务中的嚣张气焰，毛泽东决定对金门、马祖等岛屿进行惩罚性炮击。

1958年7月18日晚，毛泽东召集军委副主席和空军、海军等单位领导人，布置东南沿海军事斗争任务。毛泽东谈道：金门炮战意在击美。金门、马祖是中国的领土，打金门、马祖，惩罚国民党军，是中国的内政，敌人找不到借口，但对美帝国主义有牵制作用。

当夜23时，中央军委将炮击金门的计划通知叶飞。当时福建正是刮台风的时候，叶飞正在带领部队和机关帮助农民抢收粮食，突然通知他回福州接电话，而且明确说到作战室去接北京来的保密电话。叶飞赶到作战室，电话是总参谋部作战部部长王尚荣打来的，王尚荣说，中央军委指定由叶飞负责炮击金门的任务。当时，福州军区新任司令员是韩先楚，已经接替了叶飞的工作，但叶飞是福建省委书记，兼任福州军区第一政委。

叶飞接受任务后，迅速召开省委会议，安排省委的工作，并立即组织前线指挥所，参战炮兵于24日晚全部进入射击位置，叶飞还命令福建境内的所有高炮部队，担负掩护和警戒任务。

7月19日，叶飞率福州军区前线指挥部急速驰抵厦门。翌日上午，他在厦门召开了作战会议，确定了具体的作战部署。会议结束后，各部队立即向集结地域开进，秘密展开，迅速做好战斗准备。

8月6日，美国总统艾森豪威尔得到确切情报：中国大陆方面准备炮击金门。同一天，台湾当局宣布：台澎金马地区进入紧急备战状态。台海局势陡然紧张起来。

8月21日下午3点钟，叶飞奉命急飞北戴河，向毛泽东详细汇报炮击金门的炮兵数量、部署和实施突然猛袭的打法。听完汇报，毛泽东突然问叶飞："你用这么多的炮打，会不会把美国人打死呢？"那时，美国顾问一直配备到国民党部队的营一级。叶飞立即回答说："哎呀，那是打得到的啊！"

毛泽东考虑了十几分钟，然后又问："能不能避免打到美国人？"

叶飞回答得很干脆："主席，那无法避免！"

毛泽东最后定下决心说："那好，照你们的计划打。"

按照毛泽东的指示，叶飞留在北戴河参与指挥炮击金门之战。

8月23日，福建前线天气晴朗，和风轻拂，海面一片宁静。17时30分，叶飞一声令下，福建前线骤然间万炮齐鸣，人民解放军开始炮击金门。炮击持续了两个多小时，发射炮弹3万发，击毙击伤国民党中将以下官兵600余人，两名美军顾问也在炮击中丧生。

叶飞指挥部队万炮齐轰金门，打得金门的国民党守军措手不及。解放军的炮弹铺天盖地地飞过来，打得敌人营区里亮光闪闪一片烟尘，大地像装了弹簧似的一跳一跳的，抖得人都站不住。敌人根本没有防备，顿时乱成一团四下躲避。

8月下旬，叶飞由北戴河回到厦门前线，此时，大、小金门，包括金门唯一的港口料罗湾和海面，完全被我军炮火封锁，切断了金门和台湾的海上通道。

9月7日，美军以美舰护航，组成一支海上大编队。美国军舰配置在海上编队左、右两侧护航，把国民党军舰只和运输船夹在中间，美舰和国民党军舰只相距仅2海里，由台湾向金门开来。情况复杂化了，美军已经卷入，怎么办？打不打？叶飞立即请示毛泽东。毛泽东回答："照打不误。"

叶飞又请示："是不是连美舰一起打？"

毛泽东回答："只打蒋舰，不打美舰。"

叶飞为了准确执行命令，又请示："我们不打美舰，但如果美舰向我开火，我们是否还击？"

毛泽东明确回答："没有命令不准还击。"

叶飞严格遵照毛泽东的命令，这一下他就极为紧张了，因为要严格执行这一命令，只打蒋舰，不准打美舰，这很不好办。美舰和蒋舰相距仅2海里，如果哪一个炮群瞄不准确，稍有误差，就会打到美舰。至于如美舰向我开炮，我不予还击，这倒还比较好办。

叶飞亲自向31军及各炮兵群传达了毛泽东的命令。各炮群接到叶飞传达的这个命令，都吃惊了，纷纷追问。叶飞又把毛泽东的命令复述一次，并问各炮群是否都听清楚了，明白了？各炮群回答听清楚了，明白了，按毛主席的命令严格执行，叶飞这才松了一口气。

9月8日，美国第7舰队旗舰“海伦娜”号巡洋舰亲自出马，率领6艘驱逐舰为国民党军护航前往金门执行补给任务，当我军炮火向国民党军舰船和金门岛发起压倒性炮火打击时，发生了戏剧性的场面，美国海军特混舰队在旗舰的率领下急忙掉转航向向外海驶去，把中弹累累的国民党军舰丢在一旁。

叶飞在前线指挥所里从望远镜中看到美舰在我猛烈炮火之下溜走的情形时，大感意外。直到后来叶飞才明白原来毛泽东命令对美舰与蒋舰区别对待的深远含义，即试探美蒋共同防御条约的效力究竟有多大、美军在台湾海峡的介入究竟到了什么程度，也就是毛泽东所说的著名的“绞索政策”。

至此，叶飞在指挥部队进行炮击时，对蒋舰与美舰严格区分，即“只打蒋舰，不打美舰”。

按照毛泽东的分析，让金、马留在蒋介石手里，这样做的好处是金、马离大陆很近，我们可以通过这里同国民党保持接触，什么时候需要，就什么时候打炮，什么时候紧张一点就把绞索拉紧一点，什么时候需要缓和一下就把绞索放松一下，不死不活地吊在那里，可以作为对付美国人的一个手段。

让台湾军队继续留在金门、马祖，避免了形成两个中国的被动局面。后来，毛泽东在几次中央会议上提到炮打金门时说：“炮击金门，就是要帮助蒋介石守好金门。”

炮击金门逐步发展成为政治斗争和外交斗争，而且变成一个长期斗争了。在军事上的斗争形式，就是单日打，双日不打。金门炮战从1958年秋冬一直延续到1979年元旦，整整打了20年，这种奇特的战争方式，真是古今中外战争史上所罕见。每当人们谈及这场当年轰动世界的事件时，就很自然地提到了它的具体指挥者——叶飞。

★ SHAONIANCONGRONG RUJIANGFENGFAN LIAOHANSHENG ★

少年从戎，儒将风范
——廖汉生

在创建黔东、湘鄂川黔苏区和反“围剿”作战及长征中，廖汉生初显儒将风范。在抗日战争和解放战争中，他更不失名将风采。新中国成立后，廖汉生历任青海省军区政委、西北军区副政委、国防部副部长、北京军区政委、南京军区第一政委、沈阳军区第一政委。在新中国的多个重要军区，都留下了他的足迹。1955 年，廖汉生获授中将军衔，被故乡人民骄傲地誉为“土家人的雄鹰”。

廖汉生档案

姓名字号：廖汉生

籍　　贯：湖南省桑植县，土家族

生卒年月：1911年11月14日—2006年10月5日，享年95岁

最高职务：国防部副部长、北京军区政委、南京军区第一政委、沈阳军区第一政委、全国人大常委会副委员长

廖汉生简历

1911 年——11 月，出生于湖南省桑植县。

1929 年——7 月，参加革命工作，曾任乡苏维埃代表。

1933 年——4 月，任湖北鹤峰县第四游击大队副大队长。6 月，所部编入红军第 3 军，任军部文书。7 月，加入中国共产党。

1934 年——春，任红 3 军 7 师党委书记，后任 9 师政委。

1935 年——任红二军团政治部组织部部长，后任红二军团 4 师代政委，6 师政委。参加了长征。

1937 年——抗日战争爆发后，任八路军 120 师 358 旅 716 团副团长、政治委员。

1938 年——冬，任 120 师独立第二旅副政委、代旅长。

1941 年——春,入延安军政学院、中共中央党校学习,后任 358 旅副政委。

1944 年——11 月，随八路军南下支队到中原。

1945 年——任中共襄南地委书记兼军分区党委代书记。

1946 年——6 月，晋绥军区晋北野战军副政委。11 月，任晋绥野战军第 1 纵队政委。

1947 年——3 月，任陕甘宁野战集团军副政委、西北野战军第一纵队政委。

1949 年——2 月，任中国人民解放军第一野战军第 1 军政委。新中国成立后，任陆军第 1 军政治委员，中共青海省委副书记、第二书记兼青海军区政委，青海省人民政府副主席。

1952 年——8 月，任西北军区政治部主任、军区党委第五书记。

1954 年——3 月，任西北军区副政委、军区党委第五书记。11 月，任国防部副部长。

1955 年——进入解放军军事学院战役系学习。

1957 年——9 月，任解放军军事学院院长。

1959 年——10 月，任北京军区政委。

1960 年——11 月，任中共华北局书记处书记。“文化大革命”受迫害，被关押。

1973 年——12 月，重新工作，任军事科学院政治委员、党委常委。

1975 年——2 月，任南京军区政治委员。

1977 年——8 月，任中央军委委员。9 月，任南京军区第一政治委员、军区党委书记、第一书记。

1980 年——1 月，任沈阳军区第一政治委员。4 月，任军区党委第二书记。

1983 年——6 月，当选为第六届全国人大常委会副委员长。

1988 年——4 月，当选为第七届全国人大常委会副委员长兼全国人大外事委员会主任委员。

2006 年——10 月 5 日 6 时 30 分，在北京逝世。

一、敢看过兵的小男孩

在名震湘西的“活龙”——贺龙元帅的老家湖南省桑植县，流传着许多关于贺龙的传奇故事。敢为穷苦人打天下的贺龙，在当时就成为桑植百姓特别是小后生们崇拜的偶像。

1911 年 11 月 14 日，在桑植县樵子湾一个土家族农民的家中，诞生了一个小男孩，这个孩子，就是廖汉生，当地流传着的贺龙众多神奇故事伴随廖汉生成长。而且，廖汉生的家与贺龙的家只隔一座山，由他家到桑植县城去，必从洪家关贺龙门前经过。这也为他们两人的认识创造了有利条件。

有一天，贺龙的队伍从廖汉生家附近的平坝子经过，他闻讯便拉着一个小伙伴跑到路边田埂上去看“过兵”。

只见一支步伐齐整的队伍迎面走来，个个背着长短枪支，队列中还有一个士兵身后背着几支像古戏里的令箭似的牌子，廖汉生告诉小伙伴：这个牌子叫作“大令”，它到了哪里就代表长官到了哪里，查岗查哨，巡视军情，纠察军纪，下级见了都要向它敬礼呢。

廖汉生正盯着“大令”看得入神，没注意有个留着“一字胡”的军官来到面前，笑眯眯地问：“你是谁家的小孩子？胆子这么大，敢看过兵呀！”

那个时代，老百姓是非常怕兵的，尤其是打了败仗的乱兵。俗话说“匪过如梳，兵过如洗”，老百姓听说要“过兵”，躲都来不及，谁还敢跑去看呢？廖汉生一看问话人像是个当官的，便大大方方地回答：“我是廖家的。”他当然没有想到，这个留着“一字胡”的军官原来就是贺龙。

贺龙夸奖了小汉生几句，率队向洪家关方向走去。从此，这个敢看“过兵”的小男孩在贺龙的脑子里留下了印象。

廖汉生的父亲是桑植县有名的才子，在省城长沙读书期间，曾与湘籍著名革命党人林伯渠结为好友，他回乡后致力于乡村教育，在本乡办起小学，教授新课程、新知识。后来，廖父在贺龙再三诚聘下投笔从戎，到贺龙当营长的桑植独立营里任职，做些文墨事。

一次，他向贺龙请假回家，要给儿子定亲。贺龙问：“是我见过的那个敢看‘过兵’的孩子吗？”

“不是，是给汉生的弟弟定亲。”

贺龙说：“那我也提个亲吧。”当下，两人就把贺龙二姐的女儿和汉生定了娃娃亲。从此，廖汉生与贺家结下了革命姻亲的不解之缘。

廖汉生 10 岁时，父亲不幸病逝军中。贺龙的大姐贺民英夫妇把灵柩接回桑植，帮助安葬。以后，廖汉生一家孤儿寡母，经常得到贺龙及其姊妹的关心、照顾。

1925 年春，贺龙在澧州当了建国川军第 1 师师长和澧州镇守使，廖汉生和贺家的两个小孩子被接到澧州过春节。节后就把他们送到常德省立第二师范学校附属小学读书。

常德是湘西北最大的城市，廖汉生作为一个山里伢子，第一次走出闭塞的山区，来到大城市，开阔了眼界，感受到轰轰烈烈的大革命，第一次听说了共产党。

第二年夏天，廖汉生因没有钱交学费，在桑植县高小读完了最后一个学期。高小毕业后，家里实在没钱供他外出继续升学，廖汉生向母亲哭闹了一通也无济于事，只得留在家中一边干农活，一边帮别人带小学生。

1927 年夏，湖南农民运动的浪潮波及偏僻的湘西山区，廖汉生和本乡几个高小毕业同学积极投身其中。他们从县城领回宣传品，在集市上贴标语，喊口号：“打倒土豪劣绅，杀尽贪官污吏！”

然而不到一个月，反革命的血雨腥风又刮到桑植，刚刚兴起的农民运动被镇压下去。反动乡长放出风来：“要教训教训这帮不知天高地厚的学生小崽子！”

一起闹农会的同学，有的见风使舵，投靠了团防队；有的胆小怕事，活活吓死了。廖汉生无法在家里安身，于是投奔到贺龙的大姐贺民英处避难。

当时，贺家的几个姊妹不甘心受压迫，又受了贺龙的影响，先后拿起枪来自卫。廖汉生从此也投笔从戎参加了游击队，像贺龙及其姊妹那样走上一条武装反抗旧制度的道路。

二、17 岁的“红脑壳”

1927 年秋，廖汉生听到了贺龙参加共产党的南昌暴动的消息。半年后，大约是在次年 3 月，贺龙和周逸群、贺锦斋等人因起义失利又辗转回到桑植洪家关。

在贺龙的家里，廖汉生看到贺龙的亲友、旧部纷纷前来探望，就连堂堂的县长大人，也慑于贺龙的声威坐着轿子赶来拜见。人们散去以后，贺龙对亲友们公开宣布：“我现在已经是共产党了。南昌暴动虽然失败了，但是共产党人是杀不完的。我们回来就是要重新组织工农武装。”

贺龙的一声号召，贺家姊妹和王炳南等亲友、旧部属纷纷响应，几天时间就在工农革命军的大旗下聚集起上千人的队伍。17 岁的廖汉生也加入其中，当上了“红脑壳”。

不久，敌军龙旅长得知贺龙是“红脑壳”，前来“进剿”。为了便于作战，贺龙把一些妇孺亲属交给贺民英姊妹。廖汉生本想跟着工农革命军走，因为那里人多枪多好打仗，贺龙却要他跟在贺民英身边。

刚刚组织起来的工农革命军首战失利，大部溃散了，只剩下少部分人和亲属们跟着贺龙向山里退去。

不久，贺龙乘敌军撤走之机带领贺锦斋等人去“撂尾子”，也就是袭击后卫。那天廖汉生受母亲之托，提着一只黑母鸡给贺龙送去，正巧碰上他们“撂尾子”回来。贺龙兴犹未尽地讲起当时的情景：在一个岔路口，他叫贺锦斋几个人守一边，他自己守一边，等敌人大队人马过去、零散后卫过来时，大家一齐跳出去，夺了枪就跑回来。

望着贺龙手抚钢枪眉飞色舞的样子，廖汉生的心里不由得一阵酸楚：他可是当过军长的人呀，拥有过上万条枪，今天为了搞几条枪却要亲自冒险去守路口、“撂尾子”！

几天后，贺龙再次回到洪家关，又召集起几百人。

在工农革命军的初创时期，廖汉生目睹了这支队伍的三起三落。在最困难的 1928 年冬天，工农革命军在石门县遭受严重失败，师长贺锦斋牺牲，贺龙率部撤回桑植边界的大山里。廖汉生和贺龙的幺妹夫刘玉阶受贺家姊妹派遣，给部队送去一些过冬物资。

1929 年春，贺龙率领红军相继解放了湖北鹤峰和湖南桑植两座县城，建立了湘鄂边苏区。廖汉生受命回乡组织农民协会，后被推举为代表，参加县农民协会和县苏维埃的工作，带领农民赤卫队开展土地革命。

就在县苏维埃代表大会将要召开之际，敌军向子云团前来进攻。贺龙摆下“空城计”，把红 1 团和红 4 团分别埋伏在城外，等敌军入城后突然出击。

这次战斗，廖汉生负责带领农会的赤卫队配属由“神兵”改造成的红 4 团参战。这也是廖汉生第一次参加战斗。他们按照贺龙军长的指示，利用当地敌军迷信“神兵”刀枪不入的心理，人人头缠红布帕，腰扎红腰带，手持挂上红布条的梭镖、大刀，俨然一副“神兵”打扮，沿着城外 300 多级台阶直冲东门。

门楼上迷信透顶的敌军吓得丢下两挺机关枪拔腿就逃，一边逃一边掏出小孩子打水仗玩的唧筒，把事先灌好的乌鸡血、狗血往“神兵团”战士身上喷。红军战士可不是过去那种吞丹画符的“神兵”，而是具有革命思想的“红色的神兵”，他们勇敢地冲上前去，缴枪抓俘虏。

贺龙军长指挥红军主力乘势追击，一直把敌军赶到赤溪河边，全歼其一个团。敌团长向子云抓着骡子尾巴冒险泅渡，被山洪卷走，淹死了。廖汉生听说了这事，不屑地摇头说：“关(向应)政委说的没错，封建迷信真是害死人！”

此后，红军和苏区迅速扩大起来，土地革命运动轰轰烈烈。廖汉生在县苏维埃主席和农会主任的带领下，到各乡发动群众，组织赤卫队，动员参加红军，斗争土豪劣绅，惩办有民愤、有劣迹的坏人。

自从参加工农武装斗争的那一天起，廖汉生就一直渴望成为一名正规的红军战士，渴望跟着贺龙痛痛快快地打胜仗。可他的这个愿望，直到1933年才实现。

这一年5月，正逢插秧时节，廖汉生一直跟随的贺民英游击队遭到了敌人的偷袭，损失惨重。贺龙默默承受着一夜间失去大姐、二姐的悲痛，他问廖汉生：“汉生，大姐她们牺牲了，你们打算怎么办？还干不干？”

廖汉生坚决地回答：“干，我们一定要革命到底！为她们报仇。”

“好！你们回去，招人，搞枪，把游击队重新组织起来。”贺龙当即任命徐涣希、廖汉生为鹤峰县第4游击大队正副大队长，又发了一批枪，要他们回去重整队伍。

1933年夏，红3军军部和第9师从鹤峰县太平镇经过，在镇上住了一晚。这一次，贺龙终于把在第4游击大队任副大队长的廖汉生调到他的军部当书记员。

廖汉生多年来渴望当一名红军战士的夙愿，今天终于实现了，这件事真是令他欣喜若狂。

廖汉生到红3军工作仅一个月，贺龙军长、关向应政委就把全军第一个党员发展对象选中了他。因为，一是他多年来一直在贺民英游击队里，没有受到前一段党内、军内抓“改组派”的牵连；二是贺龙军长几乎从小看着他长大，可以说是知若父母；三是大批有才干、有文化的干部，那些黄埔生、留苏生，几乎全都当成“改组派”错捕错杀了，高小毕业的书记员廖汉生此时也算是有较高文化的人了。正是基于这样一些因素，贺龙军长、关向应政委决定亲自介绍他入党。

农历七月间，红 3 军游动到湖北建始县一个镇子，军部驻扎在一户地主家的两层木楼上。一天，在二楼警卫班的屋里召开直属队党支部会，讨论廖汉生入党问题。

关向应政委首先简要介绍了情况。他说：“廖汉生过去一直在贺大姐的游击队上，大家也都熟悉。他有文化，勇敢，经过游击生活的艰苦考验，现在党和红军处在最困难的时期，特别需要这样的同志参加党。”

关政委介绍完毕，其他同志都表示同意，当场就通过了。

入党的第一天起，廖汉生就被关向应政委带在身边学习做党的工作。关政委给他详细讲解党的路线、政策和任务，手把手地教他填写党员登记表，亲自带他下连队重新登记党员、恢复基层党组织。这段经历让廖汉生对党的组织政治工作有了切身的理解与体会，对他本人后来担任政工干部也起了很大的影响。

三、他在红色熔炉中成长

1933 年冬，贺龙军长、关向应政委率领军部和第 9 师与夏曦率领的第 7 师会合，继续在湘鄂川三省交界地区流动游击，试图创建新的根据地。

12 月 22 日拂晓，红 3 军从湖北咸丰县一个小镇出发，一天内，长途奔袭百余里，连打三仗，黄昏时攻占了四川黔江县城。

就在打开黔江城的第二天，夏曦下令把已被贺龙、关向应释放了的第 9 师政委宋盘铭捆了起来，拉到一个山头上，召开第 9 师军人大会，宣布了所谓宋盘铭的“改组派”罪恶，下令把他枪杀了。廖汉生目睹了这一幕惨剧，心里充满了困惑和不满：“贺、关首长已经把宋盘铭放了嘛，为什么夏主席一回来就又把他杀掉呢？”

红3军在黔江城驻扎了一个星期，敌军反扑过来，夏曦害怕了，命令退入湖北利川县。

老苏区丢掉了，新苏区建立不起来，红3军在湘鄂川边转来转去，竟然找不到一块安身之地。部队天天在走路，天天在减员，伤员无处安置，兵员无法补充，内部抓“改组派”的紧张气氛又使得人人自危，情绪低落。只是靠着贺龙军长的威信来维系着军心、人心，指战员认定，只要贺龙不倒，这支红军就垮不了。

就在红3军处在内外交困的情况下，一位从恩施市来的人，找到红3军军部，求见贺龙。廖汉生按照贺龙军长的指示先接待了他，得知此人叫梁素佛，是来联络的，捎来了自称是贺龙任澧州镇守使时的旧友熊贡卿的信，熊贡卿要求前来拜访，表示愿意帮助贺龙摆脱困境。

廖汉生把信交给贺龙。贺龙一眼就看出熊贡卿来信的用意：“这是要搞老子的策反来了！”贺龙仿佛受到莫大的侮辱，气得火冒三丈，恨不得一刀把那个来联络的梁素佛劈了。但他克制住满腔怒火，把信交给关向应政委。中共湘鄂西分局开会分析了熊贡卿的来信，决定将计就计，以贺龙的名义复信，同意他前来。

几天后，廖汉生和警卫班战士们看到梁素佛引着熊贡卿来了。熊摆出一副蒋介石代表的臭架子，坐着轿子，带着护兵，还雇了几个民夫挑着礼品，神气活现地直闯军部驻地。

战士们大声喝令:“站住！”熊贡卿不得不下了轿子，立在外边等候通报。

贺龙按照党的决定出面与熊贡卿周旋，要他们一行人随军转至湘西龙山县茨岩塘住了半个月。在这段时间里，贺龙从熊贡卿的口中探知：蒋介石以为贺龙已经是走投无路了，一边用重兵“围剿”，一边用高官厚禄引诱，企图“招降”贺龙。同时，还派了一些人到中央苏区和红四方面军去，企图搞上层收买，破坏红军。情况了解得差不多了，湘鄂西分局决定处决熊贡卿。

一天凌晨，红3军准备离开龙山茨岩塘向桑植进发。贺龙军长把廖汉生叫到面前，神情严肃地交代任务：“你去把熊贡卿抓来，今天我们要处决那个坏蛋。”

廖汉生带着警卫班长来到军部旁边的熊贡卿住屋，此时熊贡卿正酣睡梦乡。

廖汉生上前扯掉被子，喝令道：“起来！”

熊贡卿猛然惊醒，莫名其妙地问：“你们干什么？”

“逮捕你！”

他惊慌地说：“你们抓人，贺军长知道不知道？我是贺军长的客人。”

“我们就是奉贺军长的命令来抓你的！”

听罢这话，熊贡卿绝望地叫了一声，然后赖在床上不动。

廖汉生和警卫班长用枪指着他，喝令他穿上衣服，提着小皮箱，把他押到军部。与此同时，熊贡卿的那些护兵和梁素佛也被控制起来了。

在去桑植的一个山垭口上，待命出发的部队集合完毕。廖汉生和警卫班战士把熊贡卿押到队伍前。

贺龙军长站到一块突出的岩石上，高声宣布：

“今天，我们要处决一个坏蛋，他叫熊贡卿，是蒋介石派来劝降的说客。这是对我贺龙个人的极大污辱！也是对红军的极大污辱！这个坏蛋又是一个奸细，我们绝不能放他回去。蒋介石的算盘打错了！艰苦困难吓不倒红军，高官厚禄收买不了红军，阴谋诡计也骗不了红军！”

在全军指战员面前，贺龙军长揭露了蒋介石的劝降阴谋，宣布枪毙这个反动“说客”，而后率队向桑植进军。

处决熊贡卿，深深地教育了在场的每一个人。廖汉生从中看到了贺龙军长对党的耿耿丹心，对敌疾恶如仇的坚定立场，光明磊落的无私胸怀。从此，他在革命队伍里迅速地成长起来，先后担任了红3军军政治部秘书、第7师党委书记、第9师政委。

1935年11月初，是一个秋雨绵绵的日子，新任第6师政委的廖汉生和师长郭鹏踏着泥泞，匆匆赶到桑植县刘家坪一栋大木屋，出席红 2、6 军团的师以上干部会议。

在简陋的木屋里，大家围坐在堂屋的一盆炭火旁，听贺龙、任弼时等首长部署突围计划。

当时中央红军经过长征到了陕北，第四方面军滞留在雪山草地，长江以南只有红 2、6 军团这一支主力红军孤军坚持。蒋介石调集 100 多个团的正规军，从四面八方向湘鄂川黔苏区围攻上来。敌军采取堡垒战术，严密封锁，步步紧逼，将我军逐渐压缩在苏区中心的狭小地带，企图一举消灭。苏区一天天缩小，形势一天天严峻。因此，红 2、6 军团决定实施战略转移，跳出堡垒区，进行运动战，在湘黔边建立新的根据地。

会后，廖汉生政委和郭鹏师长回到第 6 师，传达党的决定，着手进行各项准备。

凭着多年反“围剿”斗争的经验，红军指战员都看得出来：这一次突围与以往不大一样，出去后还能不能回来？何时回来？很难讲。估计会走得很远，离开的时间会更长。因此，要战士们离开家乡，离开父老乡亲，离开亲手创建的根据地，每个人都有一种依依不舍的感情。

出发前 5 天，正巧是廖汉生 24 岁生日。第 6 师驻地离他的家不过几十里，骑马也就是个把小时的路程。他很想抽空回去一趟，看一看家中的亲人。但是，此时作为师政委的他已经懂得，自己的一言一行都会影响到部队的情绪。于是，他顾不上回家道别，忙着给部队进行思想动员，检查突围准备。他的妈妈和妻子听到消息，翻山越岭走了大半天赶来为他送行。

苏区的群众也从苏维埃政府动员坚壁清野中知道红军要远走了，很多人赶来看望自己的子弟。廖汉生曾在地方上打游击多年，第 6 师有不少战士的亲属都是他的熟人，他们纷纷找到师部，对他说：

“汉生，我的儿子交给你了，你要照顾好他呀！”

“汉生，我的丈夫交给你了。你要带他活着回来呀！”

这些情真意切的托付，使他不能不一一应承下来：“放心吧，有我廖汉生在，就有你们的亲人在。”

廖汉生对来队的家属们和自己的母亲、妻子做工作：“红军走了，白军来了，苏区人民要吃苦的，请多保重。不管我们走到哪里，总有一天会回来的！”

这时的廖汉生并没有想到，他这一走就是数万里，一别就是几十年，很长时间内他和家乡的亲人甚至连个音讯都没有。

全国解放后，许多长征老战士纷纷回到家乡，看望久别的乡亲，寻找离散的骨肉，祭奠死去的亲人。然而，廖汉生却很多年没有回去。

长征出发前廖汉生对来送行的乡亲们许下的那句承诺，使他从此背上了一笔沉重的感情债，压在心头几十年。在艰苦的长征中，在以后的抗日战争和解放战争中，许多同志先后牺牲了，有些人连怎样牺牲的、牺牲在什么地方也很难说得清楚。

当年参加长征的桑植籍指战员，大约有数千人之多，可能够活到全国解放的寥寥无几。1955 年授衔时，桑植籍的高级将领只有一个元帅、一个中将、一个少将。

由于这个原因，廖汉生感到无法向那些把亲人托付给自己的乡亲们交代，新中国成立后，他迟迟没有回乡，直到离别故乡 44 年后的 1979 年，两鬓斑白的廖汉生才第一次回到桑植……

四、艰难的万里征途！

1935 年 11 月 19 日，红 2、6 军团从桑植出发，踏上战略转移的万里征程。渡过金沙江以后，红 2、6 军团进入了藏民区和雪山草地。敌军的围追堵截暂时没有了，随之而来的却是从未遇到过的恶劣的自然环境。廖汉生政委及时将全师政治工作的中心，由保证战斗胜利转变为向恶劣的自然环境作斗争。

在风俗迥异的藏民区，廖汉生教育部队严格执行党的民族政策和红军的群众纪律，尊重藏民风俗习惯，筹粮时要留下银圆或借条。

在雪山连绵的康藏高原，他带领政治干部组织收容队，带头帮助体弱有病的同志背起“加枪”，把自己的骡马让给伤病员骑，每到宿营地安排好部队后又返回去接应掉队人员。

1936 年 5 月中旬的一天，第 6 师担任前卫来到得荣县城，原以为可以在这里筹到粮食，没想到眼前的县城竟然只有三栋破房子。被第 6 师捉到的得荣县长，本是湖南长沙人，在这里当县长居然要靠打草鞋卖来糊口。此地之穷，可想而知。

从得荣出发后的一天，红 2 军团参谋长李达来到第 6 师，摊开地图，指着一个小地方，下达了总指挥部的命令：军团直属队已经断粮，第 6 师把粮食调剂给直属队，你们另外去这个地方筹粮，到达后不要回来了，沿金沙江北上。

部队继续行军时，路边摆好了箩筐。廖汉生政委带头来到箩筐前，摘下粮袋，把里面本来就不多的青稞粉全部倒了进去，随后全师同志依次走过，每过一个人就倒光一条粮袋。将这些粮食留给直属队。

第 6 师在李达参谋长带领下到达指定地域，看到地里的青稞还没有成熟，无法收割。筹粮未成，部队继续沿金沙江北上。

7 月初，红 2、6 军团在甘孜与红四方面军会合。红 2、6 军团和红 32 军（原红一方面军的第 9 军团）合编，成立了红二方面军。在党中央的指示下，红二、四方面军相继北上。

进草地前，贺炳炎接替郭鹏担任了第 6 师师长。

绵延数百公里的水草地，预计要走十几天，实际走了一个多月。第 6 师从甘孜出发时筹集不到足够的粮食，每人只携带了一天半食量的青稞粉子就匆匆进入了若尔盖草地。

在第 6 师前面，红一方面军一年前就走过去了，红四方面军已是三过草地了，红二方面军主力也正在通过。前面的每一支部队都经历了吃野菜、啃牛皮、嚼草根的困难境地，而走在最后面的第 6 师，遇到的困难自然更大。

走了 17 天后，第 6 师来到有“草地上海”美称的阿坝，已经无粮可筹，连宿营地附近的野菜都被采光了，留下的只是前面部队无法掩埋的尸体。在这个“草地上海”，第 6 师一天就饿死了十几个人。

为了走出草地，从师政委到连指导员，每个政治干部都承担起为部队寻找食物的艰巨任务。第 17 团政委因为筹不到粮食被红二方面军政治部撤了职，第 18 团政委董瑞林在外出给部队筹粮的路上被地方武装的冷枪击中牺牲了。

在这种情况下，粮食就是生命，粮食就是政治！

廖汉生政委根据在湘鄂边山区游击生活的经验，向部队介绍哪种野菜有毒，哪种可以吃。有时候拿不准，他就自己先尝一尝，确定没毒再推广开来。他动员大家挖野菜，捡马骨，寻找一切可以充饥的东西来吃。

作为师的领导干部，廖汉生既要指导部队找吃的，还必须解决自身的饥饿问题。

一次，他和师长贺炳炎出去采野菜，跑了很远才找到一点。天边，乌云逐渐压过来。贺师长看了看天，说道：“算了，回去吧，要淋雨了。”他说：“回去今晚我们吃什么？再坚持一会儿吧。”结果，两个人被大雨浇得湿透，总算采回一些野菜，掺上青稞粉子，熬了一锅野菜糊糊充饥。

看到师长、政委每天为解决部队吃的到处奔忙，自己还常常饿肚子，战士们十分心疼。

一天，廖汉生什么吃的都没有了。师部警卫班不知从哪里找到一小块牛皮，看上去像是一个草鞋底子，警卫员们把它刮洗干净，烤得焦黄，拿到他的面前，说：“政委，你饿了吧？快吃吧。”

廖汉生大发脾气：“我饿，你们就不饿？为什么就该我吃？”

“你是首长嘛，事情多，吃了好办事情。”

廖汉生一听更火了，狠狠地把几个警卫员骂了一通。他嘴上发着火，泪水却悄悄地流下来，心想，大家都是 20 来岁的人，谁不饿呀，可是战士们为了照顾首长，宁愿自己饿肚子。

他们推过来，让过去，谁也没吃，而是把那块牛皮留给了更需要的同志。

作为后卫，第 6 师担负着收容前面部队掉队人员的任务。前面部队的人掉队了，在这里可以收容起来，而从这里再掉队恐怕永远也赶不上了，因此，第 6 师竭尽全力不让一个同志掉队。

第 6 师收容的掉队人员，有红二方面军的，也有红四方面军的，甚至还有红一方面军的，可以说是整个红军的总收容队。

在收容的人员当中有一批红四方面军的小鬼。他们人小力薄掉了队，被收容后由师部带着行军。

相处熟了，有的“小鬼”带着稚气对廖汉生政委说：“从前我们啥子也不晓得，后来张国焘主席教我们唱歌子，一唱就啥子也晓得了，毛周张博是机会主义逃跑。”

廖汉生听到后，耐心用大量的事实向小战士们解释党中央的北上抗日路线，说明：“中央红军北上绝不是机会主义逃跑，相反是为了担负起抗日救国的重担,走向抗日前线。你们看,我们今天不是正在沿着中央的路线走吗？”

正是依靠团结的力量和顽强的意志，廖汉生政委和贺炳炎师长带领全师胜利走出了若尔盖草地，走完了那段最艰难的万里征途！

五、雁门关初战日寇

1937 年 7 月 7 日，日本帝国主义悍然发动了全面侵华战争，中国人民的抗日民族战争由此而爆发。中国共产党和中国工农红军接连发表通电，呼吁立即实行抗战，请缨杀敌。同时，中央军委主席团向红军团以上各级干部发布了改编命令。遵照此令，红军各部队开始抗日整编工作。

红 2 方面军与陕北红军一部合编为国民革命军第八路军第 120 师。师长贺龙、副师长萧克、参谋长周士弟、政训主任关向应。

原红 2 军团编为 120 师 358 旅，4 师编为 358 旅 715 团，团长王尚荣、副团长顿星云。6 师与红 28 军一部合编为 716 团。贺炳炎任团长，廖汉生任副团长，曾来古任团参谋长、伍晋南任团政训主任。

10 月间，根据总部命令，八路军重新恢复了政治委员制度，恢复了政治工作机关，廖汉生也由 716 团副团长改任团政治委员。

一天，120 师师部通知贺炳炎和廖汉生去受领任务。他们立即策马赶到驻在神池县义井镇的师部。一进门，贺龙师长、关向应政委、周士第参谋长就问："部队的情绪怎么样？"

他们把指战员求战杀敌的急切心情向师首长作了详细报告。贺龙指点着地图，介绍了目前的态势和任务：

此时忻口战役已经开始，正在进入紧张的激战时刻。在日军进攻正面担任防御的是阎锡山的晋绥军、卫立煌的中央军以及西北军、川军，部署在忻州北面的山中。这些山一旦打开，太原就失去了最后一道屏障。

在这个时候，八路军主要担负配合、支援忻口战役的任务，具体部署就是 120 师在忻口以北的敌后开展游击战争。

贺龙狠狠地吸了一口烟，对他们说："我已经命令 359 旅和 358 旅在原平以西攻击大牛店等地日军侧翼，你俩率 716 团直属队和第 3 营组成贺廖支队，再向北去，插到雁门关，以游击战争袭扰、伏击日军的南北运输线，切断敌人的交通，占领雁门关。"

"是，我们坚决完成任务！"

临出门，贺龙又提醒道："现在打的是日本侵略军，不是过去的国民党军了，作战对象变了，一定要注意在战术思想上也要很快扭过来。"

回到团部，贺炳炎和廖汉生传达了师首长的战斗意图，率团直属队和第 3 营组成贺廖支队向雁门关地区挺进，第 1 营则随 358 旅旅部和 715 团行动。

支队插到雁门关附近勘察地形，同时派出侦察员摸清了日军的运输规律。

自从忻口会战打响后，日军汽车队南来北往，很是繁忙，向南经太和岭往忻口前线运去援兵和弹药，向北出广武往大同拉回伤兵和死尸。日军自以为这一带中国军队早已败退一空，因此警戒疏忽，肆行无忌。

支队得到情报，10月18日日军将要从原平撤回死伤的士兵，于是决定打它一个伏击。

在得到师部批准的情况下，支队主动改变师部指定的位置，确定在黑石头沟一带的公路设伏，同时派少量兵力占领雁门关。

任务传达下去以后，整个部队沸腾起来了，指战员们摩拳擦掌。“为死难同胞报仇！打好对日作战第一仗！”的战斗口号喊得十分响亮。

10月17日，部队由老窝村进至离雁门关汽车路不远的王庄、秦庄隐蔽宿营。廖汉生和团长贺炳炎带上各连干部到黑石头沟一段汽车路去看地形，确定伏击部署，并派人预先做好爆破准备。

18日凌晨5时，部队踏着牧羊人走的山间小道向预伏地——雁门关南山脚下的黑石头沟开进。这个地方地势南低北高，沟底尽是山洪冲下的乱石头，汽车路顺沟由南向北而上，南端有一座小石桥。这是个打伏击的好地方。

上午9时许，部队到达沟西侧的山上，各连队迅速进入伏击位置，团指挥所设在一处山头上。

不一会儿，日军车队拖着滚滚烟尘像长蛇一般从南向北驶来。据观察哨报告约有百十辆之多，廖汉生从指挥位置上看到的就有二三十辆，前面的几辆车拉着伤兵、死尸和护卫的武装士兵，后面都是空车。

日军车队缓慢地拐过小石桥，爬上陡坡，进入伏击地域。

就在这时，贺炳炎团长一声令下：“打！”各种火器一齐射击，步枪、机枪交织成密集的火网，团属迫击炮连把一颗颗炮弹准确地掉进车厢。

打头的几辆车被打着了火，燃烧爆炸，车上的敌兵纷纷跳车。

随着冲锋号响，3营营长王祥发率领突击连如猛虎一般扑下山去，其他几个连也相继发起冲击。部队打得很猛，一下子就把敌人压到了沟里。顿时只见黑石头沟内黑烟滚滚，击毁的汽车从南北两头把路堵死了，日军南北两个车队 300 来辆车被阻在沟里，一时间竟动弹不得。

战斗打响后不久，在黑石头沟北边担任警戒的分队报告，从广武方向又开来了日军车队，也有百多辆，满载着向忻口增援的弹药和士兵，急急向黑石头沟方向驶来。

这时，贺炳炎见伏击目的已经达到，遂下令主动撤出战斗。

这一仗，贺炳炎与廖汉生部共击毁敌军车二三十辆，毙伤日军 200 多名，这在日军兵精器锐并叫嚣三个月灭亡中国的 1937 年间，足以称得上初战告捷。

六、工作在襄南

1944 年，针对日军南侵企图，为了推进对日实施战略反攻的阵地，党中央提出了“敌人攻到哪里，我们跟到哪里”的战略决策：决定组织八路军南下支队，跟在南侵日军后面，挺进湘粤边界地区，发动游击战争，开辟新的根据地。同时，新四军代军长陈毅回到延安后讲新四军缺干部，要求派大批干部去。

随即，中央决定贺炳炎和廖汉生组织一个干部大队随军南下补充到新四军 5 师中去。11 月，廖汉生组织干部大队共百多人，编入八路军南下支队第 5 大队，贺炳炎任队长、廖汉生任政治委员。

11 月 7 日，“十月革命节”的这一天，廖汉生告别了党中央领导和党校的同志们，告别了贺、关老首长和老部队，告别了妻子白林，从延安出发，踏上南下征程。

第 5 干部大队随南下支队主力翻越吕梁山，通过了同蒲路，南渡黄河后，他们又越过陇海铁路、平汉铁路，一路向南挺进，于1945年3月2日来到襄南。

到了襄南，按照新四军5师领导的决定，贺炳炎担任了第3军分区司令员，廖汉生担任中共襄南地委书记兼军分区政治委员。

3月10日至20日，在潜江县熊口镇，襄南地委召开了各县县委书记联席会议。廖汉生在会上传达了党中央和5师、边区党委的指示、要求，并就"襄南发展"与"党内团结"作了报告。

在报告中，廖汉生按照自己对中央指示的理解与领会，首先谈了正确处理党内关系的问题。

他发言说，处理党内关系的目的，在于打倒敌人，团结自己。毛主席告诉我们两句话：对敌人是"狠"，对自己是"和"。否则，要想达到战争胜利的目的是不可能的。因此我们在党内的同志，应该是团结的，是"和"的。

少奇同志指出，我们对自己"和"的方面没有对敌人"狠"的方面明显。即是说"和"的方面不够，往往有些小问题争论不休，闹意见，闹纠纷，使矛盾扩大，没有一整套的好办法。因此少奇同志告诉我们，对自己"和"的方面要反省一番。党员与党员之间，干部与干部之间，过去是否采取了"和"的方针，要每个同志自己反省。

"和"不是一团和气，而是用必要的正确的思想斗争来达到团结。如党内有意见分歧时要进行思想斗争，但斗争的目的是要达到团结，斗争不能过火。为了达到团结，在方式上要用自我批评的精神来反省自己。反省不在于痛骂自己，而是要深刻地实事求是地检讨自己的错误，更重要的是今后如何改正自己的错误，达到"和"的方针。

领导干部要团结下层干部。下层干部犯了错误，领导干部要批评他，这是替他撑腰，要帮他把错误及其责任搞清。犯错误的干部自己应当负一部分责任，领导干部也要负一部分责任，如搞不清会降低干部工作的积极性。

领导干部要团结有不同意见的干部。别人不同意自己意见的时候，或别人同意自己意见带勉强的时候，可要大家经过酝酿求得意见的一致，不同意之处可尽量从思想上说服他，只有二三人不同意也须来一次酝酿求得解决。

这也是团结干部、达到“和”的很重要的一点。

在报告中，廖汉生着重谈的另一个问题是山头主义。

毛主席说：山头主义实际上是一种亲疏关系。往往是在问题的处理上表现出形成一个山头。原因之一，拿毛主席话说，是长期的农村根据地分割形成的，所以山头的形成也是必然的。原因之二，党内教育不够。山头主义与宗派主义不同，宗派主义有错误的纲领、错误的思想、错误的组织活动，宗派主义在延安整风中已经受到党内的反对。毛主席说：宗派主义没有了，今天存在的就是山头主义。

今天党内的山头主义是存在的，如何解决呢？客观原因的消灭，只有争取革命胜利以后才能消灭。所以目前只有从主观上加以教育。

第一，要承认山头。因为客观原因长期存在，我们只有承认了它，才能重视它，设法改正它。

第二，要照顾山头。说照顾山头，不是照顾自己的山头，而是照顾别人的山头。照顾它，是否给以平等待遇就可以了？这样不妥当。对别人的山头要特别照顾，并且要给以优先权。往往在物质上要发生问题，要注意。别人的山头来了，提出来要人家照顾，这也是不对的，不但不会消灭山头，相反会使山头增加。

第三，要改造山头。负领导责任的同志，应该对自己这个山头多加教育，要多照顾别人，多反省自己，要诚恳地帮助别人，要设法了解人家，同时也使人家了解自己。这样才可能解除彼此之间的亲疏关系。

廖汉生的这个报告，实际上是党中央领导同志的一些指示精神和延安整风的一些基本精神。这些精神是指战员们处理问题、搞好团结的思想依据和工作方法。

襄南的干部来源广，成分杂：有土生土长的本地干部，也有四面八方的外来干部；有抗战中成长起来的新干部，也有经历过土地革命战争的老干部；有根据地自己培养的工农干部，也有从敌占区和大后方武汉、宜昌、重庆来的青年知识分子干部；而分区和各县主要领导干部则大体由两部分组成，一部分是开创根据地的5师干部，一部分是受命于发展的南下干部。在这种情况下，如何正确处理亲疏关系和山头问题，是搞好党内团结的关键。

廖汉生清楚地认识到，要解决好这个关键，主要是看南下来的领导做得怎么样，首先是看自己这个书记做得怎么样？更何况自己是地委书记、军分区政委，一言一行对下属、对全局有着举足轻重的影响。

鉴于自己长期以来基本上都在军队里工作，带兵打仗和做军队政治工作，对地方工作很不熟悉，没有经验。廖汉生在工作中作出了这样的要求：

一是坚决贯彻执行党中央的方针、鄂豫边区党委的指示，切实结合襄南地区的实际情况开展工作。

二是紧紧团结依靠广大干部群众，老老实实地向当地原有干部学习，向身边的同志学习，向襄南的父老兄弟学习，从他们那里了解情况，吸收经验，听取意见，集中大家的聪明才智，调动每个人的积极性。

三是冷静克制自己身上存在着急躁冲动的毛病，同时注意方式方法，提高思想修养。

南下干部在5师和边区党委的安排下全都担任了县团以上的主要领导职务。由于全体同志的紧密团结，襄南党组织形成了坚强的领导核心、有力的战斗集体，并且把广大军民紧紧团结在党的周围，从而为襄南地区的大发展奠定了坚实的思想和组织基础。

七、撤离延安

1946年6月15日，国民党完全撕毁停战协定。以6月26日大举围攻中原解放区为起点，发动了对解放区的全面进攻。人民解放军在各个战场上奋起抗击，全国解放战争由此正式开始。

10月，国民党军侵占张家口之后，蒋介石下令召开所谓“国大”，想从政治上打击中共和民主力量；同时积极准备进攻延安，妄图从军事上摧毁中国共产党及其领导的军事首脑机关。

为了保卫延安、保卫陕甘宁边区，晋绥军区根据中央军委的命令，撤销了晋绥和晋北野战军番号，将晋绥军区部队统编为第1、第2、第3纵队，廖汉生任第1纵队政委，和司令员张宗逊共同领导这支由358旅和独1旅改编而成的老部队。

11月16日，晋绥军区传达中央军委的命令，廖汉生和张宗逊当即兼程西进临县，迅速补给弹药，积极准备渡黄河。17日，在边区人民的热烈欢送下，廖汉生和张宗逊扬鞭跃马，率领1纵由延川向延安进军。

12月初，适逢朱德总司令60大寿。廖汉生带领所部几位战斗英雄，高举镶嵌着“寿”字的大旗，赶往杨家岭中央礼堂，代表1纵全体指战员为朱总司令祝寿。随后在延安机场，毛主席和党中央领导人接见张廖纵队全体指战员。

1947年2月10日，中央军委决定，将晋绥军区1纵与原陕甘宁晋绥联防军新编第4旅和教导旅合编为陕甘宁野战军。由张宗逊任司令员、习仲勋任政委、廖汉生任副政委，在中央军委直接领导下，担任保卫延安的重任。

这时，胡宗南的西路军先以8旅兵力进犯关中地区，接着又调5旅兵力进犯陇东分区的庆阳、合水，企图吸引野战军西调，尔后采用钳形攻势，向延安发起进攻。据此，中央军委决定，以廖汉生的1纵为主力，加上新编第4旅等部，集中优势兵力，打击胡宗南由陇东来犯之敌，另以教导旅和警备团等部担任东起临镇、西到廊县的防御，保障延安的外围安全。

3月3日，据侦察报告：敌第48旅南撤到西华池和板桥一带，我军以两团兵力在板桥和赤城警戒。当晚，廖汉生指挥358旅和新4旅向西华池敌军发起突然袭击，很快占领敌军阵地，击毙敌第48旅旅长何奇以下1500余人。这次战斗，由于侦察不够周密，加上新编部队相互协调不够，战斗打成僵持局面，我军撤出战斗。

撤出战斗后，全军先在富县开会总结经验教训，接着中央军委总参谋长彭德怀，总政治部主任刘少奇在枣园中央礼堂召开陕甘宁野战军旅以上干部会议，鉴于新编部队相互协调不好，决定撤销陕甘宁野战军番号，恢复原有番号，廖汉生和张宗逊为第 1 纵队政委和司令员。

3 月 11 日，胡宗南出动 50 架次飞机，对延安狂轰滥炸，整编第 1 军军长董钊和整编第 29 军军长刘戡两人，率领 15 个旅的兵力从洛川、宜川两路北上，扬言“三日内占领延安”！

敌我力量悬殊，党中央高瞻远瞩，审时度势，决定暂时放弃延安，但毛主席等领导人仍留陕北，指挥全国解放战争，并且直接指挥陕甘宁部队。3 月 16 日中央军委下达了保卫延安的命令，成立西北野战军，由彭德怀任司令员兼政委，习仲勋任副政委。

根据中央军委的命令，廖汉生所在的“张廖纵队”包括 358 旅和独 1 旅，以及警备第 7 团在内，担任保卫延安的右翼，在道佐铺、甘泉、小神庙地区组织防御，坚决抗击敌军进犯延安。另调晋绥军区第 2 纵队王震所部，迅速西渡黄河来陕甘宁参战，与教导旅等部担任左翼，在程子沟、三十里铺地区组织防御。

张廖纵队从 3 月 15 日进入甘泉南北两线，多次击溃从咸阳、榆林公路来犯之敌，敌军每进一步都要付出很大的代价，每天只能行军几里路，从而使敌人“三天占领延安”的狂言破产。

18 日下午，中央军委传来急令：毛主席要廖汉生和张宗逊赶回延安王家坪接受新任务。

廖、张二人快马加鞭，黄昏时刻赶到王家坪总部时，彭总和习仲勋站在门口等候，他们说：毛主席在他们极力劝说下刚刚撤走了。彭总依旧一脸严肃地说：党中央、毛主席和延安群众已经安全撤离，野战部队也将转移到延安东北隐蔽待机。你们 1 纵的任务是，今晚连夜撤进延安，明天上午放弃延安，然后向西北方向转移，把敌人引到安塞以北。

根据彭总的指示，廖汉生立即命令1纵各部停止攻击，当晚进驻延安。次日上午，廖汉生和张宗逊命令部队按照中央军委规定时间相继撤离延安。

至3月19日中午，董钊的先头部队抵达延安时，延安早已是一座空城。张宗逊和廖汉生率领1纵按照彭总的部署撤出延安后，大摇大摆地向安塞方向行进，并且有意安排独1旅2团2营，在延安西北一线与敌保持接触，故意让敌军追赶，诱敌主力北进安塞。

这时，刚从晋绥调来参战的第2纵队和教导旅，埋伏在公路以东，新4旅从青化砭向南，布成口袋阵。

果然，胡宗南中计，误认为我军主力布在安塞。于是，他除亲率前沿指挥所从洛川赶往延安督战外，并令第1军军长董钊率第1师和第90师共5旅兵力，向安塞攻击前进。

3月24日早晨，除了第2纵队和教导旅按部署进入伏击阵地外，廖汉生、张宗逊命令主力358旅进入伏击阵地，独1旅对延安和安塞之敌进入警戒。当时，我军在积雪未消、寒风刺骨的山中趴了一天，只见敌机高空侦察，但不见公路上敌军的影子。后来查明，敌军干粮不足，推迟行动一天，我军只好于黄昏回原集结地休息。

八、三战三捷

次日拂晓，我军按原地位置继续进入阵地设伏待命。上午10时，敌整编31旅和另1个团全部进入青化砭伏击圈。突然间，我军伏兵四起，枪炮齐鸣，手榴弹和炮弹在敌群中开花。敌军本来负荷很重，连续行军疲劳不堪，突然遭到伏击，顿时一片混乱，完全失去指挥。

经过 1 小时又 40 分的激战，全歼敌第 31 旅旅长李纪云以下官兵 2900 余人。青化砭首战告捷，极大地鼓舞了延安军民。

胡宗南得知他的第 31 旅被歼，急令进入安塞的整编第 1 军 5 个旅掉头向东，会同延安以东的整编第 29 军进犯延川、清涧、瓦窑堡，继续寻找我军主力。为了避免孤军被歼，敌军采用“方形战术”，几个旅同时并进，同行同宿，并且日走山梁，夜宿山头。

青化砭伏敌后，“张廖纵队”神速转至蟠龙西北地区待机，小部队仍然牵着敌军转动。敌军连连扑空，遂留第 135 旅守瓦窑堡，76 师守延川，主力南撤。

廖汉生所部眼看敌 29 军后撤，4 月 6 日有意截其尾部，使敌军背后受敌。

4 月 13 日，西北野司命令廖汉生所部 1 纵在蟠龙西北一线阻击敌军 9 个旅的主力，由 2 纵所部伏击敌军从瓦窑堡增援的第 135 旅。

从 13 日到 14 日，廖汉生所部 1 纵，摆出一副决战的架势，把敌军 9 个旅的兵力吸引住，在几十公里的宽大正面展开阻击战，给敌军一定杀伤后又主动后撤，选择有利山头对峙，限制敌军行军一天不超过 5 公里。14 日这一天，敌 135 旅果然南下策应，在羊马河被我预伏的 2 纵所部教导旅和新四旅全部消灭。是役，歼敌 135 旅 4700 余人，活捉敌代旅长麦宗禹和两个团长。

羊马河大捷后，廖汉生所部迅速甩开敌军主力，神出鬼没地隐没在群山之中。敌军由于接连受挫，胡宗南命令两军主力向东合围。廖汉生灵机一动，命令所部选择敌军一部拦截，在杀伤敌军 2000 余人后，主动撤走，空出大道，让敌军原路退回蟠龙。

蟠龙是延安东北的一个重镇。胡宗南在这里设有临时后勤基地。我军如能打下蟠龙，将造成敌军缺衣少食的局面。

这时，侦察报告，敌军判断我军主力和中共首脑正东渡黄河。彭德怀为给敌人造成我军正渡黄河的假象，命令 2 纵各旅抽调精悍部队，配合晋绥军区的第3纵队向绥德撤退，吸引胡宗南的两军主力9个半旅尾追，蟠龙只留下敌167旅部和499团及保安总队驻守。

调开了敌军主力，廖汉生所部1纵和2纵，从东西两面于5月3日向蟠龙守敌发起攻击。4日全歼敌精锐167旅旅部、499团及保安队等共6700余人。号称胡宗南“四大金刚”之一的旅长李昆岗被1纵358旅活捉。

这一战，廖汉生所部缴枪千余支，缴获面粉12000袋，军装4万套，子弹百余万发，骡马千余匹，以及大批其他辎重，使我军在极其困难的条件下得到了补充。

蟠龙守敌被歼，延安的守敌吓得丢魂失魄，胡宗南急令董钊、刘戡带其整编1军、整编29军回援。看到蟠龙167旅覆灭的惨相，胡宗南摸不着头脑，只得瞪眼叹息。

从3月19日我军撤出延安，到5月4日攻克蟠龙，为时一个半月，以“张廖纵队”为主力的西北野战军，连续在青化砭、羊马河、蟠龙镇三战三捷，总计歼敌14000余人，活捉敌军3个旅长，极大地振奋了边区的军民。

为了庆贺三战三捷的巨大胜利，5月14日下午，西北野司和陕甘宁边区政府在安塞县真武洞隆重召开祝捷大会。到会的5万多军民聚集在流经真武洞的延河沙滩上，喜笑颜开地参观我军缴获的各种战利品，无不欢欣鼓舞。

当天，坚持在陕北指挥作战的党中央副主席周恩来，也专程从百里以外赶来祝贺，并宣布：党中央和毛主席一直留在陕北，与边区军民共同战斗！

1947年8月6日，西北野战军集中主力包围了陕北的战略要地榆林。榆林是国民党在晋陕绥三省的反共堡垒，守敌是邓宝珊的22军15000余人。廖汉生所部715团前锋部队曾攻开榆林西门。由于前后配合不好，加上蒋介石得知我军围困榆林后，急调胡宗南整编第36师以“快速兵团”

增援榆林，野战军果断撤出战斗，同时选择战机，准备歼击前来增援的36师。

8月11日，敌军刘戡所部向葭县逼进。敌36师钟松所部自认为救援榆林有功，得意忘形、马不停蹄地紧追野战军，公然远离主力，孤军向米脂县的沙家店冒进，并且拉成一字长蛇阵，声称要“一战结束陕北战争”。

此前，西北野战军调贺炳炎担任1纵司令员，廖汉生任政治委员兼党委书记。

这是一个极好的战机。西北野司立即召开纵队和旅以上干部会时，毛主席和周恩来也赶来参加。廖汉生首先向毛主席敬礼，代表1纵指挥员向毛主席问好。毛主席满脸笑容，鼓励到会干部说：“一定要打过山坳！”

8月18日，廖汉生同贺炳炎率部在高柏山、老虎圪结集时，天空乌云密布、电闪雷鸣，下起了瓢泼大雨，我军克服一切困难，冒雨等待敌军的到来。

第二天上午，敌军36师的师部在1个旅的掩护下，首先进入沙家店以东。当晚向沙家店靠拢。

8月20日拂晓，我军第1、第2两个纵队向敌36师师部和165旅发起攻击。战斗中，廖汉生接到彭老总的命令：“彻底消灭36师是我西北战场由战略防御转入战略进攻的开始……你们一定要继续发扬英勇无畏的精神，立即消灭36师，活捉敌师长钟松……”

敌人虽然有飞机助阵，但1纵英勇的358旅仍将敌人的反扑压了下去，并乘胜占领均家沟高地。下午5时，敌军36师部及所属两旅全部被歼，除师长钟松和165旅旅长李日基乘乱逃跑外，毙伤俘123旅旅长刘子奇等共6000余人。

沙家店战役告捷，我军消灭了胡宗南三大主力之一的36师，粉碎了国民党对陕北的重点进攻，实现了毛主席“打过山坳”的愿望。为此，中共中央高度评价这一战役的影响，指出：“经此一段，局势即可改变，利于陈（赓）谢（富治）南进。”

8月23日，西北野司在东原村召开旅以上干部会议，毛主席、周恩来、任弼时等领导人从40里外赶来祝贺。

“同志们，这一仗你们打得好啊！”毛主席高兴地祝贺道。

“哪里，是毛主席指挥得好！”初显儒将风范的廖汉生此时却谦虚地说。

九、新中国成立之后

1949年，廖汉生任第一野战军1军政委。在青海解放的同时，根据中央军委的命令，1军领受了“建设人民的新青海”的任务。

青海地域辽阔，资源丰富，素有“黄金青海”之美称。但西北野战军解放青海后，接收下来的只是一个破烂摊子。

在旧制度的统治下，青海就非常贫困落后，经济极不发达。马步芳对青海各族人民肆意掠夺，用民脂民膏建筑起自家的安乐窝，而偌大的青海近现代工业几乎等于零。马家父子在逃离西宁时，对银行、公司、工厂进行了抢掠和破坏，用飞机运走了大量的黄金、银圆和珠宝。在农区和牧区，大批牲畜被马家军的散兵游勇抢走了，农牧民的生产、生活十分困难。

青海解放后，野战军在继续肃清反动残余势力、建立人民政权的同时，着手治理马步芳洗劫后的摊子，组织恢复生产。军管会和军政委员会设立了工业、财经、交通等部门，派出人员发动工人群众修复机器，清理场地，迅速将原有的工厂、作坊全部复工；组织贸易公司和银行平抑物价，遏制通货膨胀。新生的人民政府更是把组织生产、发展经济、改善人民生活作为自己的首要工作。

1950年，中国人民解放战争除西藏、台湾等处尚待解放、各地残余土匪尚待剿灭以外，已经基本结束，国家的伟大的经济建设工作和文化建设工作已经开始。遵照毛主席关于军队参加国家建设的指示，根据上级赋予1军建设新青海的任务，军党委先后几次做出决定：除以一部兵力继续担负剿匪肃特、巩固社会治安之外，坚决执行生产建设任务。

针对一些同志嫌青海苦、不安心在青海工作的思想，廖汉生和军部领导在部队中深入地开展“热爱青海、建设青海”的教育：引导广大指战员既要看到旧青海贫穷落后的一面，又要看到新青海前景远大的一面；我军不但解放了青海，而且应该建设起一个欣欣向荣的新青海。

为了真正做到以青海为家，廖汉生和王尚荣副军长派了一辆吉普车把妻子、孩子从古都西安迁来西宁，在青海安下家，树立起扎根青海、长期建设青海的思想，以巨大的热情投身到建设新青海的伟大事业中。

军党委组织了生产委员会，统一领导部队的生产。廖汉生和军部领导还从1军抽调兵力，同人民群众一道修筑了平安渠、湟惠渠、人民渠、开发柴达木盆地、植树造林、修复西宁机场。

1950年4月27日，西北军政委员会主席、西北军区司令员兼政治委员彭德怀，给1军下达了修筑青藏公路西宁至黄河沿段、宁张公路西宁至大梁段两条公路的任务。

廖汉生等军部领导于5月10日向部队下达了筑路命令，先后抽调1师2个营、2师3个营，3师两个团及军直特务营共9000余人，组成筑路大军，由王尚荣副军长担任总指挥，浩浩荡荡开上了筑路工地。

在青海高原上筑路，困难相当大。这里群峰相隔，江河阻断，有海拔4000米以上的雪山荒原，有一步一个水窝窝的草地泥泽，还有一镐一个白印的冻土层，天气变化无常，自然条件恶劣，工程艰苦危险。

筑路大军在数百里筑路线上摆开战场，搭起布帐篷，垒起铁匠炉，使用钢钎铁锤、铁锹大镐等简陋的工具，开辟着边疆国道。指战员们像执行战斗任务一样，发扬英勇顽强的战斗作风和一往无前的革命精神，战胜了无数难以想象的困难。为了保质保量，同志们主动提出口号：“一次修好，永保坚固！”“水冲不垮，车压不塌！”以对祖国、对人民高度负责的态度，精心施工，严格把关，高质量、高速度地完成了任务。

在工程临近收尾时，廖汉生陪同西北军区副政委甘泗淇到筑路第一线视察，乘吉普车从西宁跑到黄河沿，检查工程，慰问部队。他们走过一处处险要地段，看到一个个艰巨的工程，深深地为英雄的战士所叹服。军区首长彭德怀、习仲勋、张宗逊、甘泗淇联名发来嘉勉电：

“贺廖王吴转青藏公路全体同志，你们为了建设新玉树，配合西南兄弟部队迅速解放西藏，冒着恶劣气候，在恶劣的地理条件下忍受任何艰难困苦，赶修青藏公路。在筑路过程中，风餐露宿，雨雪交加，发挥了高度集体英雄主义的创造精神，同在战斗中杀敌一样，解决了历史所未曾克服的淤泥崎岖荒漠地区筑路的困难，为人民国家创造了建设的奇迹。你们这种革命的集体的新英雄精神，是值得全军学习的。我们特向你们致以亲切的慰问，并预祝早日胜利成功。”

在上级领导的鼓励和青海人民的支持下，筑路大军经过艰苦奋战，青藏、宁张两路段从5月初开工到9月初基本竣工，仅用了短短四个月的时间。新建公路400余公里，砌筑大小涵洞900多个，为亘古荒原开辟出一条黄金路。

为了感谢筑路大军在开发建设新青海中立下的功劳，青海党政机关暨西宁市各族各界人民派出慰问团深入工地，送来锦旗，上书：“开路先锋，人民功臣。”沿路各族群众也送来哈达等珍贵礼物，表示慰问。

青海省人民政府、青海军区于1950年9月24日做出决定，在日月山、三塔拉、鄂拉山、长石头山、大坂山等最为艰险的路段竖碑铭文。

贺炳炎、廖汉生、王尚荣、杨文安、吴融峰等共同题签了竖立在日月山上的纪念碑。看着一个生机勃勃的新青海屹立在祖国的江河之源，廖汉生脸上终于露出了欣慰的笑容。

此后，廖汉生历任西北军区副政委、国防部副部长、解放军军事学院院长、北京军区政委等职务，在“文化大革命”期间，他受到林彪、“四人帮”